铁路职业教育铁道运输类专业课程改革系列教材
内蒙古自治区高等学校科学研究立项项目（项目计划编号 NJZC351）

铁路运输市场营销

（第二版）

主　编 ◎ 李　玲　常利平
副主编 ◎ 贺哲琪
主　审 ◎ 赵晓榆

西南交通大学出版社
·成　都·

图书在版编目（CIP）数据

铁路运输市场营销 / 李玲，常利平主编. —2 版
. —成都：西南交通大学出版社，2023.2（2025.1 重印）
ISBN 978-7-5643-9152-2

Ⅰ. ①铁… Ⅱ. ①李… ②常… Ⅲ. ①铁路运输－市场营销 Ⅳ. ①F530.6

中国版本图书馆 CIP 数据核字（2022）第 255212 号

Tielu Yunshu Shichang Yingxiao
铁路运输市场营销
（第二版）

主　编 / 李　玲　常利平

责任编辑 / 周　杨
封面设计 / 曹天擎

西南交通大学出版社出版发行
（四川省成都市金牛区二环路北一段 111 号西南交通大学创新大厦 21 楼　610031）
营销部电话：028-87600564　028-87600533
网址：http://www.xnjdcbs.com
印刷：成都蜀通印务有限责任公司

成品尺寸　185 mm×260 mm
印张　15.25　字数　381 千
版次　2019 年 3 月第 1 版　2023 年 2 月第 2 版
印次　2025 年 1 月第 8 次

书号　ISBN 978-7-5643-9152-2
定价　43.00 元

课件咨询电话：028-81435775
图书如有印装质量问题　本社负责退换

再版前言

PREFACE

随着社会主义市场经济制度的不断完善以及人民生活水平的不断提高，运输市场结构及运输市场需求发生了很大的变化，市场竞争日趋激烈。铁路运输企业要想在激烈的竞争中取胜，必须强化市场营销观念，开展市场营销活动，充分满足铁路运输市场的需求。

本书的编写“以职业岗位为课程目标，以职业标准为课程内容，以教学项目为课程结构，以最新技术为课程视野，以职业能力为课程核心”，遵循“必需、适度、够用”的原则，力求突出教材的完整性、系统性、简明性和实用性，使其更符合培养应用型人才的要求，突出铁路行业和铁路专业的特色。全书以培养学生铁路运输市场营销能力为主线，将全部内容分为树立正确的营销观念、分析市场营销环境、目标市场战略、市场营销策略、市场营销策划五个模块。为了便于开展课堂讨论和加强对理论的理解，每章都附有相关案例及相关短视频，目的是着重培养学生的应用技能，从而使学生能够更好地将理论知识用于企业实践。

本书是结合高等职业教育铁道交通运营管理专业教学指导方案及“铁路运输市场营销”教学大纲要求编写的，是高等职业教育铁道交通运营管理专业系列教材之一。

本书由包头铁道职业技术学院李玲、常利平担任主编，华威大学贺哲琪担任副主编，由内蒙古铁路运营管理集团有限公司副总经理赵晓榆担任主审。各章的具体编写分工为：包头铁道职业技术学院常利平编写第一、二、三章；华威大学贺哲琪编写第四、五章；包头铁道职业技术学院李玲编写第六、七、八章；包头铁道职业技术学院尹秉鲁编写第九章；包头铁道职业技术学院孔荣编写第十章；全书总体结构、各章节内容及案例由李玲统一整合。在本书的编写过程中，编者参阅了大量同行专家编写的有关素材、著作、案例以及网络资料，并得到了内蒙古铁路运营管理集团有限公司和包头铁路货运中心的大力支持和鼎力相助，在此表示衷心感谢。

由于编者水平有限，书中难免存在不妥和疏漏之处，敬请读者批评指正。

编　者

2022 年 7 月

目录

CONTENTS

第一章　铁路运输市场与铁路运输市场营销概述

◆【学习目标】

1. 了解和掌握市场的基本含义、市场三要素和市场的基本分类。
2. 掌握市场营销的含义及其核心概念，明确市场营销观念的演变过程和市场营销过程。
3. 准确把握市场营销管理的实质、任务及策略。
4. 了解铁路运输市场及铁路运输市场营销特点。

引　例

有人认为：铁路是国民经济的大动脉，瘦死的骆驼比马大，其他运输方式根本没法和铁路竞争。另外，旅客和货主需要通过铁路出行或运送货物时，自然会找铁路，不需要时，求他们也没用，所以铁路运输企业根本不用搞什么市场营销，坐在办公室等他们找上门即可。

思考：在当今市场经济条件下，你认为这种观念对吗？说说你的看法。

第一节　市　场

知识卡片　市场是指一群具有相同需求的潜在顾客，他们愿意以某种有价值的东西来换取卖主所提供的商品或服务，这样的商品或服务是满足需求的方式。

一、市场的含义

1. 从多角度理解市场

市场是商品经济的范畴，哪里有商品生产和商品交换，哪里就有市场。同时，市场又是一个历史的范畴，市场的概念随着市场活动的发展和市场范围的扩大而变化。到目前为止，市场的概念主要有以下三种。

第一种，市场是买方和卖方进行商品交换的场所。在商品交换产生以后相当长的一段时间内，人们认为市场是指买方和卖方聚集在一起进行商品交换的场所。在目前的情况下，有些人在某些情况下仍使用这一概念。

第二种，市场是买方和卖方交换关系的总和。随着商品经济的发展，商品交换已不仅在某一固定的时间和地点进行，涉及的人员已不仅仅是买方、卖方和商业中介人。这时，经济学家从揭示事物的本质出发，把市场的概念表述为：市场是买方和卖方交换关系的总和。由于这一概念是从生产关系的角度说明问题，无法指导市场实践，因而很少使用。

第三种，市场等于消费者加购买力再加购买欲望。买方市场出现以后，商品销售的难度和以前相比有所增加，为了便于指导实践，应站在卖方的角度看问题，从而形成了新的市场概念：市场就是具有特定需要和欲望，并且愿意和可能通过交换来满足的全部潜在顾客。有人把这一市场概念简化为：市场等于人口加购买力再加购买欲望。这一概念的范围和内容虽然比较狭窄，但实践性很强，本书采用的就是这一概念。

2. 市场的构成要素

市场是潜在或现实的顾客的需求总和，由人口、购买力、购买欲望三大要素构成。

（1）人口。

市场必须有从事市场交换活动的当事人，包括生产者、经营者和消费者，人口是构成市场的最基本条件，人口越多，现实的和潜在的消费需求就越大。

（2）购买力。

购买力是指人们支付货币购买商品或劳务的能力，即具有一定量的由货币购买力所形成的支付能力它是由消费者的收入决定的。有支付能力的需求才是有意义的市场。购买力水平的高低是决定市场容量大小的重要指标。

（3）购买欲望。

购买欲望是指导致消费者产生购买行为的驱动力、愿望和要求，它是消费者将潜在购买力变为现实购买行为的重要条件。

对市场来说，人口、购买力和购买欲望这三要素是互相制约、缺一不可的。只有将这三者结合起来才能构成现实的市场，并共同决定着市场的规模和容量。

二、市场的分类

市场是一个完整而复杂的体系，从不同角度观察市场整体和局部的特性，其分类方法有很多种。

1. 按照产品和服务供给方的情况分类

按照产品和服务的供给方在市场中的实力分配，市场可以分为完全竞争市场、完全垄断市场、垄断竞争市场和寡头垄断市场四种类型。

这种分类是微观经济学中对市场结构的一般划分，其根据是市场上某种行业的生产者数量及其产品性质、生产者对商品市场价格的控制程度以及商品售卖方式的异同等。这种市场类型划分方法便于了解市场中竞争性质及其一般规律。

（1）完全竞争市场。

这种市场类型的特点是同一行业中存在大量的独立生产者，他们以相同的方式向市场提供同类、同质的产品或服务。每个生产者只能供应市场需求量很小的一部分，因而任何生产者都不可能独自控制整个市场。生产者、销售者可以自由加入或者退出某一行业，资源流动不受限制，买卖双方都可以获得完全的信息。

这种市场上产品没有差异化基础，竞争者的价格基本相同。因此，在这种完全竞争市场上，市场的价值规律能够充分发挥作用，产品或服务的供求几乎完全靠市场价格自发调节。商品销售只有在降低生产成本和分销成本的情况下才可能取得不同的利润率，因此市场竞争非常激烈。在完全竞争市场上企业的市场营销活动、广告宣传不占主导地位。

这种市场类型是一种比较理想化的市场，在现实中比较少，一般出现在产品高度同质化的行业所形成的市场。

（2）完全垄断市场。

这种市场主要表现为在某一国家或地区的某一行业中，只有唯一的一家企业经营，即某种产品或服务只有唯一的生产者或销售者，而且不存在相近替代品的供应者。市场上产品的唯一供应商对商品的价格具有相当程度的控制权，不存在或基本不存在竞争。这种垄断的产生可能是管制法令、专利、许可证、规模经济或者其他原因的结果。处于不受管制的完全垄断地位的企业，其目标往往是通过索要高价、提供最低限度的服务、利用垄断地位最大限度地赚取利润。当存在局部替代品或潜在竞争威胁时，垄断者会更多地投资于服务和技术，设法阻止其他竞争者的加入，尽可能地维护甚至加强其市场垄断地位。由于真正处于垄断地位的企业的市场行为大多会受到政府干预、法律限制或其他机构制定和实施的措施的抑制，因此，现实中的完全垄断市场多出现在由国家垄断经营的某些关键产业或公用事业单位，如能源、电力、交通、通信等行业和部门。

（3）垄断竞争市场。

这是一种介于完全竞争和完全垄断之间的且近于前者的市场类型。在这种市场中，同一行业存在大量的生产者或销售者，他们提供具有一定差别的、能够从整体上或局部上加以区别的而且可以互为相近替代品的产品或服务。每个商品供应者的产量或销量只占市场总需求量的一部分，因此，任何一个商品供应商都不可能独立地控制商品的市场价格，也无法控制整个市场。由于生产企业进入市场容易、同行业企业多、产品替代性大，因而市场竞争激烈。

在垄断竞争市场条件下，各个生产商通过控制产品的产量和商品的价格来实现利润最大化的目标，市场竞争主要表现为非价格竞争。生产商非常重视产品的特性，力求突出产品的设计、包装、商标、质量等属性吸引消费者；同时，广告宣传、人员推销等促销工作也成为企业市场营销活动的重点，实际生活中这种类型的市场大量存在。

（4）寡头垄断市场。

这是介于完全竞争和完全垄断之间而且近于后者的市场类型，可以进一步细分为完全寡头垄断和差别寡头垄断两种。

完全寡头垄断市场是由几家生产本质上属于同一产品的生产商组成。其产品在企业服务不具有差异性的条件下，只能按照市场现行价格定价销售，因而获取竞争优势的唯一方法是降低成本。差别寡头垄断市场则是由几家生产有部分差别的产品的生产商组成。每个竞争者的产品差别主要表现在质量、性能、款式和服务上，因而企业也会力求在这些主要特征的某一方面寻求领先，以期引起顾客对产品这一特性的兴趣。

寡头垄断市场的特性是，由于行业受到少数大企业的垄断，新企业加入该行业非常困难，而且投资多、风险大，投资回收期长，极容易被市场竞争所淘汰。市场上少数几家实力雄厚的企业控制着市场，企业之间是相互依存、相互制约的，其中任何一个企业在市场经营上的策略调整与实施都会对其他企业产生一定影响，并引起其他各方的敏感反应。因此，寡头企业在制定和实施市场营销策略时，往往以竞争对手为竞争目标，并极其关注自己的行动对目标的影响以及对方可能做出的反应。相应地，企业之间激烈的市场竞争突出地表现为非价格竞争，尤其注重树立企业形象。

寡头垄断市场产生的主要原因是资源的有限性、技术的先进性、资本规模的集聚以及规模经济效益所形成的排他性。

2. 按消费主体及其在社会再生产中所处的地位和购买目的分类

（1）消费者市场。

消费者市场由所有为满足自身及其家庭成员的生活需要而购买商品和服务的人们组成。在社会再生产的循环中，个体消费者的购买是通向最终消费的购买，意味着商品价值和使用价值的最终实现。因此，庞大而分散的消费者市场也是组织市场乃至整个经济活动为之服务的最终市场，是所有社会生产的终极目标。根据消费者的年龄、性别、教育程度和职业、经济状况、生活方式、社会阶层和宗教信仰等各因素的不同，消费者市场还可以相应地细分为一系列子市场。

（2）组织市场。

组织市场由所有非个人消费者的团体组织组成，包括生产企业、服务企业、政府机构、民间团体以及各种非营利组织。这些企业或组织购买商品或服务，是为了从事企业经营活动，即生产加工产品或向社会提供服务。从社会再生产的角度看，他们的购买消费属于中间消费或生产性消费，构成社会再生产的一个新起点。

3. 按消费客体的性质分类

（1）有形产品市场。

有形产品市场为消费者或组织提供有形物质产品，即一般的商品市场。按照商品的经济用途不同，商品市场还可以进一步分为生产资料市场和生活资料市场。

（2）无形产品市场。

无形产品市场也称服务市场，它通过提供具有方便性、知识性、娱乐性、保健性和辅助性等的服务活动和服务过程来满足消费者或组织的某种需求。服务市场中的消费客体以无形产品为主，有时也包括部分实物商品和变通形态的商品（如车船票、影视票等）。

第二节 市场营销

知识卡片 营销并不是以精明的方式兜售自己的产品或服务，而是一门真正创造顾客价值的艺术。

——菲利普·科特勒

一、市场营销的定义

1. 市场营销学的产生和发展

美国著名市场营销学家菲利普·科特勒指出："市场营销学是一门建立在经济科学、行为科学、现代管理理论之上的应用科学。"市场营销学于20世纪初期诞生于美国。几十年来，随着社会经济及市场经济的发展，市场营销学发生了根本性的变化，从传统市场营销学演变为现代市场营销学，其应用从营利组织扩展到非营利组织，从国内扩展到国外。当今，市场营销学已成为同企业管理相结合，并同经济学、行为科学、人类学、数学等学科相结合的应用边缘管理学科。西方市场营销学的产生与发展同商品经济的发展、企业经营哲学的演变是密切相关的。市场营销学自20世纪初诞生以来，其发展经历了四个阶段。

（1）形成阶段。

19世纪末到20世纪30年代，资本主义已经进入垄断资本主义阶段。由于推行科学的管理方法，社会生产率大大提高，生产能力的增长速度超过了社会需求的增长速度，生产企业的产品销售遇到了困难。于是一些经济学家根据企业销售活动的需要，开始从理论上研究商品销售问题。

1902年，美国密执安大学经济系正式开设了市场营销课程，1912年由Harvard出版的*Marketing*(《市场营销学》)在美国问世。经济学家们也开始走访企业，这是市场营销学从经济学中分离出来的起点。但当时市场营销学的研究主要侧重于商品推销方法，尚未形成理论体系。有关市场营销的内容仅限于课堂教学与研究，还没有引起社会的足够重视。

（2）应用阶段。

市场营销理论的应用阶段跨越了20世纪30年代至第二次世界大战结束这段历史时期。1929—1933年资本主义国家爆发了生产过剩的经济危机，产品价值实现成为严重的社会问题，对企业的再生产也造成很大威胁。于是企业开始从单纯生产转向研究如何使产品不滞销、不过剩，市场营销学也相应地从大学课堂走向了社会实践，并且初步形成理论体系。该阶段市场营销学研究的对象局限于产品的推销、广告宣传、商品推销的组织机构、商品推销策略等。

（3）变革阶段。

变革阶段从20世纪50年代发展至70年代。第二次世界大战后，美国迅速发展的军事工业大量转为民用工业，产品产量急剧增加，花色品种不断翻新。垄断资产阶级吸取了 20 世纪 30 年代经济危机的教训，推行高工资、高福利、高消费的政策，提高社会购买力。由于消费者的需求和欲望也随着市场的发展而不断变化，使得市场营销学的研究不能适应新形势的需求，于是产生了理论研究的变革，主要表现在对市场营销理论的研究突破原有侧重的流通领域，而进入消费领域和生产领域。企业要在市场上生存下去，在竞争中取得胜利，就必须按照市场需求从事生产和经营。因此企业在生产产品之前，需要分析市场，研究市场需求，继而决定产品的内容和产量。

（4）发展阶段。

从 20 世纪 70 年代开始，市场营销理论的研究进入了发展阶段。在这个阶段，市场营销学与经济学、哲学、数学、管理学、心理学、社会学等更紧密地结合，形成一门边缘科学，并且出现了许多应用分支。

2. 市场营销的含义

市场营销是由英文 Marketing 一词翻译过来的，源于美国，原意是市场上的买卖活动。随着市场经济的发展，人们对市场营销的认识在不断地深化，但由于考虑问题的角度不同而产生了对市场营销的不同理解，从而形成了不同的概念。

1952 年，美国学者梅纳德（Maynard）和贝克曼（Beckmen）在其所著的《市场营销》一书中给市场营销所下的定义是："影响商品交换或所有权转移以及为商品实体分配服务的一切必要的企业活动。"美国人理查德（Richard T. Hise）、彼得·吉利特（Peter L. Giller）和约翰·瑞恩斯（John K. Ryans）在其所著的《市场营销原理与决策》一书中，把市场营销定义为"确定市场需求，并使提供的商品和服务能满足这些需求。"

1985 年，美国市场营销协会定义委员会重新给市场营销下了定义："市场营销是（个人或组织）对思想、产品和劳务进行设计、定价、促销及分销的计划和实施过程，从而创造满足个人和组织的目标的交换。"

2004 年 8 月，AMA（美国市场营销协会）在夏季营销教学者研讨会上公布了市场营销的新定义：营销既是一种组织职能，也是为了组织自身及利益相关者的利益而创造、传播、传递客户价值、管理客户关系的一系列过程。

伴随着营销理论与实践的不断创新，营销概念在不同时期有不同的主流表述，总的来讲我国学者多数采用美国市场营销学专家**菲利普·科特勒的定义：市场营销是通过创造并与他人交换产品及价值，以实现个人和组织的需要和欲望的社会和管理过程**。我们也可以将市场营销通俗理解为：企业为从顾客处获得回报而为顾客创造价值并与之建立稳固关系的过程。

由此，我们可以把菲利普·科特勒的市场营销定义的要点理解为：市场营销的**过程**是创造价值、传递价值、交换价值；市场营销的**目标**是满足顾客需要，实现企业目标；市场营销的**核心**是：交换。

众多专家、学者从不同的角度强调了自己对市场营销的理解，归纳起来可以从以下几个方面来理解市场营销：

（1）市场营销是企业或组织的一种管理功能。

（2）市场营销是一个整体活动，它应该包括企业整个经营销售的全过程，即市场营销调研、产品开发、定价、分销广告、宣传报道、销售促进、人员推销、售后服务等。

（3）市场营销的对象不仅是市场需要的产品、劳务或服务，也包括思想、观念和人物的营销。

（4）市场营销活动受到微观环境和宏观环境的影响，因此市场营销是一个动态的过程。

（5）市场营销是一种观念。观念的变化会对企业和组织产生全面而深刻的影响。现代营销观念要求企业把满足顾客需求放在经营的首位，满足顾客需求是企业一切活动的出发点。

【知识拓展】

1915 年，美国广告协会成立。1926 年，美国广告协会改组为市场营销学和广告学教师协会。1937 年，上述两个组织合并为美国市场营销协会（American Marketing Association，AMA）。

美国市场营销协会是由致力于营销实践和教学的人士组成的非营利性专业组织，为参与市场营销实践、研究和教学的人士提供了一个信息发布、知识共享的平台。协会主要是为营销人员提供一个开放、自由的平台，为他们提供最新、最全的市场营销信息、知识等，帮助他们解决实际中遇到的问题；协会会不定期举办营销人员培训，教授营销人员关于市场营销的专业知识、基本技能等；协会还为营销职业树立道德规范标准，得到美国企业界的普遍认可。美国市场营销协会是北美最大的营销协会，它在全球范围内为个人或企业提供参与市场营销实践、教学和研究的专业平台。同时，它也是一个信息发布、知识共享、交流沟通的专业平台。

3. 市场营销过程

图 1-1 展示了一个包括五个步骤的市场营销过程的简单模型。在前四个步骤，企业努力理解顾客，创造顾客价值，并建立稳固的顾客关系。在最后一步，企业因创造卓越的顾客价值而得到回报。正是通过为顾客创造价值，企业从顾客身上得到以销售额、利润和长期顾客权益为形式的价值回报。

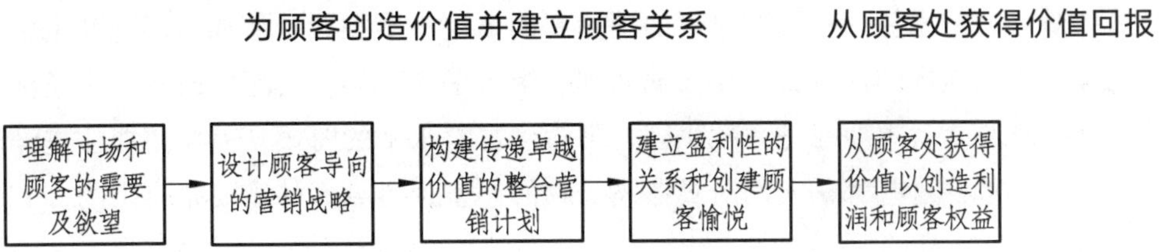

图 1-1 市场营销过程的简单模型

知识卡片　需要并不是由营销人员进行创造，它是自然存在的，是人类天性的组成部分，早于任何营销活动出现

二、市场营销的核心概念

1. 需要、欲望、需求

人类的各种需要和欲望是市场营销思想的出发点。

（1）需要。

需要是人类与生俱来的基本要求，是人没有得到某些基本满足的感受状态，如物质方面的衣、食、住、行等，精神方面的成就感、受人尊重等，但只有部分需要会上升为欲望。心理学家马斯洛将需要分成五个层次，依次为生理需要、安全需要、归属需要、尊重需要、自我实现需要，涵盖了温饱阶段、小康阶段、富裕阶段的不同需要内容。只有当前一层次的需要得到满足后，人们才会去追求下一层次的需要。例如，人们想要生存，就得解决温饱问题，就会产生温饱、睡眠等生理需要，人们满足了基本需要后，才会有更高层次的需要，如友谊、爱情、自尊、成就、归属、声望，甚至实现自我发展、充分发挥潜能的需要。

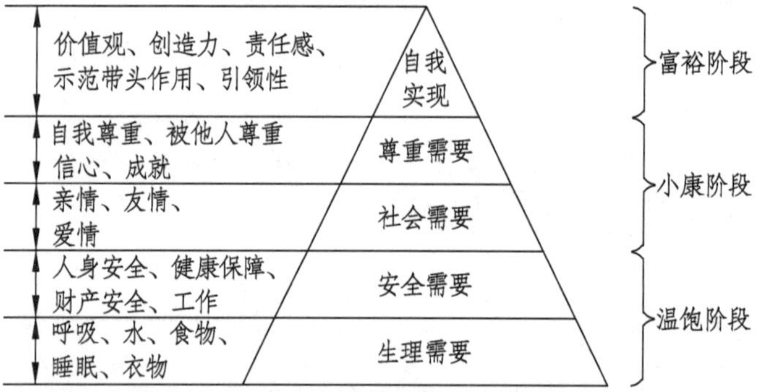

图 1-2　马斯洛需要层次理论

（2）欲望。

欲望是人类产生、发展、活动的一切动力，是指想得到某种东西或想达到某种目的，是对具体满足物的愿望。不同背景下的消费者的欲望不尽相同，例如，温饱尚未解决的人，觉得有一个遮风挡雨的地方就好；当他达到温饱水平的时候，就想要改善住房条件；当达到小康水平的时候，就想要住进高档小区；当达到富裕水平的时候，就希望能住进洋房别墅，受到社会的尊重。这些都是人们对具体满足物的愿望，可见人的需要是有限的，人的欲望却是无限的。

知识卡片 顾客需求是市场营销的起点和核心价值观念。了解顾客需求能帮助企业更有效地向目标顾客提供产品和服务。

（3）需求。

需求是对有能力购买并且愿意购买的某个具体产品的欲望。在有购买力作为后盾的时候，消费者的欲望便转化成需求。例如，很多人出行时想坐高铁商务座，但只有具有一定支付能力的人才能购买。对企业来说，不仅要了解有多少消费者对其产品有欲望，还要清楚地知道他们是否有能力购买。

市场营销者并不创造需要，需要早在市场营销活动之前就存在了。市场营销者，连同社会的其他因素，只是影响了人们的欲望，并试图通过使产品更富有吸引力并适应消费者的支付能力而使之轻易获取来影响需求。

【知识拓展】

需要、欲望和需求三者之间有何联系？

提示：需要是产生需求的前提条件，但是市场营销者并不创造需要，因为需要存在于市场活动之前；欲望是在需要的基础上产生的，市场营销者可以影响人们的欲望，如通过改善产品、降低价格、广告宣传等方式试图向人们推荐某特定产品而满足其特定的需要，进而使产品对人们具有吸引力；消费者的需求是在欲望的基础上产生的，当商品的价格适应消费者的支付能力且使之容易得到时，消费者的需求便能实现。

2. 市场提供物——产品、服务和体验

消费者的需要和欲望通过市场提供物（Market Offerings) 即提供给市场以满足需要、欲望和需求的产品、服务、信息或体验的集合——得到满足。市场提供物不仅仅局限于有形产品，还包括服务——供销售的活动或利益，基本上是无形的且不涉及所有权的转移，如银行、交通运输公司、旅馆、税务准备、维修服务等。

更广义地说，市场提供物还包括其他内容，诸如人员、场所、组织、信息和创意等。例如，“纯美密歇根”（Pure Michigan）运动宣传密歇根州作为旅游地能够“让纯净和浑然天成的品质重新振作你的心灵”。而广告协会和全国高速公路交通安全管理局发起的“停止发短信！停止事故！”宣传运动，号召人们在驾车时不要发短信。该运动指出驾车中发短信的司机遭遇事故的概率比不发短信的司机高 23 倍。

销售人员常犯的错误是关注自己提供的特定产品甚于关注这些产品产生的利益和体验。这些销售人员受到市场营销近视症（marketing myopia）的困扰。他们过于关注自己为现有欲望开发出来的产品，而忽略顾客需要的变化，他们忘记了产品只是解决顾客问题的工具而已。一个 1/4 英寸钻头的制造商可能认为自己的顾客需要钻头，但顾客真正需要的是 1/4 英寸的洞，一旦出现能够更好或更便宜地满足客户需要的新产品，这些销售人员就会遇到挫折。顾

客可能具有相同的需求，但想要不同的产品。

精明的市场营销者不仅看到他们所销售的产品和服务的属性，还通过精心整合一些服务和产品，为顾客创造品牌体验。例如，铁路运输企业开设的优质旅游专列，不仅能带你去全国各地旅游观光，还可以让你享受、体验专列上的优质服务，从而让人身心愉悦，为自己所购产品满意点赞。

3. 顾客价值与满意

（1）顾客价值。

吸引和留住顾客是一项艰巨的任务。顾客常常面对大量可供选择的产品和服务。他们会选择能提供最高的顾客感知价值的公司。顾客感知价值（Customer-perceived Value）指与其他竞争产品相比，顾客拥有或使用某一种市场提供物的总利益与总成本之间的差异。重要的是，顾客常常不能“准确”或“客观”地判断价值，他们依照感知价值行事。对有些消费者而言，价值可能意味着以实惠的价格买到质量过得去的产品；对另一些消费者而言，价值却意味着以较高的价格换得优质产品。

（2）顾客满意。

顾客满意（Customer Satisfaction）取决于顾客对产品的感知效能与顾客预期的比较。如果产品的效能低于预期，顾客不满意。如果效能符合预期，顾客满意。如果效能超过预期，顾客非常满意或者惊喜。

杰出的企业会想方设法使重要的顾客感到满意。大多数研究表明，高水平的顾客满意产生高水平的顾客忠诚，进而产生更好的公司业绩。精明的企业只承诺自己能够做到的，然后比所承诺的给予更多来使顾客高兴。高兴的顾客不仅会重复购买，还会成为热心的市场营销伙伴和“顾客传教士”，积极地向他人传播自己的美好体验。

4. 交换、交易

（1）交换。

交换是指以提供某种东西作为回报，从别人那里取得所需物品的行为。交换是一个过程，而不是一种事件。如果双方正在洽谈并逐渐达成协议，称为在交换中。交换的发生必须具备四个条件：

① 不少于两方。

② 每一方都能沟通信息和传送物品。

③ 每一方都可以自由接受或拒绝对方的物品。

④ 每一方都认为双方交换是适当的或称心如意的。

满足了上述条件，交换就有可能实现。但交换能否真正发生，取决于双方能否找到交换条件，即交换以后双方能否得到极大满足。

（2）交易。

交易是交换的基本组成单位，是交换双方之间的价值交换。交换是一种过程，在这个过程中，如果双方达成一项协议，我们就称之为发生了交易。交易通常包括货币交易和非货币交易。

5．市场营销、市场营销者、关系营销

（1）市场营销。

市场营销不仅研究流通环节的经营活动，还包括产品进入流通市场前的活动，如市场调研、市场机会分析、市场细分、目标市场选择、产品定位等一系列活动，以及产品退出流通市场后的许多营销活动，如产品使用状况追踪、售后服务、信息反馈等一系列活动。可见，市场营销活动涉及生产、分配、交换、消费全过程。

（2）市场营销者。

市场营销者是指希望从别人那里取得资源并愿意以某种有价物作为交换的人。换言之，市场营销者主要指营利性的企业、公司或个人。

（3）关系营销。

关系营销是市场营销者与顾客、分销商、经销商、供应商等建立、保持并加强合作关系，通过互利交换及共同履行诺言，使各方实现各自目的的营销方式。与顾客建立长期合作关系是关系营销的核心内容。

案例链接

超越顾客期望的天津喜来登

天津喜来登大酒店住进了一位来自澳大利亚的客人，他外出时将一件掉了扣子的衣服放在房间里，当天晚上回房休息时发现纽扣已被钉好，衣服整整齐齐地摆在那里。原来是值班服务员整理房间时，发现客人衣服上少了一枚纽扣，便在没有任何监督和要求的情况下，主动取来针线，选取了一个相同的纽扣钉上了。这位客人非常感动，他说："我的这颗纽扣丢失已久，没想到住进贵店的第一天，服务员就主动给钉上了，她们的服务真是无微不至呀！"也许你不以为然，但就是这种"超越顾客期望"地提供最佳服务的营销理念，使喜来登大酒店在激烈的市场竞争中站稳脚跟，保持了天津市同行业最高的入住率。

三、市场营销观念的演变过程

营销观念是指企业在进行营销管理的过程中所依据的指导思想和行为准则，其实质是在处理企业、顾客和社会三者利益关系方面所持的态度、思想和观念。随着社会经济的发展和市场形势的不断演变，支配企业营销活动的有五种可供选择的观念。

【知识拓展】

海尔总裁张瑞敏说过："促销是一种手段，营销却是一种真正的战略。"营销意味着企业要"先开市场，后开工厂"。海尔的市场营销观念包括以下三条：

（1）只有淡季的思想，没有淡季的市场。

（2）绝不对市场说"不"。

（3）用户的抱怨是最好的礼物。

1. 生产观念

所谓生产观念，就是企业的一切经营活动以生产为中心，围绕生产来安排一切业务，生产什么产品就销售什么产品，以产定销。这是一种传统的、古老的经营思想。生产观念适用的条件如下：① 市场商品需求超过供给，卖方竞争较弱，买方争购，选择余地不大；② 产品成本和售价很高，只有提高生产效率，降低成本，从而降低售价，才能扩大销路；③ 消费者只求能够购买到有用的产品，而并不计较产品的具体特色或特性。在生产观念指导下，企业的中心任务是集中一切力量增加产量、降低成本、提高销售效率，而很少考虑或者没有必要考虑是否存在不同的具体需求，因而谈不上开展市场调研活动。但是，随着科学技术和社会生产力的发展，以及市场供求形势的变化，生产观念的适用范围也必然越来越小。

2. 产品观念

产品观念是与生产观念类似的一种经营思想。这种经营思想认为，消费者或用户总是欢迎那些质量高、性能好、有特色、价格合理的产品，只要注意提高产品质量，做到物美价廉，就一定会产生良好的市场反应，顾客就会自动找上门来，因而无须花大力气开展营销活动。因此，这种观念认为企业的主要任务就是提高产品质量，只要产品好，不怕卖不了：只要有特色产品，自然会顾客盈门。所以，如果说生产观念强调的是"以量取胜"，那么，产品观念则强调"以质取胜"。需要指出的是，产品观念本质上仍然是生产什么销售什么，以产定销，但它比生产观念多了一层竞争的色彩，并且考虑到了消费者或用户在产品质量、性能、特色和价格方面的愿望。这种观念在商品经济不甚发达、产品供求大体平衡、竞争不激烈的情况下，常常成为一些企业的经营指导思想。但在现代商品经济中，卖方竞争激烈，没有一种产品能永远保持独占地位，即使是再好的产品，没有适当的营销，通向市场的道路也不会是平坦的。

3. 推销观念

推销观念是生产观念的发展和延伸。这种观念的基本内容是，产品的销路是企业生存、发展的关键。如果不经过努力推销，消费者就不会大量购买本企业产品。换句话说，只要企业努力推销什么产品，消费者或用户就会更多地购买什么产品。因此，企业的中心任务是把生产出来的产品推销出去，企业应充分运用推销术和广告术，向现实买主和潜在买主大肆兜售产品，以期压倒竞争者，提高市场占有率，取得较大利润。奉行这种观念的企业强调它们的产品是被“卖出去的”。它的典型用语是“我们卖什么，人们就买什么”。这种强调推销的经营观念是从既有产品出发的，因而本质上依然是生产什么销售什么，仍然没有脱离以生产为中心、“以产定销”的范畴。因为它只局限于现有产品的推销，只顾千方百计地把产品推销出去，至于售出后顾客是否满意，以及如何满足顾客需要，是否达到顾客完全满意的程度，则没有给予足够的重视。因此，在产品供给稍有宽裕并向买方市场转化的过程中，许多企业往往奉行推销观念。但是，在商品经济进一步发展，产品更加丰富，买方市场形成的条件下，它就不再适应了。当然，在产品不为消费者或用户所了解、所熟悉的情况下，如某种新产品上市时，企业通常都会加强推销工作和促销活动，但这并不一定意味着是在奉行推销观念，推销观念与销售活动显然不是同义语，不应混为一谈。

4. 市场营销观念

市场营销观念是商品经济发展史上的一种全新的经营哲学，它是第二次世界大战后在美国新的市场形势下形成的，之后相继传入世界各国。市场营销观念是一种以顾客的需要和欲望为导向的经营思想，它以整体营销为手段来取得顾客的满意，从而实现企业的长远利益。市场营销观念是企业经营思想上的一次根本性的变革。传统的经营思想都是以生产为中心，以卖方的需要为中心，着眼于将已生产出来的商品变成货币，而市场营销观念则是以买方需要为中心，即以市场和顾客为中心，市场需要什么，就生产什么和销售什么，按需生产，以销定产。并且，在产品售出后，还要了解顾客对产品有什么意见和要求，据此改进产品的生产和经营，同时还要为顾客提供各种售后服务，力求比竞争对手更有效、更充分地满足顾客的一切需要，通过满足需要来获取顾客的信任和自己的长远利益。按照这种观念，市场不是处于生产过程的终点，而是起点；不是供给决定需求，而是需求引起供给。哪里有需求，哪里就有市场，有了需求和市场，然后才有生产和供给。

菲利普·科特勒说：营销就是要使推销成为多余。

5. 社会营销观念

所谓社会营销观念，就是企业的生产经营不仅要满足消费者的需要和欲望并由此获得企业的利益，而且要符合消费者自身和社会的长远利益，要正确处理消费者需要、消费者利益、企业利益和社会长远利益之间的矛盾，把这四个方面协调起来，做到统筹兼顾，关心与增进社会福利。这显然有别于单纯的市场营销，它增加了两个考虑因素：一个是消费者的潜在需要，即不仅要考虑消费者已存在的欲望，同时要兼顾他们的需要和利益。营销人员应当发掘这些潜在的需要，而不仅仅是迎合已存在的需要。另一个考虑因素是社会和个人的长远利益。不能只满足眼前的、一时的生理上或心理上的某种需要，还必须考虑到个人和社会的长期福利，如是否有利于消费者的身心健康，是否有利于社会的发展和进步，是否可防止资源浪费和环境污染等。

市场营销观念的发展反映了企业制定市场策略时着眼点的转变与发展。最初，生产企业以取得短期巨额利润为基本依据制定企业市场决策；之后，企业意识到满足消费者需要的重要性，并把这种观点引入到市场营销观念中；现在，随着人类社会与自然环境的进一步发展，企业的决策考虑到社会利益与整体环境的协调。许多营销学者将生产观念、产品观念、推销观念统称为传统营销观念，将市场营销观念、社会营销观念统称为现代营销观念。对比传统营销观念与现代营销观念核心观点的差异，可以发现市场文化的改变，见表 1-1。

表 1-1 传统市场营销观念与现代市场营销观念的区别

项目 种类	起点	中心	手段	终　点
传统营销观念	工厂	现存产品	推销或促销	通过提高销量获利
现代营销观念	市场	顾客需求	整合营销	通过创造顾客满足需求获利

知识卡片 理想的市场营销是营销者通过深刻地认识和了解顾客，使产品和服务能符合顾客的需要，进而实现产品的自我价值。

四、市场营销管理

（一）市场营销管理的内涵与实质

1. 市场营销管理的内涵

市场营销管理是指企业为了实现目标，创造、建立和保持与目标市场之间互利的交换关系，而对设计方案进行分析、计划、执行和控制的活动。

2. 市场营销管理的实质

市场营销思考问题的出发点是消费者的需求和欲望，市场营销管理的实质是需求管理。在营销实践中，企业营销管理人员不仅要善于发现和满足顾客需求，而且要借助管理职能，采取不同的营销措施和策略去应付各种需求状态。在市场营销实践中，企业不仅可以创造需求，还可以改变人们的价值观念和生活方式。例如：日本龟甲万公司采取赠送等方法，改变了美国人的消费习惯，成功地开拓了原来不知酱油为何物的美国市场；瑞士雀巢公司经过漫长的努力，使崇尚茶文化的一些国家的青年一代以喝咖啡为时髦；而日本商人突发奇想，绞尽脑汁设计出卡拉 OK 的娱乐形式，使习惯于听音乐、欣赏音乐的生活方式的人们，从被动参与变为主动参与，从听音乐变为“大家一起唱”，让普通人也有了一展歌喉、过把歌手瘾的机会。

（二）市场营销管理的任务

市场营销管理的任务就是为促进企业目标的实现而调节需求的水平、时机和性质。企业市场营销管理的任务取决于目标市场的需求状况。市场需求多种多样，根据需求水平、时间和性质的不同，可归纳出八种不同的需求状况。由于每种需求状况具有各自不同的特点，所以在不同的需求状况下，企业市场营销管理的任务和采取的营销策略也有所不同。

1. 负需求及其策略

负需求是指市场上全部或大部分顾客对某种产品或服务不仅不喜欢、有厌恶情绪，甚至愿意付出一定代价来回避它的一种需求状况。如近年来许多老年人为预防各种老年疾病不敢吃甜点和肥肉，又如有些人害怕危险而不敢乘飞机，或害怕化纤纺织品含有的有毒物质损害身体而不敢购买化纤服装，还如环境脏乱差的旅游景点、高胆固醇食品、牙科手术等，人们都会产生负需求。在负需求情况下，市场营销管理的任务是改变市场需求，即分析人们为什么不喜欢这些产品，并针对目标顾客的需求重新设计产品和定价，更积极地促销，或改变顾客对某些产品或服务的信念，把负需求变为正需求。诸如宣传老年人适当吃甜食可促进脑部血液循环，乘坐飞机出事故的概率比较小等。

2. 无需求及其策略

无需求是指市场对某种产品或服务不感兴趣、漠不关心的一种需求状况。无需求通常是针对新产品和新的服务项目，或者平常不熟悉的非生活必需品等，人们因不了解而没有需求，或者在没有见到它们之前也不会产生需求。因此，市场营销管理的任务是刺激市场需求，设法把产品能带来的利益和价值同人们的自然需要结合起来，激发兴趣，创造需求，把无需求变为正需求。企业推广产品，有时可通过有预期目标的营销活动，人为地使市场形成供不应求或大量需求的局面。这种营销计划的制定与实施不但是一种战术技巧，而且可以起到创造需求的作用。

3. 潜在需求及其策略

潜在需求是指许多消费者存在某种强烈的需求，而现有产品和服务又无法使之满足的一种需求状况，如人们对无害香烟、癌症特效药品、节能汽车的需求。在潜在需求的情况下，市场营销管理的任务是开发市场需求，估测潜在市场的规模，努力开发新产品，通过提供能满足潜在需求的产品和服务，变潜在需求为现实需求。电视机、电话机等技术产品在尚未进入市场之前，因消费者并未意识到需求这种产品，不可能对其预先就有潜在需求，更谈不上有现实需求，只是在这些产品开发出来以后，消费者才产生了需求。回顾方便面在香港市场的开拓历程，南方人吃米不吃面的饮食习惯难倒了方便面厂家。最后，通过免费给幼儿园孩子试吃的招数，使得二十世纪七八十年代出生的这批孩子进入青年时代时，成了消费方便面的主力军。

4. 下降需求及其策略

下降需求又称衰退需求，是指市场对某种产品或服务的需求呈现下降趋势的一种需求状况。人们对一切产品和服务的需求和欲望，总会有发生动摇或下降的时候，在这种情况下，市场营销者必须分析市场衰退的原因，决定是否通过寻找新的目标市场、改变产品特色或采取更有效的沟通和促销手段重新刺激需求。此时，市场营销管理的任务是重振市场需求，通过创造性再营销，扭转需求下降趋势，使已下降的需求重新回升。

5. 不规则需求及其策略

不规则需求是指某些产品或服务的市场需求随时间变化而出现波动很大的一种需求状况。许多产品和服务的需求是不规则的，即在不同时期、不同季节，甚至一天中不同时间的需求量都会发生很大的变化，如运输业、旅游业、娱乐业等都会出现这种需求状况。此时，市场营销管理的任务是协调市场需求，通过灵活定价、促销和其他激励措施来调节需求，使供求趋于平衡。

6. 充分需求及其策略

充分需求又称饱和需求，是指当前市场对企业某种产品或服务的需求在数量上和时间上同预期的需求水平和时间达到一致的需求状况。当企业的业务量达到满意程度时，所面临的就是充分需求，但这种充分需求状态不是静止不变的，而是动态的，它常常受到消费者偏好和兴趣的改变，以及同行业的竞争这两种因素的影响而发生变化。因此，在充分需求状况下，市场营销管理的任务是维持市场需求，面对消费者偏好的改变和竞争的加剧，应努力保持或提高产品质量，不断测量顾客满意程度，降低成本来保持合理价格，做好售后服务，以维持现有的需求水平和销售水平。

7. 过度需求及其策略

过度需求又称过剩需求，是指市场对某种产品或服务的需求量超过了卖方所能供给和愿意供给水平的一种需求状况，这可能是由于暂时性缺货，也可能是由于价格太低，还可能是由于产品长期过分受欢迎所致。在过量需求状况下，市场营销管理的任务是降低市场需求，即通过提高价格，减少促销或服务，劝导节约等措施来降低市场需求水平。

8. 有害需求及其策略

有害需求是指市场对某些有害产品或服务的需求。有害的产品或服务常常会引起人们反对其消费，如烟、毒品、黄色书刊、色情服务等都受到社会公众的反对和抵制。此时，市场营销管理的任务是反市场需求，即劝说喜欢有害产品或服务的消费者放弃它们，大力宣传其危害，大幅提高价格，减少购买机会或停业生产供应等。

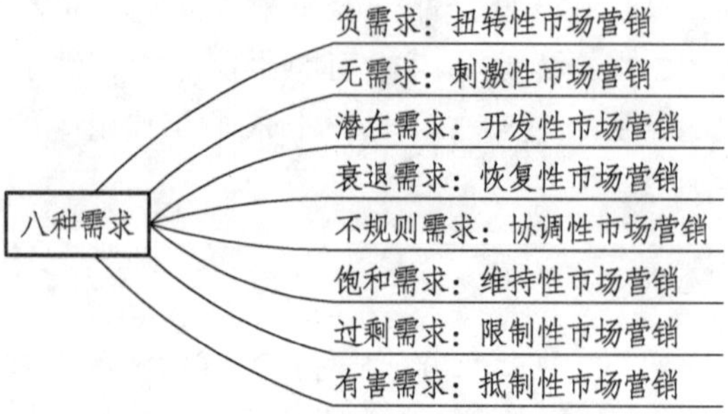

图 1-3　八种市场需求

知识卡片 营销组合不仅是满足顾客消费需求的重要方法和工具，而且还是企业应对竞争对手的强有力手段。

五、市场营销组合的发展

1. 4P 组合

在市场营销管理过程中，企业必须发展合适的市场营销组合，有效管理它的目标市场及其需求。所谓“市场营销组合”，是企业为进占目标市场、满足顾客，加以整合、协调使用的市场营销手段。尼尔·鲍敦曾将这些因素确定为 12 个，在 1950 年左右提出了“市场营销组合”的概念。里查德·克莱维特进一步把它们归纳为 4 大类型，即产品、价格、促销和渠道。1960 年，杰罗姆·麦卡锡又在文字上，将它们表述为产品（Product）、价格（Price）、地点（Place）和促销（Promotion），即著名的“4P”。以后，学术界不断地又提出了其他的一些“P”。目前广为流传的仍然是 4 大类型的分法。

在市场营销组合中，“产品”通常指提供给目标市场的货物、服务的集合。它不仅包括产品的效用、质量、外观、式样、品牌、包装和规格，还包括服务和保证等因素。“价格”指出售产品所追求的经济回报，内容有价目表价格、折扣、折让、支付方式、支付期限和信用条件等，所以又称为“定价”。“地点”通常称为“分销”或“渠道”，代表为使其产品进入和达到目标市场，经由的路径和环节、场所，以及组织、实施物流活动的仓储、运输等。“促销”则是指利用各种信息载体与目标市场进行沟通的传播活动，包括广告、人员推销、营业推广与公共关系等。

产品、价格、分销和促销是市场营销管理过程中可控制的因素，也是进行市场营销活动的基本手段。对它们的具体运用，形成了市场营销的战略、战术和方法。这些手段或因素之间的关系不是彼此分离的，而是相互依存、相互影响和相互制约。在市场营销管理过程中，企业要满足顾客、实现经营目标，不能孤立地只是考虑某一因素或手段，必须从目标市场的需求和市场营销环境的特点出发，根据企业的资源和优势，整合运用各种市场营销手段，形成统一的、配套的市场营销组合，争取整体效应。（关于 4P 组合在这里只做简单介绍，后面几章将会详细讲述）

2. 4C 组合

4P 各要素间缺乏相互补充的连贯性，这就迫切需要能够调节和整合各种营销要素和活动的新概念，于是出现了 4C，分别代表 Customer（客户）、Cost（成本）、Convenience（便利）、Communication（沟通）。

（1）客户，主要是指客户的需求。企业必须首先了解和研究客户，根据客户的需求来提供产品。同时，企业提供的不仅仅是产品和服务，更重要的是由此产生的客户价值。

（2）成本，不单是企业的生产成本。它还包括客户的购买成本，同时也意味着产品定价的理想情况，应该是既低于客户的心理价格，亦能够让企业有所盈利。此外，这中间的客户购买成本不仅包括其货币支出，还包括其为此耗费的时间、体力、精力以及购买风险。

（3）便利，即所谓为客户提供最大的购物和使用便利。4C 理论强调企业在制定分销策略时，要更多地考虑客户的方便。要通过好的售前、售中和售后服务来让客户在购物的同时，也享受到了便利。便利是客户价值不可缺少的一部分。

（4）沟通则被用以取代 4P 中的促销。4C 认为，企业应通过同客户进行积极有效的双向沟通，建立基于共同利益的新型企业／客户关系。这不再是企业单向地促销和劝导客户，而是在双方的沟通中找到能同时实现各自目标的途径。

3 .4R 理论

4R 理论以关系营销为核心，重在建立顾客忠诚。它阐述了 4 个全新的营销组合要素，即关联（Relativity）、反应（Reaction）、关系（Relation）和回报（Retribution）。4R理论首先强调企业与顾客在市场变化的动态中应建立长久互动的关系，以防止顾客流失，赢得长期而稳定的市场。其次，面对迅速变化的顾客需求，企业应学会倾听顾客的意见，及时寻找、发现和挖掘顾客的渴望与不满及其可能发生的演变，同时建立快速反应机制以对市场变化快速作出反应；企业与顾客之间应建立长期而稳定的朋友关系，从实现销售转变为实现对顾客的责任与承诺，以维持顾客再次购买和顾客忠诚；企业应追求市场回报，并将市场回报当作企业进一步发展和保持与市场建立关系的动力与源泉。

4R 营销理论的最大特点是以竞争为导向，在新的层次上概括了营销的新框架。该理论根据市场不断成熟和竞争日趋激烈的形势，着眼于企业与顾客互动与双赢，不仅积极地适应顾客的需求，而且主动地创造需求，通过关联、关系、反应等形式与客户形成独特的关系，把企业与客户联系在一起，形成竞争优势。

第三节　铁路运输市场

【知识链接】

2013 年 3 月 10 日，国务院将铁道部并入交通部，3 月 14 日，中国铁路总公司成立。根据十二届全国人大一次会议批准的《国务院机构改革和职能转变方案》，实行铁路政企分开，铁道部实际上被一分为三：1. 将铁道部拟订铁路发展规划和政策的行政职责划入交通运输部。交通运输部统筹规划铁路、公路、水路、民航发展，加快推进综合交通运输体系建设。2. 组建国家铁路局，由交通运输部管理，承担铁道部的其他行政职责，负责拟订铁路技术标准，监督管理铁路安全生产、运输服务质量和铁路工程质量等。3. 组建中国铁路总公司，承担铁道部的企业职责，负责铁路运输统一调度指挥，经营铁路客货运输业务，承担专运、特运任务，负责铁路建设，承担铁路安全生产主体责任等；原铁道部被撤销，国家铁路局和中国铁路总公司挂牌成立。至此，中华人民共和国铁路发展向市场化迈出了至关重要的一步。

六年后，改制成立的国铁集团注册资本提高到 17395 亿元，以铁路客货运输为主业，实行多元化经营。原中铁总的债权、债务、品牌、资质证照、知识产权等，均由国铁集团承继。

一、铁路运输市场的含义

和一般市场的含义一样，铁路运输市场的含义也可以从以下三个方面来理解。

1. 铁路运输市场是铁路运输产品交换的场所或领域

铁路运输市场是指实现旅客和货物空间位移的场所和领域，或为促使实现旅客或货物空间位移的场所或领域，如货物承托的场所、旅客售票点或车站等。铁路运输市场作为一个“领域”，从空间上来说，是无限性与有限性的统一。所谓无限性，是指铁路运输活动不断突破已有的区域而向更加广阔的区域发展，随着各种运输方式协作化的更进一步加强以及运输管理的现代化，使铁路运输市场活动区域的扩大成为一种必然趋势。所谓有限性，是指由于地形条件、基础设施条件、生产布局等限制，一定时期内运输活动的区域又总是有限的。

2. 铁路运输市场是铁路运输产品交换关系的总和

铁路运输市场是指在一定的历史时期和社会经济范围内，进行铁路运输产品交换所反映出的各种经济关系和经济现象。从铁路运输市场营销角度分析，铁路运输交易活动过程中所反映出来的经济活动现象，都是伴随着铁路运输产品交换必然发生的，是铁路运输产品交换的必然反映。经济越发达，对铁路运输市场管理的要求也就越高。

3. 铁路运输市场是指铁路运输产品现实的和潜在的需求者的集合

对于不同的运输企业，运输市场的概念限定在运输需求方以及运输需求方的购买行为取向上。通常在强调运输企业提高市场占有率、扩大市场覆盖面以及组织运输市场营销活动和进行市场营销管理时，即以对运输市场的此种理解为前提。

二、铁路运输市场的特征

铁路运输市场是整个市场体系的一个重要组成部分。由于铁路运输产品生产过程、运输需求过程以及运输产品的特殊性，铁路运输市场除具有一般市场共性外，也具有区别于其他产品市场的特殊性。

1. 铁路运输产品的生产、交换、消费的同步性

铁路运输市场中的商品经营者同时也是商品生产者，运输生产过程同时又是消费过程。运输产品交换过程中所包括的信息收集、组织客流货源、安排运力、进行运费结算以及运输服务等过程，是运输生产和产品交换过程的组成部分。

2. 铁路运输市场的非固定性

运输交换过程不可能在某一个固定场所全部实现。运输活动在开始提供时只是一种“承诺”，即以客票、货票或运输合同等作为契约保证，随着运输生产过程的开始进行，通过一定

时间和空间的延伸，在运输生产过程结束时才将客、货位移的实现所带来的运输产品提供给运输需求者。整个市场交换行为并不局限于一时一地，而是具有较强的广泛性、连续性和区域性。

3. 铁路运输需求的多样性与运输供给的分散性

铁路运输企业以运输产品的形式服务于社会，由于运输需求者的经济条件、需求习惯等多方面存在比较大的差异，必然会对运输产品或运输活动过程提出各种不同的要求，从而使运输需求呈现出多样性特点。同时，铁路运输产品具有较强的可替代性，消费者的选择余地很大，各种运输方式之间竞争激烈，形成运力分配的不均衡性。为促进各种运输方式协调发展，需要由国家对运输业进行宏观调控和系统规划，以便优化资源配置，发展综合运输。

4. 铁路运输供求的不均衡性

铁路运输市场是一种特殊的市场。由于运输需求的多样性、运输供给的分散性以及铁路运输业的"超前发展"决定了运输市场在供求上的不均衡性。造成这种情况的原因主要是货流和客流的分布不均衡性和波动性。

5. 铁路运输产品价值的特殊构成

一般商品的价值由转移价值（即物化劳动的消耗价值）和新创造的价值（即活劳动消耗的价值）两大部分组成。铁路运输产品的转移价值中不包括劳动对象的消耗，只包括劳动工具和燃料等运行材料的消耗，运输成本的构成和资金运动具有独特的结构和形式。

三、铁路运输市场的类型

由于研究目的不同，铁路运输市场可以按以下几种方法进行分类。

1. 按服务对象和性质划分

铁路运输市场由铁路运输基本市场和相关市场组成。

铁路运输基本市场是以客货运输为主导的客运市场和货运市场，它以旅客、货物为运输服务对象，并直接向旅客、货主提供运输产品。铁路运输相关市场是指与铁路运输基本市场相互影响、相互依存而不能单独存在的市场，包括运输车辆租赁市场、运输信息服务市场、货物储存保管市场以及运输设施建筑市场、运输设备维修市场等。

2. 按运输对象划分

铁路运输市场可分为客运市场和货运市场。

客运市场按范围不同可划分为城间和乡间客运市场、城市客运市场、旅游客运市场、国际客运市场等，按经营组织方式不同可分为散客客运市场、团体客运市场和包车客运市场；货运市场按货物类别不同可划分为液体（油、气）货运市场、散堆货运市场、成件包装货运市场和特种货运市场，按经营组织方式不同可分为整车货运市场、零担货运市场和集装箱货运市场。

3. 按运输范围和区域划分

铁路运输市场可分为地方性运输市场、国内运输市场和国际运输市场。

不同运输方式由于其运输经济特性不同，运行范围也不同，如航运市场由远洋运输市场、近洋运输市场、沿海运输市场和内河运输市场等组成，汽车货物运输市场也可以划分为省、市内货运市场、区（如西北、西南、中原等）运输市场、国内运输市场以及出入境口岸运输市场等。

4. 按运输市场供求状况来划分

运输市场可划分为运输买方市场和运输卖方市场。

运输买方市场的基本特征是：① 运输供给大于运输需求；② 运输供给方竞争激烈；③ 运输供给方的竞争分为价格竞争和非价格竞争，其中非价格竞争以质量竞争为核心。所以，运输供给方的激烈竞争必然对运输需求方有利，运输买方市场又称为运输需求者主权市场。

运输卖方市场的基本特征是：① 运输市场呈供小于求状态；② 运输需求方竞争激烈；③ 市场对运输供给方有利。运输卖方市场也称为运输供给者主权市场。

由于运输买方市场是一个有竞争的、宽松的市场，有利于运输资源的优化配置以及运输专业化水平和运输社会化程度的提高，因此，建立适度的运输买方市场成为国家完善运输市场的一项战略取向。因此，铁路运输企业必须关注这一战略取向的进程，积极采取措施参与运输市场竞争。

第四节　铁路运输市场营销

铁路运输业与工业、农业、建筑业等物质生产部门相比较，既有共同之处，又有其自身的特点。了解和掌握铁路运输业的特点，对于加强运输企业管理、顺应客观经济规律、提高经济效益具有十分重要的现实意义。

一、铁路运输产品的特点

1. 无形性

铁路运输生产不改变劳动对象的属性或形态，不具有实物形态的产品。运输生产过程只改变运送对象的位置，社会产品的总量不会因为运输而增大。运输的效用在于客货的空间位移，实现货畅其流、人便于行，运输业这一独特的生产过程具有广泛的社会性和公益性。因此，在运输过程中对质量要求显得特别重要和突出，并具有特定的内容和要求。

2. 生产与消费的同步性

货物和旅客的位移与运输生产过程不可分离，实现客货位移过程，既是运输产品的生产过程，又是消费过程。运输产品不作为独立的物体存在于运输生产过程之外，正是由于运输产品不具有实物形态，其生产与消费是同一过程，所以运输产品既不能储存，也不能调拨，铁路运输业只能根据社会需求对生产力进行合理布局，做好供需平稳和协调工作，科学地组织运输生产，使运输能力留有一定的后备，以适应客货在流量、流向、时间、运距方面的变化，满足社会对铁路运输的需求。

3. 可替代性

运输业内部各种运输方式之间，如水运、铁路、公路、航空等运输方式实现客货位移的替代性很强，消费者的选择余地很大，各种运输方式之间竞争激烈。为促进各种运输方式的协调发展，充分发挥各自的优势，防止盲目竞争，需要由国家对运输业进行宏观调控和系统规划，以便优化资源配置，发展综合运输。

4. 产品价值的特殊性

运输业生产力要素之一的劳动对象不为经营者所有，即运输业劳动对象的不可控性成为运输业生产经营活动的特殊因素，因此，运输产品的转移价值中不包括劳动对象的消耗，基本上只是劳动工具和燃料等生产材料的消耗。运输成本的构成和资金运动具有独特的结构和形式，因此，铁路运输企业必须认真研究运输市场客流货源变化规律，掌握市场容量和结构，了解旅客货主的需求和动机，协调企业与旅客货主的关系，最大限度地满足他们的需求，促进铁路运输业生产力三要素的有机结合。这也是搞好铁路运输企业经营的重要前提。

二、铁路运输业生产经营的特点

交通运输业由五种运输方式组成，由于各种运输方式的技术经济特征不同，形成了各自不同的经营范围和特点。例如，铁路运输具有载质量大、运输成本低、受自然条件影响小、安全性好等特点；汽车运输具有点多面广、流动分散、机动灵活、适应性强、深入性好、便于门到门运输等特点。但是从运输生产经营活动的内容和性质上讲，各种运输方式具有以下共同的生产经营特点。

1. 运输企业生产经营活动的服务性

运输企业生产经营活动的服务性表现在为国民经济其他部门和社会各单位提供运输服务，为货主、旅客提供运输服务。因此，运输企业在经营思想上就首先要树立“服务第一、信誉至上”的观念，在服务项目、服务方式、服务态度、服务手段等方面提高水平，全心全意为社会服务。

2. 运输企业生产经营活动的波动性

运输企业生产经营活动的波动性表现在随工业生产的周期性波动，随农业生产的季节性波动，随人们社会生活的习俗趋向性波动和其他运输需求的偶然性波动等。因此，在经营方式、运输生产组织、信息资料收集与处理等方面，运输企业应寻求规律性来不断提高运输效率。

3. 运输企业产品的无形性与异质性

运输产品不具有实物形态，是一种运输产品，只改变运输对象的地理位置，即运输对象的“位移”。同时，这种位移还有不同的质量要求即异质性，如快速、直达、便利、舒适等。因此，企业在生产经营中应根据不同的运输需求，提供不同的运输产品，在运输生产结构、服务范围、内容上形成自己独特的风格，如快速货物运输、特种货物运输、集装箱货物联运等。

4. 运输企业销售活动的超前性

与工业企业相比，运输企业的销售活动在生产之前，先有货源、客流，再组织运输生产，实现其“位移”。因此，企业的销售活动是运输生产的前提，企业应根据客流货源分布情况，在货物组织网点、货物组织方式、货物组织手段上采取各种积极的促销策略，保证企业生产活动的顺利进行。

5. 运输企业生产活动的广泛性

运输生产点多面广、流动分散的特点决定了企业生产活动不可能局限在某一地点，一列车就是一个独立的生产单位，一次运输任务就是一个完整的运输生产过程。因此，对运输生产活动的跟踪控制、对运输沿线客货源的组织以及提高单车运输和每次运输生产效率等方面的工作，形成与工业企业不同的管理要求。企业应根据这些特点，在车辆承包经营、租赁经营或统一调度运行等经营方式中，更进一步深化改革，完善制度，优化结构，提高运输效率。

三、铁路运输企业市场营销

1. 铁路运输企业市场营销的作用

现代市场营销学着重从企业的角度研究微观市场营销，它包括与市场有关的一系列企业营销管理活动，如企业的市场营销研究、产品（服务）和品牌管理、新产品开发、销售管理、价格策略、公共关系、运输仓储等工作。可见，微观市场营销是连接市场需要与企业生产的中间环节，是企业用来把消费者需要和市场机会变为有利可图的企业机会，并利用它作为提高企业经营效益的有效途径。

从理论分析可知，铁路运输企业市场营销属于微观市场营销的范畴，是指在铁路运输市场上通过运输产品的交换，满足运输需求者现实或潜在需要的综合性营销活动过程。它始于运输生产之前，贯穿于运输生产活动的全过程：在提供运输产品之前，要研究货主旅客的需求，分析运输市场机会，研究目标市场，从而决定运输产品类型、运输生产组织形式以及运输范围和数量；在组织生产经营过程中，要使运输产品策略、运价策略、客流货源组织策略和服务策略有机地结合起来，通过良好的公共关系去实现运输生产过程；运输生产结束后，还要做好运输结束后的服务和信息反馈工作。这样周而复始，形成良性循环，不断满足社会运输需求，提高企业的经济效益，更好地发挥市场营销的作用。

2. 铁路运输企业市场营销观念

铁路运输企业是现代企业的一种类型，是专门从事旅客或货物运输生产经营活动的经济组织。在社会主义市场经济条件下，铁路运输企业是社会生产领域和消费领域的中介和桥梁，运输生产的社会性特点决定了企业市场营销并非简单的企业行为，应以国民经济的宏观要求和社会效益为首要任务。因此，铁路运输企业的市场营销观念应体现以下主要指导思想：

（1）以合理满足运输需求、增进社会福利为中心。

市场营销观念要求经营者重视旅客和货主的需求，把了解他们的需要、欲望和行为作为营销活动的起点，发展能满足社会需要的运输产品，并力求组织合理运输，谋求运输效率的提高和运输服务的改善。

（2）以等价交换、自愿让渡、互需互利为原则。

市场营销的中心是达成交易，在市场经济条件下，交换仍旧必须遵循商品经济的基本的客观经济规律——价值规律的要求，才可能既使消费者满意，又使生产经营者愿意努力满足消费者的需要。

（3）以整体市场营销为手段。

市场是实现潜在交换的竞争场所，欲达成交易，不仅要提供物美价廉的优质产品，而且需要一定的营销技巧。现代市场营销活动已经不能再沿袭早期市场销售所采取的简单方式，它要求企业针对不同目标市场的需求与愿望，设计本企业所能提供的产品，采用合理、有效的定价、分销和促销策略，开拓市场并服务于市场。

复习思考题

一、单项选择题

1. 市场营销的核心是（　　）。

A. 生产　　B. 分配　　C. 交换　　D. 促销

2. 从营销理论的角度而言，企业市场营销的最终目标是（　　）。

A. 在满足消费者的需求的基础上企业获利

B. 榨取更多利润

C. 求得生存和发展

D. 把商品推销给消费者

3. 市场营销管理的实质是（　　）。

A. 刺激需求　　B. 生产管理　　C. 销售管理　　D. 需求管理

4. 下列有关交换的说法正确的是（　　）。

A. 人们要想获得所需要的产品，必须通过交换

B. 交换仅仅是一个结果而不是一个过程

C. 交换是交易的另一种说法

D. 交换是人们获得自己所需要的某种产品的一种方式

5. 下列说法正确的是（ ）。

A. 市场营销者可以通过市场营销活动创造需求

B. 需要就是消费者对某种具体产品的需求

C. 市场营销者可以通过营销活动影响人们的欲望，进而影响需求

D. 有了欲望，需求自然产生

6. 对于负需求市场，营销管理的任务是（ ）。

A. 刺激性市场营销策略　　B. 扭转性市场营销策略

C. 维持性市场营销策略　　D. 恢复性市场营销策略

7. 从市场营销的角度看，市场就是（ ）。

A. 商品交换的场所

B. 商品交换关系的总和

C. 交换过程本身

D. 具有购买欲望和购买能力的消费者的集合。

8. 马斯洛“需要层次论”最高层次是（ ）的需要。

A. 生理需要　　B. 安全需要

C. 社会需要　　D. 尊重需要　　E. 自我实现需要

9. 许多企业主动采取绿色包装以降低白色污染的这种做法反映了企业的（ ）。

A. 社会营销观念　　B. 销售观念

C. 市场营销观念　　D. 生产观念

10. 人们感到某些基本满足没有获得的状态，是（ ）。

A. 欲望　　B. 需要　　C. 需求

二、多项选择题

1. 市场包括（ ）几个要素。

A. 销售者　　B. 人口　　C. 购买力　　D. 市场营销机构　　E. 购买欲望

2、以企业为中心的市场营销观念有（ ）

A. 生产观念　　B. 产品观念　　C. 推销观念

D. 市场营销观念　　E. 社会营销观念

3. 市场营销的基本要点包括（ ）。

A. 市场营销的核心功能是交换

B. 市场交换活动的基本动因是满足交换双方的需求和欲望

C. 市场营销活动的价值实现手段是创造产品与价值

D. 市场营销活动是一个管理过程，而不是某一个阶段

4. 过量需求的原因可能是（ ）。

A. 暂时性缺货

B. 价格太低

C. 不同时期、不同季节需求量发生的变化
D. 产品长期过分受欢迎

5. 市场营销管理哲学的核心是正确处理（　　）之间的利益关系。
A. 企业　　B. 顾客　　C. 社会　　D. 供应商　　E.中间商

6. 在社会营销观念的指导下，企业制定营销决策时应同时考虑（　　）因素。
A. 消费需求的满足　　B. 社会的长期整体利益
C. 努力推销已生产出来的产品　　D. 提高企业的经济效益

三、判断题

1. 市场营销是销售部门的工作。（　　）
2. 市场就是商品交换的场所。（　　）
3. 市场营销管理的实质是需求管理。（　　）
4. 市场营销既是一门科学，又是一项艺术。（　　）
5. 市场营销就是研究产品的销售。（　　）
6. 推销观念更注重卖方需求，而市场营销观念则兼顾买卖双方的需要。（　　）
7. 市场的三大构成要素同时决定着市场的规模大小。（　　）
8. 市场营销理论于 20 世纪初诞生于英国。（　　）
9. 市场营销就是推销和广告。（　　）
10. 我们说市场需求是无处不在的，所以无需求状态一般很难存在。（　　）

四、简答题

1. 什么是市场？构成市场的三要素是哪些？
2. 如何正确理解“市场营销”这个概念？
3. 市场营销管理的内涵和实质是什么？在不同的需求状况下，市场营销管理的任务有哪些？
4. 传统营销观念与现代营销观念有哪些区别？
5. 铁路运输企业生产经营有哪些特点？
6. 铁路运输企业的市场营销观念有哪些？

五、技能训练题

调查你所在地区的市场，确认在该市场的某一企业目前应树立的营销观念，并说明其根据。

【案例分析】

铁路货运转变营销观念 改变货运市场格局

2018 年 5 月 7 日凌晨 1 时 05 分，由 9 个铁路机械保温车冷藏着的 7 960 件进口火龙果，从中越国际通道昆（明）玉（溪）河（口）铁路河口北站一路向北疾驰，120 小时内这些火龙果将出现在长沙、郑州、北京等地的水果市场，这是云南铁路首次开行东南亚与国内的冷链运输列车。

任何市场行为都必须遵循相应的市场规律，许多企业的发展变化也都和它是否遵从市场规律相辅相成。因循守旧，无法适应市场，不啻如逆水行舟，不进则退。对于铁路货运来说，从无人可以竞争的“铁老大”，到放低姿态融入货运市场，铁路货运的改变为它占领货运市场份额，打下了坚实的基础。

曾经的“铁老大”根本不愁货运，以它自身的特点，适合运送大宗货物中长途运输。一直以来都很稳定地进行着煤炭、钢筋、水泥等货物的中长途运输，鼎盛时期，铁路车皮都成了紧俏货，不是老货主都订不到车皮，也奠定了铁路在货运市场的“江湖老大”地位。不过，随着国家能源结构的调整，对于煤炭、钢筋、水泥等大宗货物需求量的减少，铁路遭遇了货物寒潮，货物量一度跌至同行业中最低。铁路货运的发展成了百姓大众热议的话题。

铁路不得不改变原有的铁老大策略，在政策方面开始改革，对货主取消货运计划申报、请求车、承认车等繁杂的手续，全面放开受理，对各类货物运输需求敞开受理，随到随办，对各类收费全面规范，实行“一口报价、一张货票核收”，全面开展“一条龙”全程物流服务，将“站到站”向“门对门”延伸，不仅如此，他们还积极化身店小二走访企业货主，而且根据客户需求开行了“汽车专列”“集装箱专列”“绿色蔬菜专列”等，让曾经跌至冰点的铁路货运逐步复苏，逐渐赢得了失去的货运市场，市场份额逐渐扩大。铁路还推出了许多国际货运专列，让中国货物占领国际市场提供了很好的平台。铁路还在 95306 货运网站上免费为货主刊登货物供求信息，为货主卖货牵线搭桥，更好地把货物推销出去。

系列举措为铁路货运回暖提供了有力支持，货运量也开始稳步回升，今年 4 月 30 日，中国铁路总公司（以下简称“铁总”）在微信公众号发布消息称，根据《财政部税务总局关于调整增值税税率的通知》（以下简称“《通知》”），5 月 1 日起，下浮铁路主要货物运价，铁路运输服务增值税税率从 11% 降至 10%。随着税率的下调，铁路货运价格将有一定程度的减少。

其实，铁路货运有着自身的优点，首先随着铁路基础建设的不断推进，铁路货运办理网点从原有的 4 000 多个网点不断增加，遍布全国的铁路货运网点有机会让你的货物畅销全国，占领更多的市场。铁路不断推进的货运改革正在改变着货运市场的格局，也在不断为百姓大众释放着改革发展红利，降低民众物流成本，让百姓生活变得更美好。

资料来源：中国物流与采购网，2018-5-11。

思考：

1. 案例中，铁路运输企业是如何改变“铁老大”策略的？

2. 铁路运输企业营销观念的转变，对我们有什么启示？

第二章 铁路运输市场分析

◆【学习目标】

1. 了解市场营销环境的概念，理解并掌握影响市场营销的宏观、微观环境的因素。

2. 了解铁路运输需求的观念，明确铁路运输需求的特点及种类，掌握影响铁路客、货运输需求的因素。

3. 理解消费者购买行为内容，掌握消费者购买决策过程及影响消费者购买行为的主要因素。

4. 提高市场营销环境的认知能力和分析能力；能够通过市场环境分析，发现市场机会。

引 例

甲运输物流公司接受了从山西某煤矿运输50万吨燃煤到广州的任务，运输部门经理将此项工作任务交给物流员小李来组织完成，小李接到任务后，对当前运输市场进行了详细了解和深入分析，然后根据运输任务量、运输地点、运输距离等，决定选择了铁路运输，并制定了详细的运输方案，经审批后顺利完成了任务。

思考：

1. 小李为什么不选择其他运输方式而选择铁路运输呢？

2. 你若是小李，你会如何制订这份运输方案？

第一节 铁路运输市场营销环境概述

知识卡片

企业管理者需要意识到自然环境变化对市场营销的影响趋势，不仅是原料和资源短缺造成的成本增加，政府对环境保护的重视也让所有企业面临更严格的监督和评估。

一、铁路运输市场营销环境的概念、特征及分类

1. 市场营销环境的概念

任何企业都是生存在一定环境中的，不能脱离周围环境而独立生存。市场营销环境可以为企业提供机遇，也能造成威胁。市场营销人员的一项主要工作就是时刻注意企业所处环境及环境的变化，从中寻找商机，避开风险。

那么，什么是市场营销环境呢？菲利普·科特勒的定义是："企业的营销环境是由企业营销管理职能外部的因素和力量组成的，这些因素和力量影响营销管理者成功地保持和发展同

其目标市场顾客交换的能力。”就是说，市场营销环境是指与企业经营有关的影响产品供求的各种内外客观因素的综合，它包括市场营销的微观环境和宏观环境。

企业的市场营销活动要以环境为依据，通过市场营销努力去适应环境、影响环境，使企业在不断变化的环境中寻找机会以求长期生存发展。

2. 市场营销环境的特征

市场营销环境是一个多因素、多层次且不断变化的综合体，具体特点如下。

（1）动态性。

营销环境的动态性是指构成铁路运输企业市场营销的各种外界环境因素，由于种种原因，总是处于一个动态的变化中，如铁路运输市场长期存在的“卖方市场”逐渐向“买方市场”转变。因此，企业对环境的变化适应要快，调整营销策略也要及时、迅速。

（2）差异性。

差异性主要表现在两个方面：一方面表现为不同企业受不同的营销环境影响，如客运市场和货运市场；另一方面表现为同一环境因素对不同企业的影响程度不同。这就要求铁路运输企业应根据所处的营销环境制定符合实际且具有自己特色的营销策略。

（3）相关性。

市场营销环境诸因素之间相互依存、相互影响、相互制约。某一因素的变化会带动其他因素的变化，形成新的市场营销环境。如科技、经济的发展会引起政治体制的相应变革，影响企业产品的更新换代速度；又如铁路运价的变动，除受供求关系影响外，还受运输结构方式、旅客和货主心理等多种因素的影响。

（4）不可控性。

不可控性是指外部环境因素的变化对铁路运输企业来说是不可控制的。例如：国家的运输产业政策；旅客和货主对各种运输方式的选择；其他运输企业开辟新的运输服务方式等。但是铁路运输企业可以改变环境因素的变化给企业带来的影响，如旅客和货主对企业的评价，竞争对手给企业带来的威胁，这些都可通过企业的努力得到相应的改善。

铁路运输企业研究营销环境的目的在于适应外部环境因素的变化，提高应变能力，增强主动性，以便求得企业的生存与发展。铁路运输企业一方面应提高对环境的适应性，另一方面还应开拓对其经营有利的营销环境。

3. 市场营销环境的分类

在当今世界，企业的市场营销环境是错综复杂、变幻莫测的，可以根据不同标准加以分类。菲利普·科特勒对一个企业所处的市场营销环境从以下两个层次进行分析：第一层是企业所处的微观环境，第二层是宏观环境。微观环境指与企业紧密相连，直接影响企业市场营销能力的各种参与者，包括企业本身、供应商、市场营销中介、顾客、竞争者及公众。宏观环境指影响微观环境的一系列巨大的社会力量，主要是人口、经济、政治法律、科学技术、社会文化及自然生态等因素。微观环境直接影响与制约企业的市场营销活动，也称直接市场营销环境，又称作业环境。宏观环境一般以微观环境为媒介去影响和制约企业的市场营销活动，所以又被称为间接市场营销环境。在特定场合，宏观环境也可直接影响企业的市场营销活动。市场营销环境的分类如图 2-1 所示。

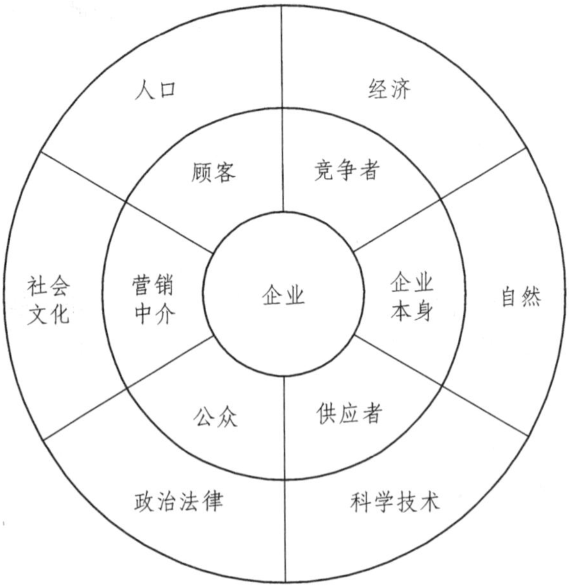

图 2-1　市场营销环境

企业所处的市场营销环境不是静态不变的，而是经常处于变动之中。市场营销环境的变化莫测使得市场营销工作更具有挑战性。企业的市场营销人员必须正确地认识环境变化，连续不断地监视和分析环境，进而寻找机会，适时地开展市场营销活动。

二、市场营销环境的分析目的

市场营销环境的变化对企业可能产生的影响主要有两种：一是环境的变化导致企业新市场机会的产生，即营销机会；二是环境的变化对企业形成新的威胁，即环境威胁。分析市场营销环境的目的在于寻找市场营销机会和避免市场环境所带来的威胁。

在现实生活中，机会和威胁往往同时并存，有时，表面上看是环境威胁，实际蕴藏了新的发展机会。例如，能源危机引起了对新能源的需求；工业和生活垃圾的增加污染了环境，从而产生了对垃圾处理技术的需求等。每个企业在生存的过程中都面临着许许多多的营销机会和环境威胁，这些机会和威胁不断制约着企业的营销活动。所以，企业在制定相应的营销策略前，都要进行市场信息的收集以及市场营销环境的分析。

1. 营销机会

营销机会就是企业实现经营目标的机遇。如果经过分析和评价，确认市场对某种产品有某种需求，企业有营销能力时应积极地创造和适时地利用这一市场机会。机会分析主要考虑其潜在的盈利性和企业优势大小。

2. 环境威胁

环境威胁就是分析营销环境中对企业营销不利的趋势。威胁分析主要是考虑其影响程度和出现频率。

在现实生活中，机会和威胁往往是同时存在的，营销者要通过市场营销环境调研和分析，不失时机地抓住机会，避免或克服威胁。

三、市场营销环境分析方法及企业对策

面对威胁程度不同且市场机会吸引力不同的营销环境，企业需要通过环境分析来评估环境机会和环境威胁，具体可以通过“营销机会分析矩阵图”和“环境威胁分析矩阵图”“环境分析综合矩阵图”和 SWOT 分析法等来进行分析。

1. 营销机会分析

营销机会矩阵图的横向代表“成功的可能性”，纵向代表“潜在的吸引力”，表示潜在赢利能力，如图 2-2 所示。

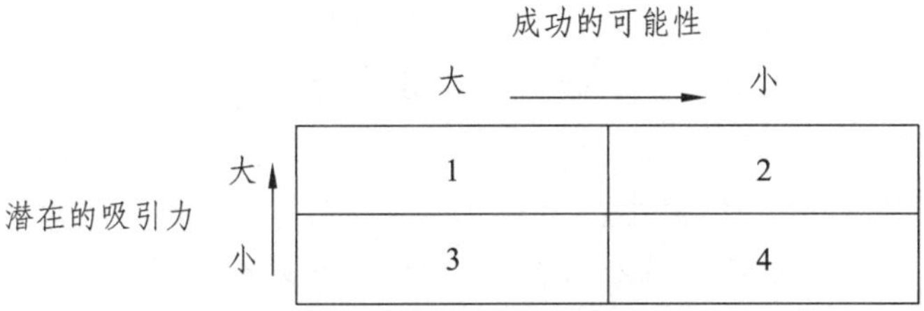

图 2-2　营销机会分析矩阵图

在图 2-2 中，1 表示成功的可能性和潜在的吸引力都比较大，有极大的可能为企业带来巨额利润，企业应该把握战机，全力发展；2 表示潜在的吸引力较大，成功的可能性较小；3 表示潜在的吸引力较小，但是成功的可能性较大；对于 2、3 区域企业在进行营销决策时，应进行具体分析，权衡利弊，根据目标市场要求，促使其向着有利于企业营销的方向发展；4 表示潜在的吸引力和成功的可能性都很小，企业应改善自身条件，关注机会的发展变化，审时度势地开展营销活动。

2. 环境威胁分析

环境威胁矩阵图的横向代表“出现威胁的可能性”，纵向代表“潜在的严重性”，表示盈利减少程度。

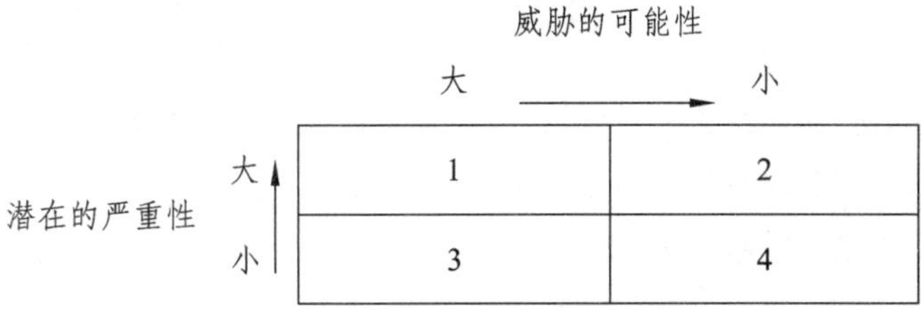

图 2-3　环境威胁分析矩阵图

在图 2-3 中，1 表示威胁的可能性和潜在的严重性都比较大，企业必须特别重视，并制定相应的措施；2 表示威胁的可能性较小，但潜在的严重性较大，企业应密切注意其出现和发展；3 表示潜在的严重性较小，但是威胁的可能性较大，也要充分重视；4 表示潜在的严重性和威胁的可能性都很小，企业不必太过担心，但应该注意其发展变化。

3. 环境分析综合法

结合图 2-2 和图 2-3 分析，把营销机会和环境威胁拿到一起来分析，企业面临的营销机会和环境威胁可能有四种情况，如图 2-4 所示。

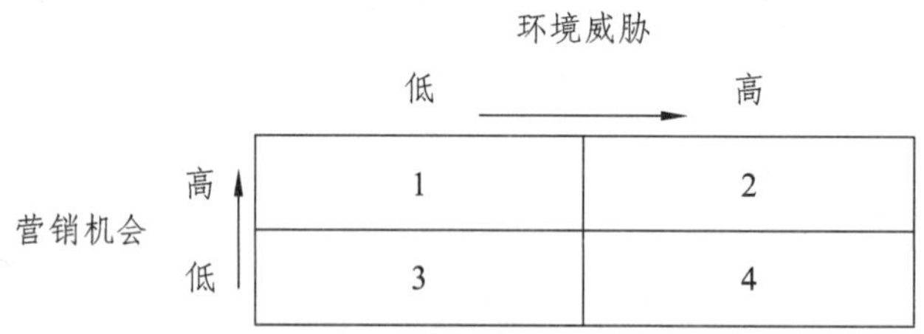

图 2-4　环境分析综合矩阵图

在图 2-4 中，1 代表理想业务：高机会、低威胁的业务，企业需要抓住机遇，迅速行动；2 代表风险业务：高机会、高威胁的业务，企业面对高风险、高利润，不能盲目跟进，也不能坐失良机，需要全面分析优劣势，寻找突破点；3 代表成熟业务：低机会、低威胁的业务，机会与威胁都很小，可作为企业的常规业务，用以维持企业的正常运转；4 代表困难业务：低机会、高威胁的业务，企业要么改变环境，走出困境，要么立即撤退，摆脱困境。

4. SWOT 分析

（1）SWOT 分析法的含义。

所谓 SWOT 分析，即基于内部竞争环境和竞争条件下的态势分析，就是将与研究对象密切相关的各种主要内部优势、劣势和外部机会、威胁等，通过调查列举出来，并依照矩阵形式排列，然后用系统分析的思想，把各种因素相互匹配起来加以分析，从中得出一系列相应的结论，而结论通常带有一定的决策性。运用这种方法可以对研究对象所处的情景进行全面、系统、准确的研究，从而根据研究结果制定相应的发展战略、计划以及对策等。

①S（Strength）：优势，是组织机构的内部因素，包括有利的竞争态势、充足的财政来源、良好的企业形象、可靠的技术力量、优良的产品质量、充足的市场份额、成本优势、广告攻势等。

②W（Weakness）：劣势，是组织机构的内部因素，包括设备老化、管理混乱、缺少关键技术、研究开发落后、资金短缺、经营不善、产品积压等。

③O（Opportunity）：机会，是组织机构的外部因素，包括新产品、新市场、新需求、竞争对手失误等。

④T（Threat）：威胁，是组织机构的外部因素，包括新的竞争对手、替代产品增多、市场紧缩、行业政策变化、经济衰退、客户偏好改变、突发事件等。

（2）SWOT 分析的基本步骤。

①分析环境因素。利用各种调查方法，分析企业所处的各种环境因素，外部环境因素和内部能力因素。在调查分析这些因素时，不仅要考虑到企业的历史与状况，而且要考虑企业的未来发展。

②构造 SWOT 矩阵。将调查得出的各种因素根据轻重缓急或影响程度等排序方式，构造 SWOT 矩阵。在此过程中将那些对企业发展有直接的、重大的、大量的、迫切的、久远的影响因素优先排列出来，而将那些间接的、次要的、不急的、短暂的影响因素排列在后面。

③制定行动计划。在完成环境因素分析和 SWOT 矩阵的构造后，便可以制定出相应的行动计划。制定计划的基本思路是：发挥优势因素，克服弱点因素，利用机会因素，化解威胁因素。

④考虑过去，立足当前，着眼未来。运用系统分析的综合分析法，将排列与考虑的各种环境因素相互匹配起来加以组合，得出一系列企业未来发展的选择对策。

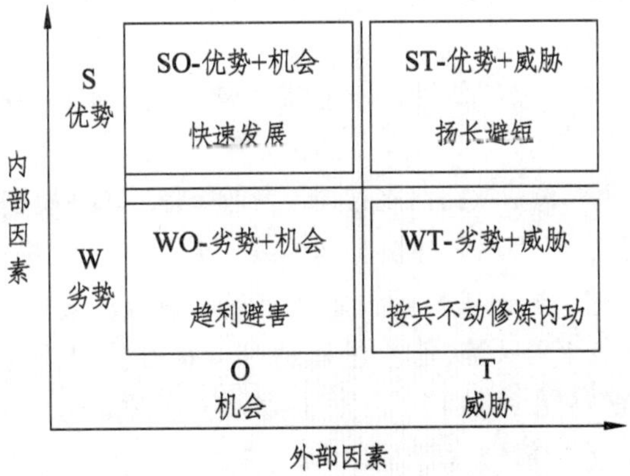

图 2-5　SWOT 分析矩阵图

第二节　铁路运输市场营销环境分析

一、铁路运输市场营销微观环境分析

铁路运输市场营销微观环境指与铁路运输企业紧密相连，直接影响铁路运输企业市场营销能力的各种参与者，包括铁路运输企业自身条件、供应商、营销中介、旅客、货主、运输竞争者以及公众，如图 2-6 所示。

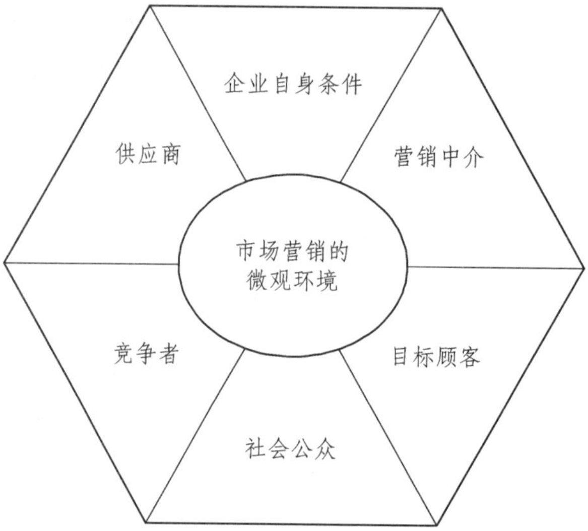

图 2-6　市场营销微观环境

1. 铁路运输企业自身条件

企业自身条件状况是企业营销活动最直接的环境因素。分析铁路运输企业自身条件状况的目的是揭示铁路运输企业内部的优劣势，判别其是否拥有及捕捉营销机会的竞争能力。它包括对铁路运输企业内部经营管理、运营基础设施条件等因素分析。

（1）运营基础设施。

良好的基础设施，是保证各种运输方式运营的重要条件，也是影响运输企业营销效率及效益的重要因素。

铁路基础设施，主要包括铁路路网布局、营业里程、车站规模、通信信号设备、牵引方式等。

根据我国铁路运输现状，应加快客运专线的建设，加大提速列车的数量，健全安全保障系统，机车车辆、线路、通信信号等技术基础设施也应配套发展。2021 年末全国铁路营业里程达到 15.0 万公里，其中高铁营业里程达到 4.0 万公里。铁路复线率为 59.5%，电化率为 73.3%。全国铁路路网密度 156.7 公里/万平方公里。

（2）铁路运输企业内部经营管理。

铁路运输企业内部经营管理的分析主要是对企业内部管理体制、营销机制及营销组织体系等因素的分析。铁路运输企业内部各个部门、各个管理层次之间的分工协作是否科学合理，营销管理部门与运输生产等业务部门配合状况以及管理手段、营销观念等，都直接影响着企业营销活动的顺利进行。对企业自身条件及状况全面、整体、客观地认识和分析，对搞好企业市场营销是非常重要的。

> **知识卡片** 顾客是我们存在的全部理由。我们将遵守自己的诺言，尽我们最大的努力，使顾客支付每一分钱都能买到十足的价值和满意。

2. 旅客和货主

旅客和货主是铁路运输企业服务的对象即目标市场。根据其需求的不同，旅客和货主可分为不同类型、不同层次的消费群体，并且其需求是不断变化的，要求铁路运输企业针对不同的消费群体以不同的营销方式提供不同的运输服务产品，这对铁路运输企业营销决策的制定和实施显然有着很大的影响作用。

3. 竞争者

竞争是市场经济的必然产物，它是与市场紧密相连的，有市场就必然存在竞争。在发展社会主义市场经济的今天，运输市场作为社会主义市场体系的重要组成部分，随着运输市场的建立与完善，其竞争也将越来越激烈。因此，铁路运输企业要在竞争中求生存、谋发展，就必须重视竞争对手的分析与研究，以提高企业的市场竞争能力。

运输市场竞争的形式主要表现为：不同运输方式之间的竞争，即铁路、公路、航空、水运之间的竞争；客运市场的竞争；货运市场的竞争；运输价格的竞争；运输服务的竞争；运输速度的竞争。竞争不仅限于产品竞争与价格竞争，而且非价格竞争（服务竞争）也将受到运输企业的关注。因此，铁路运输企业必须调整自己的营销组合策略，了解和掌握不同时期竞争对手的策略和手段，分析竞争对手的优劣势，扬长避短，争取竞争优势。

知识卡片 营销中介不仅是销售产品的一个渠道，更是企业价值传递过程中的重要组成部分。

4. 营销中介

营销中介是指协助铁路运输企业促销或分销运输产品给最终消费者的机构或个人，包括运输代理公司、营销服务机构等。营销中介者在为铁路运输企业提供客流和货源，拓宽销售渠道，分销产品，提供市场调研、咨询，以至运输产品广告宣传等方面，具有不可替代的作用。铁路运输企业如何在市场营销活动中积极发展与各类营销中介者的有效协作关系，对于企业营销目标的实现有重大意义。

5. 供应商

供应商是向铁路运输企业提供生产产品所需原材料、设备、燃油等资源的企业或个人。供应商所提供的各种资源的数量、质量和价格，直接影响企业运输成本，进而影响企业产品的质量、价格、销售和利润。如燃油包括汽油、柴油等，是运输工具的主要消耗材料。燃油的供求状况及价格高低、比价关系，直接影响到企业的运营成本，如果燃油供应紧张，则企业成本增加，价格就会上涨。如何在动态变化的市场中与供应者建立密切、稳定、有效的协作关系，对铁路运输企业营销目标的实现有重大影响。

6. 社会公众

铁路运输企业在开展营销活动时，不仅要考虑到竞争对手与之争夺目标市场，而且要考虑到营销方式是否能得到企业公众的欢迎。所谓社会公众，是指对一个组织实现其目标的能力具有实际或潜在利益关系和影响力的群体。一般企业所面临的社会公众：一是金融公众，如银行、投资公司、证券交易所、保险公司等；二是媒介机构，如报纸、杂志、广播、电视以及互联网络等；三是政府，指与企业经营活动有关的各级政府部门和企业的主管部门等；四是社会群众，如企业附近居民、消费者利益保护组织、环境保护组织，以及一般社会群众等；五是内部公众，包括企业的领导、各层次管理人员以及每个职工。铁路运输市场营销活动总是影响着上述各种公众的利益，因此，铁路运输市场营销必然受到社会公众的关注、监督、制约，这些公众必然以各种方式来直接或间接地影响企业营销活动。铁路运输企业在开展市场营销活动时，必须处理好与企业内、外部公众的关系，在社会公众中树立良好的信誉和形象。

总之，构成铁路运输市场营销微观环境的各种因素和力量，影响着企业为目标市场服务的能力，形成了与企业协作、竞争、服务、监督的关系。一个企业能否成功地开展营销活动，不断改善微观环境至关重要，它是企业的一项经常性任务。

二、铁路运输市场营销宏观环境分析

宏观环境是铁路运输企业从事营销活动不可控制的因素，主要包括人口、经济、自然、科技、政治法律和社会文化等环境因素。如图 2-7 所示。

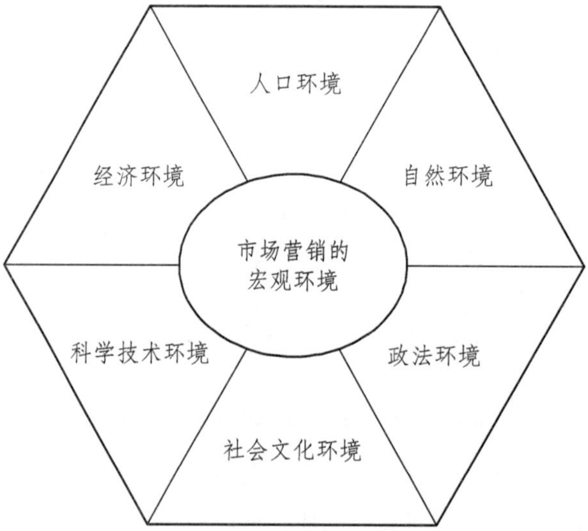

图 2-7　市场营销宏观环境

1. 人口环境分析

人口环境和市场营销的关系十分密切，因为人是市场的主体，市场是由有购买欲望和购买能力的人构成的。人口越多，现实的和潜在的购买者就越多，市场的规模就越大。铁路运输企业市场营销活动的最终对象是运输服务产品的消费者，人口环境必然给运输市场带来整体性和长远性的影响。对于铁路运输市场营销活动有意义的人口环境因素，主要有人口数量、人口增长情况、人口流动情况、人口分布情况以及人口构成情况等。

（1）人口数量。

铁路运输企业开展客货营销活动，首先要了解企业运输生产经营区域内人口的总量，以确定企业开展营销活动的市场潜力和市场的规模。由于运输是人们日常生活和生产中必不可少的活动，人口数量越多，市场对铁路运输服务产品需求的量也越大。

（2）人口增长情况。

了解人口环境，既要看到目前的人口数量，还要注意人口的增长情况，把握人口变化趋势，预测市场容量。从我国人口增长情况看，虽然人口绝对数量不断增长，但我国实行计划生育的人口政策，使人口增长速度降低。这种人口动向带来了家庭规模趋向小型化，家庭旅游和出行给铁路运输企业提供了新的市场机会。例如，年轻夫妇和年老夫妇可随意支配的收入多了，有更多的闲暇时间和收入用于探亲访友、旅游娱乐，因而需要提供大量的旅游运输服务。

（3）人口流动情况。

随着物质、文化生活水平的提高和工作、生活方式的改变，人们有更多的可随意支配的收入和空暇时间用于寻找工作、探亲访友、休闲娱乐等，因此，地理上的人口流动趋势越来越大，对运输消费的需求也越来越大。例如，一方面，人口从乡村流向城市，或从经济不发达的内地流向经济相对发达的地区，随着改革开放的深入和市场经济的发展，劳动力和人才流动成为市场发展的必然产物，近几年来，我国出现了农民涌向城市打工的“农民工潮”、内地人员涌向经济发达地区“打工”的人口流动倾向；另一方面，人口从城市向农村、郊区流动的趋势，必然为铁路运输提供新的营销机会。

（4）人口分布情况。

人口分布与企业的营销决策，尤其是策划营销策略有密切的关系。一方面，人口密度的不同和人口流动量的多少，影响着不同地区运输需求量的大小；另一方面，人们的消费需要、购买习惯和行为在不同地区也存在差异，主要反映在需求构成上。从我国的人口分布看，大体上是沿海多、内地少，长江中下游、华北平原、川南一带人口密集，西北地区人烟稀少。人口聚居区标志着主要的市场所在地。我国铁路网的布局和铁路运输的发展应与人口分布相适应，这也是铁路运输企业开展营销活动应考虑的因素；反过来，铁路运输营销活动的开展，也会促进人口密度小、经济不发达的地区发展铁路运输，促使劳动力和人才向这些地区流动，促使这些地区得到发展。

（5）人口构成情况。

人口构成，包括自然构成和社会构成，前者包括性别结构、年龄结构等；后者包括职业构成、民族构成、教育程度等。以不同的人口构成情况相区别的不同运输消费者，由于在收入、生活方式、价值观念、风俗习惯、社会活动等方面存在差异，必然会产生不同层次的运输需求和消费行为，形成不同的运输消费群体。

2. 经济环境分析

经济环境是指企业市场营销活动所面临的社会经济条件及运行状况和发展趋势。它主要包括社会购买力水平、消费者收入状况、消费者支出结构和消费者储蓄情况等。

（1）社会购买力水平。

社会购买力水平是指一定时期内由社会各方面用于购买产品的货币支付能力。市场规模归根到底取决于社会购买力的水平。从营销角度看，铁路运输市场是由想购买铁路运输产品并有购买力的人构成的，这种人越多，市场规模就越大。因此，社会购买力成为铁路运输企业经营的主要环境力量，铁路运输企业营销活动必然会受到社会购买力发展变化的影响和制约。

总的来讲，社会购买力水平取决于国民经济的发展水平及由此决定的国民收入水平。经济发展快，人均收入高，社会购买力就大，也随之给企业带来更多的市场机会；经济衰退，收入水平低，市场规模缩小，则会给企业带来环境威胁。随着社会经济的向前发展，人们的收入不断增加，社会购买力不断提高，从而对铁路运输服务产品的需求量和需求层次也不断提高。铁路运输企业在策划运输产品策略和价格策略时，必须充分考虑到社会购买力这个重要的因素。

（2）消费者收入状况。

消费者收入是指消费者个人从各种来源所得到的货币收入，包括消费者个人的工资、奖金、津贴、福利、投资红利、租金、退休金、馈赠等收入。消费者收入的水平不仅决定消费者购买力的大小，而且直接影响消费者支出行为模式，所以消费者收入状况是直接影响社会购买力、市场规模及消费者支出行为的一个重要因素。

消费者并不是将其全部收入都用来购买货物和劳务，消费者的购买力只是其收入的一部分。消费者对可随意支配的个人收入，一般多用来旅游、娱乐、休闲等。这部分收入越多，给铁路运输企业带来的营销机会就越多，因而是影响铁路运输服务产品需求量最活跃的经济因素。

由于经济发展有阶段上的变化、地区上的差异，造成个人收入水平上的差异。例如，近几年来，北京、上海、广州等大城市和东南沿海开放地区个人收入水平较高，对铁路运输服务的需求量大，需求结构多样，需求层次高，购买力也较强。显然，这对于铁路运输企业选择目标市场，进行市场定位，有针对性地开展营销活动有重要的意义。

（3）消费者支出结构。

消费支出结构指消费者各种消费支出所占的比例。消费者支出一般包括衣、食、住、行等，各种支出所占的比例不同，对铁路运输企业的营销活动有着重要的影响。在分析消费结构时，人们习惯上把食品支出占家庭总支出的比例称为恩格尔系数。长期以来，经济学家们也一直运用恩格尔系数来分析消费结构，把恩格尔系数作为一个国家、一个地区或一个家庭生活水平高低的重要参数。恩格尔系数的大小与生活水平高低成反比例关系。德国统计学家恩斯特·恩格尔（Ernest Engel，1821—1896 年）对劳工家庭的消费结构做了研究之后，不仅提出了著名的恩格尔系数，而且还指出：随着家庭收入增加，用于购买食品的支出占家庭收入的比重会下降；用于衣服、房租和燃料方面的支出占家庭收入的比重变动不大；用于教育、医药卫生、闲暇娱乐等方面的支出占家庭收入的比重将有所增加。这就是著名的恩格尔定律，它反映了人们收入增加时消费支出变化趋势的一般规律。

恩格尔定律已被许多国家和地区的调查所证实，因此恩格尔系数常常作为衡量一个家庭、一个地区乃至一个国家富裕程度的重要标志。恩格尔系数越小，表明富裕程度越高。我国居民消费水平可用恩格尔系数来衡量。按联合国的标准，不发达国家的恩格尔系数为40%~60%，按这个标准我国居民消费显然还处于低水平，居民收入中的大部分还都用来满足温饱（见表 2-1），但从总体上来看，我国的恩格尔系数有下降趋势。恩格尔系数的降低，说明人们用于住房、交通等方面的支出将有所增加。个人交通运输支出比例的增加，如购买私家汽车、乘坐出租车、豪华大巴、列车硬卧、软卧、旅游列车等，会带来客运量的增加，这对铁路运输企业的客运营销有很大影响。

表 2-1 我国居民消费的恩格尔系数

年份/年	1957	1978	1985	1994	1998	2000	2002	2004	2005	2007
城镇系数	58.4%	57.5%	54.2%	50%	44.7%	39.4%	37.7%	37.7%	36.7%	36.3%
农村系数	65.8%	67.7%	58.8%	58.9%	53.4%	49.1%	46.2%	47.2%	45.5%	43.1%

此外，消费者支出结构除主要受消费者收入的影响外，还会受到家庭生命周期、家庭所在地点两个因素的影响。

① 家庭生命周期。家庭生命周期不同阶段的购买力投向往往有很大的区别。例如，收入较高的家庭、没有孩子的年轻夫妇、孩子独立生活的家庭都有大量可随意支配的收入，有可能把更多的收入用于旅游、休闲等。

② 消费者家庭所在地点。家庭所在地点不同，对运输服务产品的支出不同。例如，一般来说，农村居民和城市居民在对运输产品的需求上有很大的差异，前者用在运输服务产品消费方面的支出较少，后者用在运输服务产品消费方面的支出较多。

（4）消费者储蓄情况。

消费者的收入通常分为两部分：一是作为支付手段，形成现实的购买力；二是暂时不支出而作为储蓄。储蓄虽然来源于消费者的货币收入，但其最终目的还是为了消费。在一定时期内货币收入水平不变的情况下，如果储蓄增加，购买力和消费支出便减少；如果储蓄减少，购买力和消费支出便增加。这对铁路运输企业的营销活动会产生或近或远的影响。而储蓄的增加与减少又受政治因素、利率变化、物价水平等多种因素影响，应该给予充分的注意。例如，国家降低利率，可以刺激人们的消费，人们会从储蓄存款中拿出一部分用于消费支出，有的用于旅游、休闲、娱乐等，这就给铁路运输企业提供了有利的营销机会。

3. 自然环境分析

自然环境是指能够影响人类社会生产过程的自然因素，包括自然资源、生态环境、自然气候及地理位置等。这些因素的发展变化既可给企业带来营销机会，又会给企业市场营销带来环境威胁。

（1）自然资源。

自然资源对铁路运输企业的影响表现为：运输企业的运营都需要消耗一定社会自然资源，飞机需消费航空煤油，汽车需要消耗汽油或柴油，列车需消耗电能或柴油，船舶需消耗柴油等。运输业越发展，对这些资源的消耗量需求就越大，但这些资源大多为不可再生资源，其趋势是日益短缺，价格会不断上涨，将加大运输企业的运营成本，从而制约运输企业的发展和经济效益的提高。面对这种环境威胁，企业必须积极从事研究和开发，尽量寻求新的资源或替代品，以寻求新的营销机会。我国铁路也在大力发展电力机车，以取代以石油为能源的内燃机车和以煤为能源的蒸汽机车。

（2）生态环境。

保护环境是我国的一项基本国策，也是社会经济持续发展的客观要求。铁路运输业排放的废气、废水、烟尘等都将对环境造成严重的影响。随着人们环境意识的增强及国家越来越严格的环境治理法规措施的相继出台，对铁路运输企业提出了越来越多的要求。铁路运输企业要采用先进的技术及高科技的环境治理产品，自觉地承担保护环境的义务，以提高对环境治理要求的应变能力。

（3）自然气候。

自然气候包括大气温度、湿度、降雨、降雪、降雾、风沙等情况及其变化。这些因素对各种运输方式的正常运行都会产生一定的影响。降雨、降雪会影响道路安全，大雾会影响司机的视线及飞机的降落，温度过低影响汽车的启动等。因此，运输企业应时刻关注自然气候的变化，采取相应措施，保证企业的正常运营。

（4）自然地理位置。

自然地理主要包括地形、地貌、山川、河流等因素。运输企业所处地理位置不同，影响到运输方式、运输工具及运输成本等，因此铁路运输企业应全面分析各种地理环境因素，以便进行运输决策。

4. 科学技术环境分析

随着现代科技的发展，各种现代化交通工具的出现极大的影响铁路运输企业的市场营销活动。技术环境的发展变化，对铁路运输企业的影响主要表现为：

（1）科学技术在运输企业的应用。

科学技术在运输企业的应用，既可提高铁路运输企业的劳动生产率，又能促进铁路运输企业营销手段的现代化，引发营销手段和营销方式的重大变革，提高铁路运输企业的市场营销能力。如铁路客票发售和预订系统、铁路运输企业市场营销信息系统的应用，提高了铁路运输企业的市场适应能力和应变能力；现代通信技术、办公自动化技术提高了铁路运输企业的工作效率与效果。

（2）高科技产品的应用。

高科技产品的应用改善了运输环境。电子屏、空调、充电设备等在列车上的使用，列车上移动通信的使用，都创造了良好的文化氛围，使旅客有了一个舒适的旅行环境。

（3）技术进步。

技术进步促进各种运输方式市场竞争激烈，也给铁路运输企业营销提供创新的机会。市场营销的实践证明："科学技术是第一生产力"，是促进我国经济发展和企业营销成功的有力手段，谁认识到技术进步的重要性，注重技术开发，并能将最先进的技术应用到企业的生产经营活动中，谁就获取了营销成功的主动权。所以，铁路运输企业都应密切关注新技术的发展动态，不断开发新产品，并且寻找采用新技术改进原有运输产品的途径。但是，新技术的应用和新产品的开发，必须符合铁路运输市场的需求，才能实现其技术经济价值。

5. 政法环境分析

在任何社会制度下，企业的营销活动都必须受到政治法律环境的强制和制约。政治法律环境是指国家为发展本国经济而制定的一系列经济政策及立法。

（1）政策环境因素。

政策环境因素指对铁路运输企业的营销活动产生重大影响的政府指定的有关方针、政策的总称。为了保证铁路运输市场的有效运行和铁路运输企业经济效益不断提高，铁路运输企业就应密切关注国家政策的变化，对铁路运输企业可能带来有利的或不利的影响，有利的抓住机遇善加利用，不利的要采取相应对策，减轻对企业营销活动的影响，以回避风险。

① 人口政策。我国将长期实行控制人口增长的政策，从发展的趋势看，对客运市场需求有一定的影响。但人口自由流动政策、农民进城务工经商，对铁路运输需求带来了增长。

② 产业政策。产业政策是指中央政府针对国民经济发展影响大的产业部门制定的发展政策及其配套政策的总和。作为基础产业和基础设施的铁路运输业，一直是制约我国经济发展的“瓶颈”产业，是国家重点扶植的产业，国家对铁路运输实行了投资倾斜政策，对推动我国铁路运输业的发展起了重要的作用，同时加快了铁路运输业基础设施建设，我国的铁路运输网络建设得到了加强和完善，为铁路运输企业营销创造了良好的环境。

③ 能源政策。铁路运输业是能源的重要消费者，因此，国家的能源政策会对铁路运输企业产生重大影响。国家能源总量、结构、地区分布以及对某些能源消费的限制，都会影响铁路运输企业的发展。

④ 价格政策。国家的价格政策，如实行管制或放开价格，对运输企业的营销活动都将产生影响。公路运输价格由市场供求关系决定，灵活性大；铁路运价国家控制较严，灵活性差；民航价格实行国家基本定价和浮动价格。运输价格的变化，对运输需求总量及运输需求结构都将产生重大影响。如果运价提高，需求将下降，反之需求则上升。同时，各种运输方式比价的变化将影响运输需求结构，如铁路提价，人们将可能选择航空或公路。

⑤ 环保政策。保护环境是人类的必然选择，国家将通过各种法规、政策以实现保护环境的目的，如《铁路法》《环境保护法》等。

⑥ 财政、税收、金融与货币政策。这些政策是政府用来实施宏观调控最有效的手段。随着财政、税收、金融体制改革的深化，各项政策措施的相继出台，如银行贷款利率的提高与降低，新税种的开征及税率的变化等，都会不同程度地影响铁路运输企业营销活动。

（2）法律环境因素。

所有社会组织和公民的一切活动都需要在法律的约束下进行。市场营销的法律环境是指对企业的市场营销活动产生重要影响的各项法律之总和，包括产品的技术法规、技术标准及商业惯例等。法律环境对企业的市场营销有较强的保护或限制作用，例如《铁路法》《反不正当竞争法》《合同法》《消费者权益保护法》《环境保护法》等，既保护运输市场的公平竞争，保护消费者的合法权益，也保护全社会的整体利益和长远利益，防止对环境的污染和破坏。

6. 社会文化环境分析

社会文化环境由价值观念、宗教信仰、行为准则以及风俗习惯等内容构成，它影响人们的欲望和行为。如我国的春节运输往往是旅行消费最旺盛的时期，是客运生产的高峰期。这种探亲访友的出行欲望和行为就是受我国的传统文化影响。而且不同文化层次的旅客由于生活经历、环境、价值观念和兴趣的不同，旅行消费的欲望和行为会产生很大的差异。

铁路运输企业不能忽视对社会文化环境的分析，这对开辟新的目标市场尤为重要。社会文化环境不像其他环境那样显而易见，但时刻影响铁路运输企业的营销活动。研究和认识各种文化的差异及对人们需求的影响、制约，是运输市场营销环境研究的重要内容。对文化环境分析一般应从教育程度、风俗习惯、价值观念及亚文化群等方面进行。铁路运输企业根据不同地区的风俗习惯，有针对性地开行节假日、春运、扫墓列车或班次等；根据不同文化层次，不同价值观念的消费者兴趣和偏好，提供不同特色的运输服务，满足他们不同特色的消费需求；针对球迷、游客、学生等亚文化群对运输服务的特殊消费需求，开行球迷、旅游、学生专门列车或班次等。

第三节 铁路运输需求分析

一、铁路运输需求的概念

铁路运输需求是购买铁路运输产品的前提条件，是研究铁路运输市场变化的重要内容。没有铁路运输需求就没有铁路运输市场。铁路运输需求是一个特定的概念，指铁路运输消费者在一定时期内，在不同的价格水平下愿意并能够购买的铁路运输产品量。这一定义表明，铁路运输需求是铁路运输需要和购买能力的有机统一，铁路运输需求并不等于铁路运输需要。铁路运输需要只是铁路运输需求的必要条件，而铁路运输消费者的支付能力是充分条件，二者缺一不可。因此，要理解铁路运输需求，就必须具体了解运输需要和消费者的支付能力两个概念。

1. 运输需要

需要是人类生存和发展的条件，反映了人类正常生活中某个或某些方面的缺乏。运输需要就是人类最基本需要中的一种，表现为旅客或货物空间位移的运输产品，从它生产的第一天起，就为人们的生存和发展所需要，尤其是在现代社会中，人们对运输需要显得更为突出。从运输需要产生的原因看，主要有以下几种：

（1）因生产而产生的运输需要。

在物质生产活动中，由于自然、经济和社会方面的因素，人们需要不断地改变物的位置，才能使物质生产得以顺利进行。如企业所需的原材料只有通过运输，才能集中于生产场所以供加工；同样，生产出来的产成品，只有通过运输才能运送到市场销售；消费者购物之后，只有通过运输才有可能实现对物的最终消费。正因为如此，运输作为商品流通的主要手段将生产者和消费者密切地连接在一起，并为生产活动和物质产品的消费所必需。

（2）因生活而产生的运输需要。

人们探亲、访友、旅游、休闲、看病、购物等，都可能需要改变其空间位置，实现其最终目的。正因为如此，长期以来，人们把吃、穿、住、行作为基本的生存需要，这也是客运需求发生的基本原因。

（3）因社会活动而产生运输需要。

随着社会的快速发展，人类对运输需要也必然不断产生、不断发生变化。需要反映的是人们在一定时期的渴求和欲望，例如对于运输需要，一个人从主观上可以任其所想，但其目的的实现则要取决于一定的条件，其中最主要的是须具备相应的支付能力。

2. 支付能力

支付能力也称购买能力，是指消费者通过支付货币而获得产品的能力。支付能力的大小取决于两个基本的要素，一是所购买的产品价格水平，二是消费者的收入水平。在一定的价格水平下，消费者的收入水平越高，其支付能力就越大，反之就越小。消费者需要是多种多样的，每一个人不仅要把有限的收入用在出行需要的满足上，而且要用于吃、穿、住、用及各种精神需要的满足上。对企业而言，在购买运输服务产品上所支付的费用，都要作为生产成本的一部分，企业不可能将其全部资金用于运输消费，还得购买原材料、能源及其他生产资料。同时，过高的运费支出将加大产品成本，降低企业的利润水平。

综上所述，铁路运输需求是铁路运输需要和支付能力的统一。一方面，有需要不一定就发生运输需求，还要看是否有支付能力，如果没有支付能力，就只能是幻想。另一方面，有支付能力也不一定产生某种需求，还要看需要什么东西。如运输需求，一个有支付能力的人，他需要乘坐舒适快捷的运输工具去旅游，不需要乘坐等级低的运输工具出行，他对后者的需求就为零。因此，在研究铁路运输市场，特别是在分析和预测铁路运输市场需求时，必须正确区分运输需要和运输需求这两个基本概念。

二、铁路运输需求的特征

与其他商品需求相比，铁路运输需求主要有如下几方面特征。

1. 非物质性和无形性

人们对商品的需求都是有形的物质性需求，需求的满足是通过物质产品本身的效用实现而获得的。而铁路运输需求则和其他服务需求一样，消费者支付货币后，实际消费的并非有形的物质产品，而是实现无形的非物质性的空间位移。

2. 派生性

需求从产生角度来分析，可分为两大类：本源性需求和派生性需求。铁路运输需求就是一种派生性需求。旅客乘坐铁路运输工具并不是其最终目的，而是通过乘坐铁路运输工具实现其空间位移的改变，最终满足其工作、旅游、学习、探亲、访友等需求。货主的铁路运输需求也是如此，货主购买铁路运输产品并不是其最终目的，而是为了生产经营或生活需要，如供应原材料、异地购物运回家以消费等。从这一方面看，铁路运输需求的产生始终是被动的，即没有与铁路运输需求相关的本源性需求产生，就不会有铁路运输需求的产生。铁路运输需求的变化也是被动的，每当与铁路运输需求相关的本源性需求因各种因素发生变化时，铁路运输需求也随之变化。因此，从总体和长远角度分析铁路运输需求时，不仅要看到本源性因素，更要看到派生性因素。

当然，需求的派生性具有相对性，如果人们为了感受一下动车、高铁的速度，或为了体验动车、高铁的舒适程度而特意去乘坐一下，那么，这些运输需求在一定意义上可看作本源性需求，但这类运输需求在运输市场中所占份额非常少。

3. 广泛性

现代人类生产和社会生活都离不开物和人的空间位移，除部分由个人或其他运输企业、团体自行实现外，大部分运输需求的满足都来自铁路运输企业的提供。铁路运输需求已成为现代社会、经济、文化生活等方面最基本的需求之一。

4. 多样性

铁路运输需求的种类繁多。首先存在最明显的货运需求和客运需求两类。在货运需求中，不同的货物对应着不同的运输需求，如普通货物运输需求、特种货物运输需求。同样，在特种货物中，因存在阔大货物、易腐货物、危险货物等，也有不同的货运需求。所有货物也因有固体、液体和气体之分而形成不同的货运需求。在旅客运输需求中，由于旅客的出行目的、年龄、收入水平、职业等不同而形成不同的客运需求，如旅游运输需求、普通运输需求、学生运输需求、民工运输需求、通勤运输需求等。因客、货运输距离不同，可形成长途、中途和短途运输需求。因旅客和货主对送达时间的要求而形成快速运输需求和普通运输需求等。

5. 波动性

铁路运输需求的波动性，即在一定的时期内，运输需求的时间分布和空间分布所呈现出的不均衡状态。在一天之内或一年之内甚至较长时期内，运输需求的波动性都是存在的，因而运输需求有淡季和旺季之分。铁路运输需求的波动性，归根到底是由铁路运输需求的派生性所引起的。

由于铁路运输需求的产生和量的变化，决定于本源性需求的发生和变化，如货运需求，货物产品在生产和消费上都有季节性，有的在生产上是均衡的，消费上却不均衡，如化肥、农药等；有的在生产上不均衡，消费上却是均衡的，如粮食、蔬菜等；有的在生产和消费上都不均衡，如水果等。这种季节性对所有货物都存在，如空调、风扇虽然常年都可以购买，但在夏季其需求量会更大，而在冬季就进入一年的低谷期。在春节期间，日常消费品的需求也比其他季节旺盛等。这些都说明了运输需求波动的根源。客运需求的波动同样是由于旅客最终需求目的的季节性所引起的。如春季和秋季旅游的旅客要比一年中的其他季节多；寒暑假期间，学生的运输需求集中；春节期间，探亲访友、民工返乡运输需求旺盛等，这些都会引起铁路运输需求的变化。在较长时期内，不同年份的铁路运输需求也不相同。宏观经济的周期性波动也会使运输需求呈现相应的波动，有时不仅增幅下降，甚至绝对量也会比以前的年份有所下降。因此，正确认识铁路运输需求的波动性特征，对分析和预测铁路运输需求的变化有着十分重要的意义。

6. 可替代性

不同的运输需求在一定范围内是可以相互替代的。因为从运输需求的产生来看，无论是客运还是货运需求者，都是实现旅客和货物的空间位移。因此，旅客和货物的空间位移这一基本效用，决定了不同运输需求的可替代性。事实上，将旅客或货物由始发地运往终到地，既可选用铁路运输，又可以用公路运输，也可选用水运或航空运输；既可以由甲企业来运输，也可以由乙企业来运输。当然，这种替代性只能在一定的范围内存在。由于不同运输方式的技术经济特征不同，在不同的范围内，运输产品的经济效果不同；在同一运输方式内的不同运输企业之间，也会因服务质量、运价水平高低等形成差异，因而也存在不同运输需求的替代程度上的差异。运输产品的可替代性是运输市场存在竞争的基本条件。

运输需求的替代性特征是相对的，但又是客观存在的，所不同的是，运输需求的替代性因条件的不同而存在程度上的差异。作为铁路运输企业，了解这一特征，一方面，可以清楚地认识到运输市场将面临的激烈竞争，包括不同运输方式之间和同一运输方式中的不同运输企业之间的竞争，也可以开辟更多的运输市场，获得更多的市场利益；另一方面，正确理解运输需求替代的相对性，可以通过不断地改进运输服务质量、运输产品形式等，形成新的运输产品差别，刺激新的运输需求，以占领相应的运输市场，提高企业的市场占有率。

三、铁路运输需求的种类

铁路运输需求可以根据企业服务对象不同而划分为两大类：客运需求、货运需求。

1. 客运需求的种类

（1）根据旅客出行目的及支付来源分为公务客运需求和私务客运需求。

公务客运需求的特点为：旅客的目的大都是出差、经商、探亲等，旅途票价由单位或公司支付，支付能力有保证，运输需求者广泛，运输需求量稳定。而私务客运需求者的目的是旅游、休闲、购物、上学、打工等，旅途票价由个人支付，需求者往往会考虑票价高低，民工、学生对旅途票价方面更加注重；其运输范围一般为城市之间，城市和风景名胜之间、经济发达地区与落后地区之间、城市与农村之间流向明显。另外，旅游本身带有精神享受的因素，旅游旅客对运输工具、服务质量等有较高的要求，从运输需求量的形成和变化方面看，旅游流、民工流、学生流的季节性明显，波动性较大。

（2）根据旅客旅途时间要求不同分为直达快运需求和普通客运需求。

不论旅客出行的目的如何，都希望在途时间少，但在考虑其他因素（如票价、服务）的情况下不同旅客对时间的要求不同。因此，直达快运可以满足部分旅客的快速要求，为此，铁路运输企业不仅要减少中途停靠站点，而且要采用先进的运输手段，如修建高速铁路、购置性能良好的车辆、开行直达特快列车等来满足这种客运需求。普通客运需求则是正常的技术与组织水平下的旅客运输需求，一般为定时、定点、定班，在途时间占用正常。

（3）按运输距离分为长途客运需求和短途客运需求。

长途客运需求的特点表现在旅客出行大都是为了旅游、探亲、出差、上学、打工等，起讫点一般为城市之间和较远的城乡之间，而短途客运需求者的出行目的大都是购物、休闲或在居住地附近地区探亲等日常出行需要，和长途客运需求相比，短途客运需求者的出行频率高。

2. 货运需求的种类

（1）根据货物的类别分为普通货物运输需求和特种货物运输需求。

普通货运需求是指所要运输的货物都是生产和生活中常见的生产和消费资料，运输需求量大且比较平稳，在运输过程中没有特殊的要求；而特种货运需求是指所运输的货物大都是阔大货物、危险品、鲜活易腐货物等，在运输过程中有特殊条件的要求，如果没有特殊的保护措施和技术手段，则难以满足这种运输需求。另外，特种货运需求相对来说，运输需求较小，且不稳定性较大。

（2）根据运输距离可分为长途、中途和短途货运需求。

（3）根据运输货物批量分为零担货运需求、整车货运需求、集装箱运输需求。

零担货运需求的特点是一次承运的货物批量小，且货物种类、去向、距离均不相同，因而要求运输企业建立一定的运输网络，配备相应的运输服务设施以满足其需要。整车货运需求即用一辆或一辆以上的车运送一批货物的运输需求，这种需求的满足较为容易。集装箱运输需求是指运输精密、贵重、易损等适箱货物的需求，集装箱运输安全性好，有发展前景。

（4）根据货物的时效性分为快速货运需求和普通货运需求。

部分货物因其本身的性质决定其有较强的时间价值要求，对尽快运送到目的地有特殊的需求，因而表现了不同于普通货物运输需求的特点。作为运输企业，在满足快速货物需求时，首先必须承诺货物运到期限的要求。

四、铁路运输需求的影响因素

铁路运输需求不仅有质的规定，而且有量的变化。铁路运输需求在其产生和变化中，要受到各方面因素的影响。了解这些因素，对于把握铁路运输需求的变化有着十分重要的意义。

1. 客运需求的影响因素

（1）经济发展水平。

旅客运输需求中的很大一部分属于生产和工作性客运需求，如业务洽谈、技术交流、学习、参加各种会议等所产生的出行要求。从静态看，凡是经济发展水平高的国家、地区，客运需求水平就高；相反，凡是经济发展较落后的国家和地区，客运需求水平就较低。从动态看，经济高速发展的时期，客运需求就增加较快，大量的人员因生产或工作需要而频繁外出；相反，一旦经济处于较低的发展时期，人们出行的数量和频率相应会降低。此外，经济发展水平还通过影响人们的收入水平和消费水平而影响生活性的客运需求。因此，经济发展水平是影响客运需求的一个总量性因素。

（2）经济体制和经济政策的影响。

在计划经济体制下，由于组织财务制度松弛，企业不重视成本核算，事业单位缺乏严格的财务预算，因而形成了变相的公款旅游、文山会海等现象，虽然其属于不合理现象，但单纯从其对旅客运输需求的影响方面来看，却是突出的。随着经济体制的改革和现代企业制度的建立，企业越来越重视自身的经济利益，因而通过严格的成本控制等措施抑制了这些不合理的运输需求。事业单位的财务支出制度改革，也制约了不合理运输需求的产生。从国家的经济政策方面看，对客运需求也有重要的影响。例如，改革开放以来，鼓励农村剩余劳动力流动的政策，使大批农村人口流向城市务工经商，由此形成的“农民工流”对客运需求产生了很大影响。

（3）人均收入水平。

在旅客运输需求中，除生产性和工作性客运需求外，很大一部分就是生活性客运需求，如探亲、访友、旅游、休闲等产生的旅客运输需求。这些需求虽然会随着人们收入的提高而增加，但最终还要受到收入水平的制约。需求是需要和支付能力的统一，在人们收入既定时，要先将有限的收入支付于吃、穿、住、行、用各个方面的基本需要上，然后再满足更高层次的需要。因此，当人们收入水平提高时，不仅需求量增加，需求层次也相应会提高；不但一般性的出行需求增加，而且旅游及其他社会交往方面的出行需求也会增加。由于旅客旅行需求的变化受制于全体国民的消费水平，而消费水平与经济发展之间又相互关联、互相牵制，即消费水平的高低反映着国民经济的发展程度，而经济发展速度的快慢又直接体现在消费水平的增量变化趋势上。因此，研究客运需求的深层机理，必然要涉及消费结构的发展变化规律。

（4）人口数量及结构。

一方面，人口的数量变化必然会引起客运需求的变化。一般而言，人口密集的国家或地区，客运需求量就高；人口稀疏的国家或地区，客运需求就低；人口数量增加时，客运需求就相应增加。另一方面，人口结构对客运需求也产生影响，而且这一方面的影响作用比人口数量变化的影响显得更加突出。如城市人口因大多从事各种工业、商业、贸易和服务业等工作，要比生产单一、集中的农村人口形成更多的客运需求。同样，高收入的人口要比低收入的人口形成更多的客运需求,中青年人口要比老年和少年等非就业人口形成更多的客运需求。因此，分析不同人口在总人口中的比重及变化，对分析客运需求来说，有非常重要的意义。

（5）旅游业发展。

随着人民生活水平的提高，旅游需求在整个生活需求中的比重将会越来越高。旅游运输需求比普通客运需求更具潜力。因此，在分析一国或一个地区的客运需求的发展变化时，也要重视对本地旅游业发展的考虑，其中不仅要考虑本地旅游资源的数量，而且要考虑旅游资源的等级，以判别其对国内外游客的吸引力大小和对客运需求所产生的影响。

（6）客运运价水平。

对生产性旅客来说，旅客运价水平变动所引起的运费支付，也要列到企业的生产成本中去，对企业的经济活动效果直接产生影响。对消费性旅客来说，运价水平高低直接影响他们的生活开支。如果在运输需求满足方面的支出过大，在收入既定时，必然会影响他们在其他生活需求方面的满足。因此，在运价提高时，旅客运输需求自然会减少；相反，运价降低时，旅客运输需求会有一定的提高。另外，对个别运输企业的市场占有率来说，运价水平的影响作用是很大的。一旦哪一个运输企业提高运价，它所占有的市场份额就有可能向未提价的运输企业转移。

（7）客运业的发展。

旅客运输业的发展，不仅体现在运输设施的数量增加上，而且还体现在运输服务产品质量的提高上。它对旅客运输需求的影响同样表现在刺激客运需求和抑制客运需求两个方面。如果运输布局合理，运输工具充足，技术性能先进，运输服务质量优良，将会刺激旅客运输需求的产生；否则，运输发展滞后，则会抑制旅客运输需求。

（8）运输方式的替代性。

旅客运输需求也存在各种运输方式之间、运输企业之间的替代性。如果从某一运输方式或某一运输企业的角度分析运输需求，就必须分析其他运输方式、其他运输企业对其需求替代程度的大小，为此，要把握本企业、本运输方式的竞争能力和市场占有能力的强弱。如果铁路运输布局合理，运输工具充足，技术性能先进，运输服务质量优良，运输竞争能力强，就会取代其他运输方式，占有更多的客运需求；否则，铁路运输发展滞后，就会缺乏市场竞争能力，从而会失去大量客运需求。

2. 货运需求的影响因素

（1）经济发展水平及国家宏观经济政策。

货物运输是一种完全意义上的派生需求，其大小决定于国民经济发展的水平及国家经济政策。这种需求通常随着经济的发展、物质生产部门的产品数量增多、商品流通范围扩大而增加。国家经济政策对短期内的货运需求有明显的影响。如果整个经济在扩张性的政策刺激下处于高速发展时期，则表现为投资规模扩大，能源、原材料需求增加，商品流通活跃，对运输产生的影响就是货运需求的急剧增加；相反，在整个经济处于紧缩政策下增长速度缓慢时，对货运需求将明显减少。除宏观经济政策外，还有影响某一地区与生产发展的政策，如产业政策、地区开发政策等。如果国家的产业政策发生调整，必然使所支持和限制的产业也发生变化，整个产业结构将跟着发生变化，特别是物质生产领域的各产业的变化，对货运需求也会带来直接影响。

（2）产业结构及其变化。

产业结构是指不同产业在整个国民经济中的比例关系，如农业、轻工业和重工业的比例等。产业结构对货运需求的影响主要表现在，不同的产业结构必然引起不同的产品结构，而不同的产品结构意味着有不同的货物结构。从货物结构看，不同种类的货物在运输需求的形成上是不同的，如基础产业的产品大多是原材料、能源之类，它们的突出特点是长、大、笨、重、附加值较小、运距较长，形成的运输量大，如煤炭、石油、粮食等，如果这类货物占的比重大必然形成的运输需求多。反之，加工业、深加工业产品大多是最终消费品，在生产过程中，通过不断地加工，使其在形成消费品后具有短、小、轻、薄、附加值高的特点，因此不仅运量小，而且运距较短，一般为从产地到分布较广的消费地的运输，如果这类产品所占的比重大，必然形成的货运需求较小。

（3）生产力布局。

生产力布局对货运需求的影响主要表现在货物的流向、流距和流量上。在既定的生产力布局情况下，原材料产地、生产加工基地和产品市场地之间的距离是既定的，货物的流向和流距不会有大的变化，只有流量因生产发展而出现变化，因此在较短时期内，生产力布局对货运需求不会有实质性的影响。但在较长时期内，生产力布局对货运需求的影响则是很大的。无论是旧矿区的衰竭，新矿区的开发，发电站的建立，还是新的生产加工中心、物流中心的形成等，都会使货运需求产生变化。因此，在分析生产力布局对货运需求的影响时，必须全面了解生产力布局方面的变化情况。

（4）产品的商品化率和就地加工程度。

货运需求主要来自商品流通，因此，如果一个国家或地区的生产社会化程度高，产品的商品化率高，其产品流通的规模较大，产生的运输需求就多；相反，如果产品的商品化率低，同样数量的产品就不会形成较多的运输需求。例如，在过去我国的粮食生产中，商品化率较低，农民生产的粮食除交售国家的部分外，其余部分都存放起来，由于这部分粮食不参与流通，因而不能形成货运需求。但自从改革开放后，粮食流通的规模和范围大大增加。另外，产品的就地加工程度也是影响货运需求的一个重要因素。若某种产品从初级产品到最终产品的生产过程在一个地方就能全部完成，则它不会有较多运输需求产生。如在棉花产地将棉花连续加工成布或服装，不但不需要中间产品在加工地之间的运输，而且随着最终产品的形成，各种废料的剥离，形成的运输需求也会大大降低。相反，若产品的就地加工程度较低，则中间产品的地区间往来必然形成较多的运输需求。又如坑口电站建立，当地煤炭即可就地使用，其货运需求将会大大降低。

（5）货物运价水平。

运价水平的变动对货运需求的变动有着直接的影响。一般来说，运价水平上涨时，运输需求会受到一定程度的抑制，运价水平下降时，运输需求则上升。运价之所以能影响货运需求，关键在于运价水平的高低意味着货主所支付的运费水平的高低，而运费作为其产品生产成本的一部分并影响其产品成本的高低，继而影响其产品的售价和盈利，以及市场竞争能力。也就是说，运价和货主的经济利益密切相关。同时，运价水平通过影响商品的市场范围的扩大或缩小，也影响着货运需求的扩大与减少。较低的运费能使同一商品运往更远的地方参与商品市场竞争，必然形成较多的货运需求。

（6）交通运输业的发展。

交通运输业的发展包括数量和质量两个方面，它对运输需求的影响主要从刺激需求和抑制需求两方面进行。一般来说，运输业作为运输市场的供给方面，它对运输需求有着作用与反作用关系。如果运输业有了较大的发展，它就对运输需求起一个刺激作用，使许多潜在的货运需求成为现实的运输需求，相反，如果运输业发展滞后，则对货运需求起抑制作用。

（7）运输方式之间的替代因素。

如果要具体分析对某一运输方式的货运需求的影响因素，还应考虑这一运输方式与其他运输方式之间的替代程度的差异。运输总需求和对某一运输方式的货运需求不同，运输总需求的增加并不意味着社会对某一运输方式的货运需求就增加；相反，运输总需求的减少，也不一定会引起对某一运输方式的货运需求的减少。如果在一定时期内，哪一个运输方式的市场竞争能力提高，它就会有更大的市场占有率。运输企业在分析运输市场需求时，同样应考虑自身的市场竞争能力和其他运输企业的分担能力。否则，只把注意力放在对运输总需求的变化分析上，而不考虑自身因素和其他可以替代性的因素，则所做的分析是不全面的。

影响铁路货运需求的因素和影响旅客运输需求的因素一样，不仅十分复杂，而且各因素的直接影响程度、影响时间长短都不尽相同。因此，在具体分析时，必须结合一个地区在一定时期的实际情况，既要找出主要的、长期性的因素分析运输需求变化的基本趋势，也要重视短期性的、次要的因素，分析运输需求的短期变化情况。

第四节　铁路运输消费者购买行为分析

任何企业的市场营销活动，都在于通过满足消费者潜在的和现实的需求，来实现企业盈利和增进社会福利的目的。因此，铁路运输企业开展市场营销活动时，必须深入研究铁路运输市场消费者心理活动过程，了解消费者的各种需求，对消费者的消费行为进行客观而细致的分析。这是铁路运输市场分析的一个重要方面，也是铁路运输市场营销人员面临的一个重要课题。

一、消费者购买行为的一般模式和类型

1. 购买行为模式

购买行为是人的行为的一个组成部分。因此，任何消费者的购买行为都脱离不了人类行为的一般模式，即 S-O-R 模式，这里的“S”代表刺激，“O”代表购买者生理、心理特征，“R”代表反应。也就是说，个体通过刺激，经过心理活动，最后产生反应。根据人类行为的一般模式理论，我们认为消费者购买行为模式如图 2-8 所示。

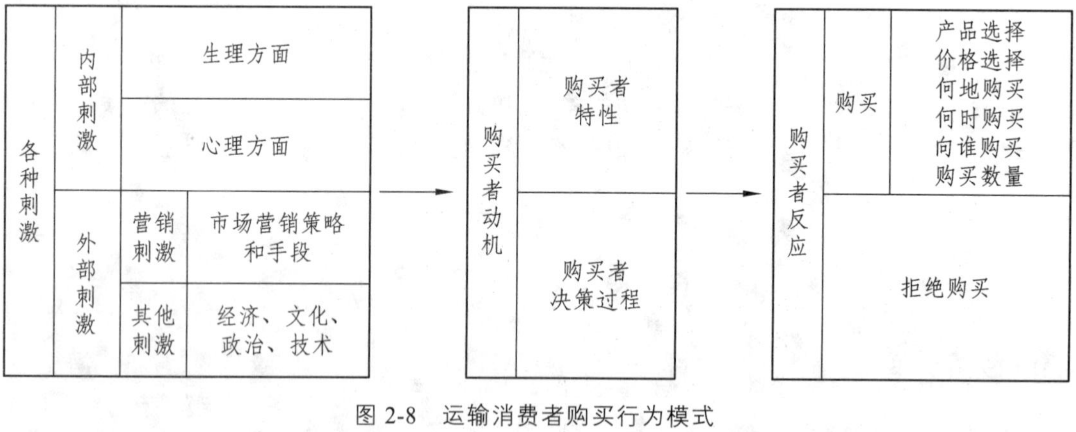

图 2-8　运输消费者购买行为模式

上述购买者行为的一般模式表明：消费者购买行为是由刺激引起的，这种刺激既来自外界环境，也来自消费者内部的生理和心理因素。消费者在种种刺激因素作用下，经由复杂的心理活动过程，产生购买动机，做出购买决策，采取购买行动，并进行购后评价，完成一次

购买行为。

营销刺激是指铁路运输企业通过各种方式和手段，如产品、价格、分销等激发消费者的购买欲望；其他刺激是指有关经济、技术、政治等客观因素对铁路运输消费者购买欲望的影响。

购买者暗箱是指各种刺激因素引起的消费者内在心理活动过程，看不见、摸不着，像“暗箱”一样是不可捉摸的过程，这一过程包括购买者的特征和购买者的决策过程两个部分，直接影响消费者的最终反应。购买者最终有两种反应：一是决定购买，这就涉及产品选择、价格选择、何时购买、何地购买、购买多少等；二是拒绝购买。

运用这一模式分析消费者购买行为的关键，在于企业营销人员必须仔细考察消费者对本企业策划的营销策略和手段的反应。营销人员如能清楚地了解各类购买者对不同形式的产品、服务、价格、促销方式的真实反应，就能够恰当地诱发消费者的购买行为，使本企业在竞争中处于有利地位。“黑箱”理论的提出，使我们有可能了解购买者心理过程的隐蔽方面，这个隐蔽的方面恰恰是市场营销研究人员最想知道、最应明了也最难观察发现的。尽管购买者的心理是复杂的且难以捉摸的，但是，这种神秘的、不易被窥见的心理活动，还是可以被反映出来而使人们认识的。营销人员可以从多次重复的、众多的消费者的购买活动中，发现一些具有普遍性的行为表现，由此进一步探究购买者行为的形成过程，并在能够预料购买者反应的情况下，有目的地运用“市场营销刺激”。

2. 购买行为类型

大量的营销事实和研究表明，消费者在实际购买商品的活动中，大致存在着以下几种不同的购买行为类型：

（1）习惯型购买。由于长期使用某种商品，使消费者产生了安全感和信任感，决定了他对这种商品的不断重复购买。

（2）理智型购买，也称慎重型购买，是一种以认真分析、仔细比较为主要特征的购买行为。这类消费者头脑冷静、行为慎重，在购买过程中总是要做出分析与比较，然后才决定是否购买。这类消费者不易受广告或其他促销手段的影响。

（3）冲动型购买。此类消费者的心理反应敏捷，易受产品外部质量和广告宣传的影响，以直观感觉为主，一般能快速做出购买决定。

（4）价格型购买，也称经济型购买，此类消费者选购商品多从经济角度考虑，对商品的价格特别敏感。一般选购价格低廉的商品，少数则认为价高则质优，因而选购高价商品。

（5）质量型购买，以追求高质量运输产品为主要特征的购买行为，主要体现在对运输产品的安全、迅速、便捷、准时等质量特性上。

（6）不定型购买。此类消费者由于缺乏经验，购买心理不稳定，往往是随意购买或奉命购买，他们在选购商品时大多没有主见。对此类消费者要热情服务，耐心介绍产品知识和特性，这会有助于促使其购买行为的发生。

在购买活动中，可以说没有任何两个消费者之间的购买行为是不存在差别的。研究消费者的购买行为不可能逐个分析，只能进行大致的归类研究。上述这几种类型的购买行为，只是按消费者购买态度与需求的差别进行的分类分析。消费者的购买行为还可以按其他差别来区分分类。

二、铁路运输消费者购买决策过程

消费者购买铁路运输产品的过程，也就是其购买决策过程。分析这一过程，对于铁路运输企业来说，可以针对每个程序中旅客和货主的心理和行为，采取不同的市场营销手段。

铁路运输消费者的购买决策过程分为五个阶段：认知铁路运输需求、收集信息、评价选择、购买决策、购后感受，如图 2-9 所示。这里强调的是运输消费者的整个购买过程，而不单单是购买决策，实际上消费者并不是在购买每种产品时都要经过这五个阶段，对某些产品的购买决策，消费者可能越过其中的某个阶段或倒置某个阶段。

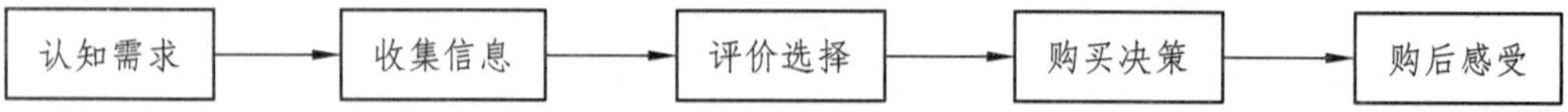

图 2-9 消费者购买决策过程

1. 认知铁路运输需求

认知铁路运输需求是铁路运输消费者购买决策过程的起点。它直接关系到消费者的需求能否得到理想的满足。铁路运输消费者为了能做出决策，首先需要对自己的需求有一个全面了解。对货主来说，要了解自己货物的种类和性质、运输距离、时效性要求、对铁路运输产品种类和运输条件的要求、运费的支付能力大小等。对旅客来说，需要了解自己出行的目的和目的地、出行的距离、时间的需要、身体条件、对铁路运输产品种类的要求、对运价的支付能力等。由于不同的运输消费者和同一运输消费者在不同的时期所产生的运输需求不同，因此只有充分了解具体的运输需求的特点，才能做出理想的运输需求选择。可能这种对自己运输需求的认知行为是非常短暂的，但它是铁路运输产品购买行为中不可缺少的方面。

2. 收集信息

在了解自己的铁路运输需求后，消费者需要广泛收集市场信息，以避免购买决策的失误，减少购买风险。铁路运输消费者需要收集的市场信息主要包括运输产品的种类和特点、运输产品的充足程度、运输路线、运输速度、车次频率、安全性、舒适性、运费水平、服务水平等。凡是有助于铁路运输消费者做出正确购买决策的信息，都属于应收集的信息。

在实际的购买过程中，不同的消费者收集信息的积极性会因需求的强度不同而有所不同。需求强度大的运输消费者对市场信息的收集会有很大的积极性，而强度低的运输消费者不一定会积极主动去寻找有关信息，但他会注意对有关信息的接收。运输消费者收集信息的范围和数量也会因运输消费者的类型和风险感的大小而不同。初次发生某种铁路运输需求的消费者需要收集较多较广的信息，多次发生某种铁路运输需求的消费者所收集的信息则相对较少。运输消费者的购买决策过程本身是一个伴有风险的过程，不同的运输需求对消费者的风险感不同。因此，风险较大时，运输消费者会努力收集更多的信息，以避免经济和精神上的损失，而风险较小时，则不会收集更多的信息。从运输消费者收集信息的渠道看，主要有自身经验、他人的介绍、实地了解和考察、铁路运输企业的广告和媒体的传播等。由于信息包含着铁路运输企业提供服务方面的条件，对一些信息所代表的条件，如运价、线路、时效性等，也可在和铁路运输企业的谈判中有某些改变，因此，主动收集信息可为运输洽谈或讨价还价提供参考。

3. 进行分析评价选择

一般情况下，无论是货运消费者还是客运消费者，都会面临多种方案的选择。是选择这个运输企业运输还是另一个企业运输，运输消费者必须果断地做出选择。因此，必须利用所获得的信息和对自己需求的了解，根据其运输需求的基本标准，进行全面的评价，然后根据评价的结果作出最后的选择。这种评价选择的复杂程度因不同的运输消费者和不同的运输需求而不同。比如，大宗货物的货主，比一次性小批量运输的货主更重视选择评价。另外，这种评价选择行为会受到意外条件的影响，特别是新的信息的获得，评价标准及认识角度的变化等，都可能使运输消费者调整自己的选择结果。

4. 做出购买决策

消费者根据评价的结果，选定自己认为最合适的铁路运输产品或品牌实施购买，即进入现实的需求阶段。

5. 总结购后感受

购后感受是购买决策过程的最后阶段，主要反映运输消费者在购买铁路运输产品后的反应。运输消费者通过运输活动，可以检验自己的购买决策，重新评价决策是否正确，与自己预想的要求有何差距，以便为今后的出行和货物运输活动积累经验。运输消费者的感受使其积累了经验，在运输需求选择方面不断成熟，而且以自身的感受修正所接收的信息，从而会提高对铁路运输产品需求的信任度和忠诚度。运输消费者的这种感受，虽然更多地表现为精神方面的内容，但对运输消费者的购买和消费行为有着重要的影响。

复习思考题

一、单项选择题

1. 市场营销学认为，企业市场营销环境可分为两大类，即（　　）。

   A. 人口环境和经济环境　　B. 政治环境和法律环境

   C. 自然环境和文化环境　　D. 宏观环境和微观环境

2. 与企业紧密相连，直接影响企业营销能力的各种参与者，被称为（　　）。

A. 营销组合　　B. 营销环境
C. 宏观营销环境　　D. 微观营销环境

3. 企业的营销活动不能脱离周围环境而孤立地进行，企业营销活动要主动地去（　　）。

A. 适应环境　　B. 征服环境
C. 改造环境　　D. 控制环境

4. 现在有越来越多的消费者通过互联网来订购车船机票和购买产品，这要求企业在制定市场营销组合战略时还应当着重考虑（　　）。

A. 人口环境　　B. 科技环境
C. 经济环境　　D. 社会文化环境

5. 市场机会和市场威胁水平都高的业务，称为（　　）。

A. 理想业务　　B. 成熟业务　　C. 冒险业务　　D. 困难业务

6. 对运输产品的消费者而言，其消费需求表现为旅客与货主对运输服务有（　　）的需要和欲望。

A. 购买动机　　B. 支付能力　　C. 潜在需求　　D. 消费动机

7. 中国人的口味大体上是东辣、西酸、南甜、北咸，这是一种（　　）现象。

A. 地理亚文化　　B. 种族亚文化　　C. 宗教亚文化　　D. 民族亚文化

8. 消费者不可能在真空中作出自己的购买决策，其购买决策在很大程度上受到社会、文化、个人和心理等因素的影响，其中参照群体属于（　　）。

A. 组织因素　　B. 社会文化因素　　C. 心理因素　　D. 个人因素

9. 铁路公司和航空公司在提供客运服务方面，二者的竞争关系属于（　　）。

A. 愿望竞争者　　B. 一般竞争者　　C. 产品竞争者　　D. 品牌竞争者

10. 消费者购买过程是购买动机转换为（　　）的过程。

A. 购买心理　　B. 购买意志　　C. 购买行为　　D. 购买愿望

二、多项选择题

1. 下列属于市场营销环境特征的是（　　）。

A. 动态性　　B. 差异性　　C. 相关性　　D. 不可控性　　E. 相对稳定性

2. 企业的微观环境构成要素主要有（　　）。

A. 供应商　　B. 营销中介　　C. 顾客及竞争者
D. 企业本身条件　　E. 社会公众

3. 下列属于企业的宏观环境构成要素的有（　　）。

A. 人口环境　　B. 经济环境　　C. 自然环境
D. 科技环境和政法环境　　E. 社会文化环境

4. 经济环境分析主要从（　　）几方面来分析。

A. 社会购买力水平　　B. 消费者的收入状况　　C. 消费者的支出结构
D. 消费者储蓄情况　　E. 消费者的价值观念

5. 社会文化环境分析一般应从（　　）等方面进行。

A. 教育程度　　B. 风俗习惯　　C. 价值观念

D. 宗教信仰　　　　E. 亚文化群

6. 消费者购买决策过程主要包括（　　）这几个阶段。

A. 认知需求　　　　B. 收集信息　　　　C. 评价选择

D. 购买决策　　　　E. 购后感受

三、判断题

1. 市场营销环境是一个动态系统，会随着社会经济的发展而不断变化。（　　）

2. 宏观环境一般以微观环境为媒介去影响和制约企业的营销活动，因而宏观环境也称为间接营销环境。（　　）

3. 宏观环境和微观环境是一种并列关系，各自独立影响企业的营销活动。（　　）

4. 市场营销环境的变化有些是可以预测的，有些是难以预测的。（　　）

5. 在一定条件下，企业可以运用自身的资源积极影响和改变环境因素，创造更有利于企业营销活动的空间。（　　）

6. 企业可以控制宏观环境因素及其变化。（　　）

7. 某个国家的恩格尔系数越大的话，说明该国家的生活越富裕。（　　）

8. 消费者储蓄的变化不会影响其对交通工具的选择。（　　）

9. 铁路运输需求具有多样性，供给具有分散性。（　　）

10. 作为铁路运输企业，应尽可能提升旅客和货主的购后感受。（　　）

四、简答题

1. 什么是企业市场营销环境？

2. 企业市场营销环境有哪些特点？

3. 分析影响铁路运输企业营销的宏观环境及微观环境因素。

4. 铁路运输需求及其特征是什么？

5. 影响铁路货运需求和客运需求的因素有哪些？

6. 消费者在购买产品活动中主要有哪些购买类型？

7. 分析铁路运输消费者购买决策过程。

五、技能训练

我国加入 WTO 后，企业的营销环境发生了哪些方面的变化？请你调查某一铁路运输企业，根据该企业的状况提出应采取的对策。

【案例分析】

沈阳铁路局客运市场环境 SWOT 分析

1. 安全方面

沈阳铁路局管辖范围包括辽宁省、吉林省的全部和内蒙古自治区东南部、黑龙江省南部、河北省东北部分地区，该地区气候为温带大陆性季风气候，早春及秋冬交替季节由于空气湿度大、昼夜温差大，极易形成浓雾；另外冬季时间长且寒冷，降雪频繁。这都给公路运输和航空运输造成了极为不利的影响，从客观环境上降低了他们的安全系数，而铁路运输由于受自然因素影响小，在恶劣天气条件下仍能保证全天候运行。与此同时，沈阳铁路局在加大对机务、工务、电务及车辆设备日常检查、维修以保证线路畅通、列车正常安全运行的同时，更加注重旅客安全的基础管理。把“站车防火防爆”“三品”检查、“两炉一灶一电”、短慢车专项整治和旅客乘降组织作为专项攻关的重点，使得客运安全更有针对性，真正做到了使旅客安心、放心。

2. 速度快捷方面

（1）航空运输：航空运输在运行速度上的优势是其他交通工具所不能比拟的，但由于起降机场大多远离市区，如果将旅客前往机场和离开机场到达目的地的路程时间考虑在内，那么其在中短途旅客运输方面的优势就不大。

（2）公路运输：四通八达的高速公路网共同构成了东北地区与外部联系的重要通道，再加上其灵活机动、发车班次密度高的特点使得公路运输在短途客运市场上的竞争优势明显。但公路客运汽车还存在着在出城和进城时因道路拥堵耗时多、运行速度不及铁路客运列车快、运量不及铁路客运列车大等缺点。

（3）铁路运输：经过铁路连续的六次大提速，随着秦沈客专、长吉客专和哈大高铁的开通，沈局管内客运列车运行速度大大提高、运行时间大大缩短，旅客出行更加方便快捷。尤其是哈大高铁的开通在很大程度上冲击了哈尔滨至大连的航空运输和沈阳至大连的公路客运市场，所以铁路客运在中长途客运市场上还是有很大优势的。

3. 价格方面

我们知道价格是市场经济中的灵敏因素，是客运市场各方面信息的综合反映。铁路客票价格虽然经过了几次调整，但上升幅度一直不大。而其他几种运输方式伴随近年来运输成本的增加，票价上涨幅度都很大，虽然有时航空客票打折出售，但与铁路票价相比价格方面还是没有优势。

4. 售票方面

公路售票方式比较灵活，民航实行 24 小时订票和送票上门服务，沈阳铁路局近几年大力发展计算机联网售票和电话订票，除车站售票室外，还在城市居民区、宾馆、大学城等地设立售票网点，售票方式得到了大大改善。

综上所述，铁路客运的经济性、安全性、准时性优点突出，公路则在灵活与便利性上十分突出，民航则具有旅行速度的绝对优势。

二、沈阳铁路局客运市场危机分析

1. 铁路基础设施建设速度落后，与其他运输方式竞争激烈

目前沈阳铁路局旅客运输面临的威胁主要来自辽吉两省其他交通运输方式的迅猛发展。

辽宁省在全国率先实现高速公路连接全部省辖市，目前已形成以沈阳环城和环渤海高速公路为“两环”、以沈阳辐射至大连、四平、山海关、丹东、抚顺为“五射”的高速公路网格局，全省航空运输呈现以沈阳桃仙、大连周水子两个机场为主线，丹东、锦州机场为东西两厢的民航布局。截至 2012 年年末，全省公路里程近 11 万千米，平均每 4.48 户家庭拥有一辆私家汽车。截至 2010 年年末，吉林省全省公路总里程 9.04 万千米，其中高速

公路 1 850 千米。基本形成了依托长春公路主枢纽和 8 个市（州）中心城市，辐射经济较发达县市的运输站场服务体系；航空以长春为中心，以吉林、延吉为补充，可直达北京、上海、海口、香港、韩国首尔等地。

面对其他运输方式的迅猛发展，沈阳铁路局必须有清醒的认识。目前既有线路提速已达到极限，为积极应对公路竞争的威胁，必须在加快自身更新改造步伐的同时，注重技术装备等硬件设施的投入，加速铁路的技术进步，进行有效的路网改造，通过提高运输能力来增强铁路竞争实力。

2. 市场营销意识淡薄，营销手段匮乏

运输产品的生产和消费是在同一时间、同一空间内完成的，从而决定了产品的提供方和产品的需求方是直接接触的。比如旅客购票时要与售票员接触，候车时要与发站客运员接触，上车后要与列车员接触，下车后又要与到站客运员接触……因此可以说，所有客运职工都与客运营销工作直接相关。现在铁路局的很多人不肯接受营销观念，他们通常只把自己看成是“生产者”，而非“营销者”，这就势必会影响他们的工作态度、工作方法，影响运输产品的质量，给铁路运输市场营销带来不利影响。

3. 服务质量有待提高

目前铁路客运服务质量还存在许多不尽如人意的地方，虽然由于计算机网络订票和电话订票的普及在一定程度上缓解了铁路客运市场的一个老大难问题，但目前站车客服不到位的情况还有很多，如车站客运人员服务质量差、引导旅客上下车的标识不明确、上车及出站秩序乱、列车上热水供应不足、卫生条件较差，遇列车晚点，站车预报不及时、不准确，客运人员解答问题不耐心等。这表明在服务质量上，铁路客运尚有很多方面有待改进。

三、沈阳铁路局客运市场面临的机会

1. 铁路规划为沈阳铁路局铁路建设确定了明确的量化目标

为适应东北地区经济社会发展需要，铁道部对东北铁路建设提出了“扩大路网规模、完善路网结构、提升路网质量、促进区域发展”的总体思路。通过点线能力协调及主要枢纽布局的优化，沈阳铁路局管内的线路建设使东北路网布局更加合理，为铁路更好地拓展客运市场、挖掘客运潜力创造了难得的机会。

2. 社会经济长期持续发展对铁路运输发展的要求增强

2012 年沈阳铁路局所辖区域的辽宁省地区生产总值达 2.48 万亿元，同比增长 12.1%；吉林省全省实现地区生产总值 1.19 万亿元，比上年增长 12.0%。GDP 数字显示的不仅仅是一个数据，而是深刻地反映了辽宁、吉林两省经济发展的内在变化，反映出东北老工业基地全面振兴取得了显著成果。在 GDP 和社会产品总产出的快速增长时期，社会总供给和社会总需求都会大幅度提高。这一趋势将要求沈阳铁路局进一步提高运输能力，使之满足社会经济增长和发展的要求。

3. 人们物质文化生活水平提高对铁路运输发展的要求会进一步提高

2012 年辽宁省城镇居民人均可支配收入为 23 223 元，同比增长 13.5%，扣除物价上涨因素，实际增长 10.3%。农村居民人均纯收入 9 384 元，比上年增长 13.1%。吉林省城镇居民人均可支配收入达到 20 217 元，同比增长 13.6%，农村居民人均纯收入达到 7 917 元，增长 13.5%。随着辽吉两省经济的不断发展，居民收入的不断增加，城乡居民的生活将逐

步向消费需求多元化、消费结构合理化方向发展。而个人交通消费比例的增加，对铁路旅客运输会有很大影响，必将给铁路客运市场带来机遇。

资料来源：冯俊杰，《科学时代》，中国学术期刊网，2013-08-27。

思考：

（1）试分析该铁路公司所面临的市场环境。

（2）该铁路公司有针对性的营销活动，是如何开展的？

（3）请你结合个人实际，做一份关于你未来就业情况的SWOT分析报告。

第三章 铁路运输市场调查

◆【学习目标】

1. 了解市场调查的含义及作用。
2. 熟悉铁路运输市场调查的内容。
3. 掌握铁路运输企业市场调查的方法和程序。
4. 提高对市场调查的认知能力和分析能力。
5. 具有设计市场调查问卷并通过调研分析市场预测机会的能力。

引 例

1979年，中国改革开放初期，国家放宽了家用电器的进口政策。当时，欧洲的电视机厂商认为中国的电视机市场不大。与此相反，经过经济情报部门的大量调查，日本的电视机厂商认为，中国有10亿多人口，有强烈的看电视的需求，中国人又有储蓄的习惯，于是，他们在中国大陆做了市场调查，并制定了一整套营销战略。中国民用电压与日本不同，必须将110伏改为220伏；中国若干地区电压不稳，电视机要装稳压装置；为适应中国消费者的特点，电视机耗电量要低，音量要大；根据中国居民住房情况，以12英寸黑白电视机为主；零售价格比中国国产电视机价格稍高一些。日商还在中国香港《大公报》《文汇报》大量刊登广告。日商由港、澳公司代理，经销其产品并在广州流花宾馆设点直接销售。因此，日本产电视机一度在中国市场居于优势。等欧美企业发现这一问题时，为时已晚。

案例思考：

日本电视机厂成功地占领中国市场并居于优势这一案例给了我们怎样的启示？

第一节 铁路运输市场调查概述

在现代市场营销观念中，营销管理的任务就是在满足消费者需求和欲望的前提下实现企业的目标利润。铁路运输企业的营销管理人员为了完成上述任务，需要对企业可控因素即产品、定价、分销和促销进行综合运用，以制定有效的市场营销策略。有效的市场营销策略必须建立在收集全面和可靠的市场信息基础之上。因此，开展市场营销调查工作就是企业必须要进行的工作。

市场调查是市场营销活动的起点，是企业了解市场、认识市场的一种行之有效的手段和方法。它帮助企业准确判断产品的目标市场，进行市场定位，企业的市场推广活动也才会有具体的针对性，从而为企业市场营销活动的开展打下坚实的基础。

一、铁路运输市场调查的含义及作用

1. 市场调查的含义

市场调查是指运用科学的方法，系统地收集、记录、整理和分析有关的市场信息资料，从而了解市场发展的现状和趋势，为市场预测和企业的经营决策提供科学依据的过程。

对于铁路运输企业来讲，铁路运输市场调查是指铁路运输企业为了实现自身经济利益目标及社会公益目标，对运输经济腹地产、供、销及客源地进行的调查研究工作。通过市场调查，可以了解和掌握运输经济腹地的货源、客流构成及流向、流量等，从而为货源及客流组织工作准备资料，为保证运输计划有节奏、均衡地实施提供客观依据。

2. 铁路运输市场调查的作用

（1）有助于更好地吸收国内外先进经验和最新技术，改进企业的生产技术，提高管理水平。

当今世界科技发展迅速，新发明、新创造、新技术和新产品层出不穷、日新月异。通过市场调查，企业可以及时地了解市场经济动态和科技动态，了解最新的市场情报和技术生产情报，以便更好地学习和吸取同行业的先进经验和最新技术，改进企业的生产技术，提高人员的技术水平和企业的管理水平，从而提高产品的质量，加速产品的更新换代，增强产品和企业的竞争力，保障企业的生存和发展。

（2）为企业管理部门和相关负责人提供决策依据。

任何一个企业，只有在对市场情况有实际了解的情况下，才能有针对性地制定市场营销策略和企业经营发展策略。企业管理部门和相关负责人要针对某些问题进行决策时，如进行产品策略、价格策略、分销策略、广告和促销策略的制定，通常要了解和考虑的问题是多方面的，如：本企业产品在什么市场上销售较好、有发展潜力；在某个具体市场上预期可销售数量是多少；如何才能扩大企业产品的销售量；如何制定产品价格才能保证销售和利润两方面都能上去；怎样组织产品推销，销售费用又将是多少等。这些问题都只有通过具体的市场调查，才可以得到答案，而且只有通过市场调查得来的答案才能作为企业决策的依据。否则，就会形成盲目的和脱离实际的决策，而盲目则往往意味着失败和损失。

（3）增强企业的竞争力和生存能力。

由于现代化社会大生产的发展和技术水平的进步，商品市场的竞争变得日益激烈。市场情况在不断地发生变化，而促使市场发生变化的原因，不外乎产品，价格、分销、广告、推销等市场因素和有关政治、经济、文化、地理条件等市场环境因素。这两种因素往往又是相互联系和相互影响的，而且在不断地发生变化。因此，企业为适应这种变化，就只有通过广泛的市场调查，及时地了解各种市场因素和市场环境因素的变化，从而有针对性地采取措施，通过对市场因素的调整，去应付市场竞争。对于企业来说，能否及时了解市场变化情况，并适时适当地采取应变措施，是企业能否取胜的关键。

当今市场调查已成为现代企业运营中重要的一环，世界上许多发达国家如美国、日本，都非常重视市场调查工作，纷纷成立各式各样的机构并花费大量的经费从事市场调查工作，根据市场调研的结果，调整经营策略，并取得了显著的经营成果。我国运输企业近些年也已逐步认识到市场调研对企业经营管理的重要性，在这方面也做了不少工作，取得了一定的效果。

总之，目前国内外成功的企业无不将市场调查放在企业经营的突出地位，市场调研已成为企业生存和发展必不可少的条件。

二、铁路运输市场调查的内容

铁路运输市场调查的内容十分广泛。从广义上讲，凡是直接或间接影响铁路运输企业营销活动的资料，都应加以收集和研究。但是，由于每次调查的目的不同，调查时间有限，其内容也不完全一样，且一次调查活动不可能包罗万象，涵盖所有内容，必须通过多次长期的调查，在不断积累资料的基础上，才能全面认识市场。为了全面了解、认识市场活动，就必须了解铁路运输市场调查的具体内容。市场调查的内容涉及市场营销活动的整个过程，主要包括以下几个方面。

1. 市场环境调查

市场环境调查的对象主要包括经济环境、政治环境、社会文化环境、科学环境和自然地理环境等。具体的调查内容可以是市场的购买力水平、经济结构、国家的方针、政策和法律法规、风俗习惯、科学发展动态、气候等各种影响市场营销的因素。

2. 市场需求调查

市场需求调查主要包括消费者需求量调查、消费者收入调查、消费者结构调查、消费者行为调查，具体调查内容包括消费者为什么购买、购买什么、购买数量、购买频率、购买时间、购买方式、购买习惯、购买偏好和购买后的评价等。

3. 市场供给调查

市场供给调查主要包括产品生产能力调查、产品实体调查等，具体内容为某一产品市场可以提供的数量、质量、功能、型号、品牌、生产供应企业的情况等。

4. 市场营销因素调查

市场营销因素调查主要包括产品调查、价格调查、渠道调查和促销活动调查。产品调查主要是了解市场上新产品开发的情况、产品设计的情况、消费者使用的情况、消费者的评价、产品生命周期阶段、产品的组合情况等。价格调查主要是了解消费者对价格的接受情况，对价格策略的反应等。渠道调查主要包括了解渠道的结构、中间商的情况、消费者对中间商的满意情况等。促销活动调查主要包括了解各种促销活动的效果，如广告实施的效果、人员推销的效果、营业推广的效果和对外宣传的市场反应等。

5. 市场竞争情况调查

市场竞争情况调查主要包括对竞争企业的调查和分析，了解同类企业的产品、价格、竞争手段和策略等方面的情况，通过调查做到知己知彼，帮助企业确定竞争策略。

三、市场调查的主要方法

市场调查是一个收集、整理、加工和处理信息的系统工程，而所采用的调查方法是否得当，直接影响调查结果的质量，是调查成败的关键。常用的市场调查方法有以下几种。

1. 询问法

询问调查法又称直接调查法，是调查人员通过某种方式向被调查者询问问题而收集所需要的资料的一种调查方法。它是市场调查中最常用的方法之一，又可分为口头询问和书面询问两种做法。

（1）口头询问法。

这是由调查人员亲自向被调查者询问，根据其口头回答取得所需资料的方法。询问可以采取自由式交谈，也可按事先拟定好的提纲提问；可采取个别询问形式，也可采取开座谈会的形式；如果是个别询问，可以采用面对面交流形式，也可采用非面对面的电话询问形式。

（2）书面询问法。

这是调查人员事先设计好调查表，然后分发给被调查者，根据被调查者的书面回答来搜集所需资料的方法。具体方式有：邮寄调查表给被调查者，被调查者填妥后寄回，或当面交给被调查者，被调查者直接填写或在电脑中做出答案。

2. 观察法

这是调查人员通过直接到调查现场观察和记录被调查者的言行，从而取得第一手资料的方法，也可安装照相机、摄影机、录音机等进行拍摄和录音。

由于调查者与被调查者不发生直接对话，甚至被调查者并不知道自己正在被调查，被调查者的言行完全是在自然状态下表现出来的，因此这种方法的最大优点是可以客观地搜集、记录被调查者的现场情况，调查的结果较真实可靠。不足之处是观察的是表面现象，无法了解被调查者的内心活动及一些仅靠观察无法获得的资料，如消费心理、购买动机等。

3. 实验法

实验法是指从影响调查问题的众多因素中选出一个或两个因素，将它们置于一定条件下，进行小规模的实验，然后对实验结果作出分析判断，进行决策。

这种方法应用范围很广，是目前消费品经营企业普遍采用的一种调查方法。如某公司打算对某产品是否改变包装进行实验，方法是第一周、第二周把改变包装后的产品给甲、乙两家商店销售，把未改变包装的产品给丙、丁两家商店销售，第三周、第四周调换，然后进行对比分析。

4. 问卷法

问卷法是将要调查的资料设计成问卷后，让接受调查的对象将自己的意见或答案填入问卷中，从而获得调查对象信息的方法。一般进行的实地调查中，以问卷调查采用最广，同时问卷调查在目前网络市场调查中运用得较为普遍。

【资料链接】

关于铁路货运市场秩序调查问卷

您好！

为了了解目前铁路货运市场秩序，以便今后更好地满足货主的需求，我公司特地展开了此次调查活动，希望您在百忙之中抽出宝贵时间帮我们完成这份市场调查，将您的选项填入括号中，谢谢！

托运人：在货物运输合同中，将货物托付承运人按照合同约定的时间运送到指定地点，向承运人支付相应报酬的一方当事人。

承运人：指本人或者委托他人以本人的名义与托运人订立货物运输合同的人。

收货人：是托运人在货物运单上指定的在货物到达地提取货物的单位或个人。

针对托运人及收货人

1. 您是否经常使用铁路作为货物运输的方式？

A. 经常　B. 一般　C. 偶尔　D. 几乎不

2. 您选择铁路作为货物运输的原因是什么？

A. 价格优惠　B. 配套设施完备　C. 运输速度快

D. 交易条件好　E. 其他

3. 您对铁路货运办理托运业务手续是否满意？

A. 十分不满意　B. 不满意　C. 一般　D. 满意　E. 十分满意

4. 您是否亲自参观过铁路货运装卸过程，您对装卸作业人员专业程度是否满意？

A. 十分不满意　B. 不满意　C. 一般　D. 满意　E. 十分满意

5. 您是否能顺利通过上网查询、电话查询或人工询问等方式查询托运货物的位置、状况、到发情况等情况？

A. 十分顺利　B. 顺利　C. 一般　D. 不顺利　E. 十分不顺利

6. 与其他运输方式相比，您认为铁路货运价格制定是否合理？

A. 十分合理　B. 合理　C. 一般　D. 不合理　E. 十分不合理

7. 您对现有的铁路货运服务是否满意？

A. 十分不满意　B. 不满意　C. 一般　D. 满意　E. 十分满意

8. 您是否向铁路投诉过，对铁路处理是否满意？

A. 否　B. 十分不满意　C. 不满意　D. 满意　E. 十分满意

9. 您对今后铁路货运发展有何建议？

____

针对承运人

1. 您对目前铁路运输现状是否满意？

A. 十分不满意　　B. 不满意　　C. 一般　　D. 满意　　E. 十分满意

2. 您对目前铁路制定价格体制是否满意？

A. 十分不满意　　B. 不满意　　C. 一般　　D. 满意　　E. 十分满意

3. 您认为目前对铁路货运影响最大的环境因素是什么？

A. 铁路周边的经济总量下降　　B. 油价波动

C. 国家经济形势放缓　　D. 铁路货运改革

E. 国家加大交通设施的投资　　F. 其他__________

4. 为了保证货物安全、快速、及时、准确地送达目的地，您认为以下 4 方面，哪方面存在问题？

A. 安全　　B. 快速　　C. 及时　　D. 准确

5. 在铁路货物运输成本中，哪些费用占的比例较大？

A. 运输费用　　B. 保管费用　　C. 设备维修费用　　D. 装卸费用

6. 针对现在的货物运输市场，您觉得竞争主要表现在哪些方面？

A. 网络便捷　　B. 价格　　C. 服务水平　　D. 速度　　E. 以上全部

7. 您在运输货物时，考虑的最重要的前 3 位因素是哪些？

A. 总的运输费用最少

B. 在运量一定条件下，设备利用率最小

C. 是否能建立长期客户合作关系

D. 空载率最低

E. 费用支付对流动资金的占用

F. 货损率最低

G. 其他______________________

8. 您认为与其他运输方式联运需要考虑哪些因素？

A. 货源信息资源共享

B. 通过合同约束各种运输行为

C. 建立健全的服务网络

D. 通过信息平台提高组织能力和效率

E. 与其他运输方式的协调配合

F. 其他 ____________________

9. 您对铁路货运今后的发展有何建议？

____

第二节 市场调查的程序及调查表的设计

一、市场调查的程序

市场调查是一项复杂细致而且涉及面很广的工作，要保证调查工作的效率和质量，确保调查的准确性，取得良好的预期效果，就应尊重客观规律，按科学的程序和方法进行。一般来讲，市场调查的基本程序包括以下三个阶段、八个步骤。

1. 调查准备阶段

调查准备阶段是市场调查工作的开端。准备得是否充分、周全，直接影响到以后几个阶段的实施和整个调查工作的质量，良好的准备工作将合理利用人力、物力、财力资源，避免浪费和损失，能起到事半功倍的效果。

这一阶段的主要工作就是通过对市场的初步分析，掌握一般市场情况和市场问题，从而明确调查的目的，确定调查主题和范围，并制定调查计划，具体分如下两个步骤。

（1）确定调查的目的和范围。

首先，应明确调查的目的，或者说这次调查要解决的主要问题。如，为什么要调查？想要调查什么情况？了解情况后有什么用途？对这些问题应能做出准确的回答。其次，应确定调查范围。调查范围的区分，直接影响到调查收集资料的范围，如果范围限界不清，调查中就可能出现资料信息收集不全或信息杂乱、资料庞杂等情况，或者收集资料范围过大会造成浪费，因此，应该对调查范围加以限定。一般可以从地区上确定市场的区域范围，从运输产品使用对象上确定调查的旅客或货主群体范围。

在具体确定调查目的和范围时，又应经初步情况分析和非正式的探测性调查两步来最终决定。初步情况分析即通过收集现有的企业内外部有关资料，了解、分析产生问题的一些情况。通过初步情况分析，掌握市场的一般情况，研究探索市场问题。这时的资料收集不必过于详细，只需收集对所研究或分析的问题有参考价值的资料即可。

初步分析后，可以得到对市场的初步认识。这种认识是否正确，对市场判断是否准确，还要进一步进行初步调查。初步调查即非正式调查，可以请企业内部有关管理人员、业务部门人员等进行非正式座谈，访问有关专家，向精通本问题的人员征询意见等，以听取他们对这个问题的看法和建议。

经过初步情况分析和非正式调查，可以使要调查的市场问题明确，使市场调查能够深入研究关键问题，解决主要矛盾，最终确定调查主题和范围。

（2）制订调查计划。

调查计划是对调查工作的设计和预先安排，作用在于保证调查有目的、有计划、有组织地进行。调查计划内容如下：

① 明确调查主题及目的。对调查目的初步确定后，在此阶段还需进一步明确，目标的确定要符合企业的实际，要尽量具体、准确，还可以邀请有关专家及经营管理者听取他们的意见。

② 确定调查地点、调查对象及调查方法。在确定调查地点时，要根据调查目的考虑地区的分布、调查对象的居住地点；在确定调查对象时，要考虑被调查对象应具备的条件。例如，对旅客来讲，应考虑年龄、性别、职业、收入水平、文化程度等方面的要求。对企业而言，应考虑企业规模、产品类别、数量、性能、销售地区、采用运输工具等方面的要求；确定调查方法时，应从调查的目的和具体条件出发，以有利于搜集符合需要的第一手材料为原则进行。

确定调查地点、对象和方法不是孤立进行的，它们同调查目的以及需满足的要求密切相关，应根据对调查结果可信度的要求和费用的限制综合考虑。

③ 选定调查人员。由于调查对象的多样性与复杂性，市场调查人员的水平对调查结果影响甚大，为了确保调查质量，对参加市场调查的人员应有一定的素质要求：

第一，调查人员要具备一定的文化基础知识。参加市场调查要记录、计算、汇总情况，因此调查人员应具备中等以上的文化程度，有良好的文字表达能力和计算能力，有一定的社会文化生活知识。

第二，调查人员要具备一定的经济学、市场学、交通运输管理学、统计学、心理学、财政金融、商品流通等方面的知识，这样才能正确理解调查问题的内涵。否则，如果不懂或理解不准确，就会导致认识上的偏差，使调查结果口径不统一，调查质量就无法保证。

第三，调查人员要有认真负责、严谨踏实的工作态度。市场调查工作任务复杂、繁忙，有时也很单调枯燥，如果缺乏良好的工作态度，工作马虎敷衍，那么调查资料必然会产生较大误差，严重的甚至可能导致调查工作失败。

第四，调查人员要有文明的举止和稳重外向的性格。举止文明的调查人员容易取得调查对象的信任，配合调查工作开展，开朗的性格更便于相互间的交流与沟通，有利于调查工作的顺利进行。

调查人员的数量应在保证效果、节约费用的条件下综合考虑确定。

④ 预算调查费用。市场调查的费用较大，要考虑运输企业的承担能力，应在有限调查费用的条件下力求取得最好的调查效果，或在已确定的调查目标下使费用支出最小。在预算调查费用时，应包括印刷费、资料费、交通费、调查费、上机费、人员开支、杂费等。

⑤ 安排调查时间和工作进度。为了保证调查工作有序且按期完成，必须做出具体的时间安排。例如何时做好准备工作、何时开始人员培训、何时开始正式调查、何时完成资料整理、何时完成调查报告等。有了时间要求，还应定期或不定期地对工作进度进行监督检查。这样，一方面可以确保调查工作按预期的目标进行，另一方面还可以掌握情况，及时发现问题，加强薄弱环节，从而使调查活动顺利完成。

2. 调查实施阶段

调查实施阶段主要是按照调查计划，组织调查人员，深入实际，全面系统地收集各种有关资料、信息数据，大体分为如下四个步骤。

（1）选择资料收集方法。

市场调查收集资料可分为第一手资料和第二手资料。

第一手资料，又称原始资料，是调查人员通过现场实地调查所收集的资料，如对货源的调查。收集方法即为市场调查方法，有询问法、观察法、实验法等。对这三种方法应根据调查问题的性质，决定采用其中的一种或几种方法。

第二手资料，又称现成资料，来源于企业内部资料和外部资料。企业内部资料是企业内部所经常收集和记录的资料，如有关统计报表、企业历年的统计资料、有关年度总结报告和专题报告等；外部资料是从统计机构、行业组织、市场调研机构、科研情报机构、报刊文献等获得的资料。第二手资料的收集方法，可以是直接查阅、购买、交换、索取以及通过信息情报网、国际互联网收集和复制，也可以通过参观学习、技术交流、学术交流、新产品鉴定、技术鉴定等间接方式收集。

在收集资料过程中，获得第一手资料往往需要时间长、费用大，而第二手资料较容易取得且费用低。因此，应充分利用现成资料，最大限度地缩小实地调查的范围。同时为保证资料的准确性和可靠性，应进行一定的现场调查，也可以根据具体情况，交叉进行原始资料和现成资料的收集。

（2）设计调查表。

调查方法确定后，为了在现场实地调查时能有的放矢，调查人员必须事先设计拟定调查表。调查表也称为询问表或问卷，是市场调查中用来收集资料的基本工具。它以书面的形式记录和反映调查对象的看法和要求。调查表设计是一项技术含量高而又十分重要的工作，它直接关系到调查工作的成效。因此，要求设计的调查表主题明确、重点突出、问题通俗易懂、便于回答，同时还要便于计算机的统计汇总和处理。关于调查表设计的详细内容后面将专门介绍。

（3）选择调查方式。

市场调查方式包括市场普查、重点调查、典型调查及抽样调查等几种。应根据调查的目的和要求以及调查对象的特点，选用适当的调查方式。

① 市场普查，是对调查对象的全体进行的无一遗漏的逐个调查，是一种全面调查的组织方式。它需要花费很大的人力、物力、财力以及较长的时间，一般企业很难承受。所以，市场普查很少用于铁路运输企业的市场调查工作中。

② 重点调查，是在全体调查对象（总体）中选择一部分重点单位进行的一种非全面调查。所谓重点单位，是指所要调查的这些单位在总体中占重要地位或在总体某项指标总量中占绝对比重的单位。如要了解全国钢铁生产的基本情况，只要对少数几个重点钢铁生产企业（如首钢、宝钢、鞍钢、武钢、包钢等企业）进行调查即可获得所需资料。重点调查可用于运输企业对大宗货源的调查以及有关流通渠道、经营条件、竞争对手等的调查。这种调查方式能以较少的人力和费用开支，较快地掌握调查对象的基本情况。但需要说明的是，重点调查中选取的重点单位不具有普遍的代表性，一般情况下不宜用其综合指标来推断总体的综合指标。

③ 典型调查，是在全体调查对象（总体）中有意识地选择一些具有典型意义或有代表性的单位进行非全面的专门调查研究。这种调查方式由于调查单位较少，人力和费用开支较省，可以有较多的调查内容，因此有利于深入实际对问题作比较细致的调查分析。例如，一段时间内，某铁路线上客流有较大幅度的增加，经过对沿途几个大站及旅客的调查，了解到车站合理的始发、到达时间以及方便购票、优质的服务等一系列营销措施是吸引旅客的重要原因。

为此，可以根据情况将此经验在全路范围内加以推广。用典型调查的综合指标推断总体的综合指标，一般只能做出估计，不可能像随机抽样那样能计算出抽样误差，也不能指明推断结果的精确度，不过，在总体各单位的差异比较小、典型单位具有较大代表性情况下，以典型调查资料推断总体指标也可以得到较为满意的结果。

④ 抽样调查，是从全体调查对象（总体）中抽取部分对象（样本）进行调查研究，用所得样本结果推断总体情况的调查方式。抽样调查可把调查对象集中在少量样本上，并能获得与全面普查相近的结果，有很强的科学性与准确性，同时又省时、省力、省费用，所以在市场调查中广泛采用。

（4）实地调查。

调查人员按照确定的调查对象、调查方法进行实地调查，收集第一手资料。对于这一阶段，不同的调查人员可能有不同的调查结果。因此，调查人员必须具备一定的素质、知识水平和调查技巧，才能确保获得正确而又满足要求的第一手资料。

3. 调查结果处理阶段

调查结果处理阶段是调查全过程的最后一个阶段，又称分析和总结阶段，是将收集到的资料和数据进行加工整理及分析，得出调查结论，然后撰写调查报告。这一阶段分两个步骤。

（1）整理分析资料。

① 调查资料的整理。调查所得的资料是大量的、零散的，还可能有片面和不真实的，必须进行系统的编辑整理，去粗取精，去伪存真，如检查资料是否齐全，是否有互相矛盾的地方，数据口径是否一致，是否满足时效要求等，以便对发现的问题及时补充修正，保证资料的系统完整和真实可靠。

② 调查资料的分类汇编。经过编辑整理的资料，要根据要求进行分类，把性质相同的归在一起。分类后的资料还要加以统计汇总，编号归档存储，这样方便以后的查找和使用。当采取计算机加工处理资料时，资料的分类编号更为重要。

③ 调查资料的分析。为了掌握被调查事物的内在联系，揭示问题的实质和各种市场现象间的因果关系，就必须对调查资料进行综合分析，以找出其内在的规律性和关联性，如可以运用各种统计方法（如相关分析、回归分析等）或根据需要制成各种统计表、统计图来进行分析，最终得出合乎实际的调查结论。

（2）撰写调查报告。

调查报告是市场调查工作的最后阶段，它是将调查分析的情况、得出的结论、提出的措施或建议写成书面报告，提供给管理部门和职能部门的管理人员作为决策时的参考。

市场调查报告的基本内容一般包括：调查的地点、时间、对象、范围、目的；采用的主要调查方法；调查结果的描述分析；调查结论与建议。

调查报告的格式一般由导言、正文、结束语和附件等部分组成。编写报告时，应注意报告内容要达到以下几点要求：紧扣调查主题，突出重点；引用数据要准确可靠，如实地反映客观情况；观点应明确，切忌模棱两可；文字要简明扼要等。

正式提交调查报告书后，工作并未完全结束，应跟踪调查实施程度及其效果，以便纠正偏差，取得更佳效果，并可据此总结经验教训，进一步提高今后的市场调查水平。

二、问卷的设计

问卷又称调查表或询问表，是以问题的形式系统地记载调查内容的一种印件。通常在采用询问调查法过程中使用，为调查人员询问问题和被调查人员回答问题提供依据。问卷的使用可以使调查内容标准化、系统化，便于统计处理和汇总分析。一份高质量的问卷，不仅对获取全面准确的调查资料有极大的帮助，而且还是能否实现调查目标的关键；一份设计粗糙、漏洞百出的问卷，不仅不能搜集到全面、准确与调查问题密切相关的资料，无法正确分析和综合说明市场变化的情况，而且还可能对以后的决策起误导作用。因此，我们必须足够重视问卷的设计工作。问卷的设计是一项技术含量较高的工作，必须遵循一定的原则和程序、运用一定的技巧。

1. 问卷设计的原则

（1）主题明确。根据调查主题，从实际出发拟题，问题目的明确，重点突出，没有可有可无的问题。

（2）结构合理，逻辑性强。问题的排列应有一定的逻辑顺序，符合应答者的思维程序，一般是先易后难、先简后繁、先具体后抽象。

（3）通俗易懂。问卷中语气要亲切，符合应答者的理解能力和认识能力，避免使用专业术语；对敏感问题采取一定的技巧进行调查，使问卷具有合理性和可答性；避免主观性和暗示性，从而造成答案的失真。

（4）长短适宜。问卷时间不宜过长，否则，会使答卷者失去耐心，从而影响调查结果。

（5）便于统计汇总。设计问卷时应考虑到完成问卷后方便检查和整理，以及资料的统计分析。

2. 问卷的构成

（1）调查说明。

一般用在问卷的开头，包括两方面的内容：一是向被调查者说明进行此项调查的目的和意义；二是请求被调查者的合作。市场调查是一种协商性调查，只有使被调查人员了解调查的意义，才能引起兴趣，并给予支持与合作，也才可能取得调查的最佳效果。

（2）被调查者的某些情况。

被调查者分个人和单位两大类。对个人，一般包括被调查者的姓名、性别、年龄、文化程度、职业、工作单位、家庭人口及收入、居住地等；对企业、事业单位，则应包括行业类别、所有制形式、职工人数、经营范围、营业额等。列入这些项目是为了对调查资料进行分类统计。

（3）调查内容。

它是问卷中最主要的组成部分，是指所需要调查的具体项目。这部分内容的设计直接关系到这项调查所能获得的资料数量和质量，是问卷的关键部分，设计时应遵循前面所介绍的原则。

（4）填表说明。

包括填表的要求，调查项目必要的解释说明，填表注意事项，调查人员应遵守的事项、调查时间等的说明。

（5）编号。

对问卷加以编号，以便分类归档或者电子计算机处理。

问卷的内容根据调查目的的不同可繁可简，应从实际需要进行设计。对较为简单的调查，某些部分可以省略，但第（2）、第（3）部分一般是必备的。

3. 问句类型

理想的问句设计应能满足两方面的要求，一是使调查人员能获得所需的信息，二是被调查者愿意并可轻松地回答问题。为此，要求调查人员依据具体的调查内容，设计选择合适的问句进行调查。常用的问句类型主要有以下几种。

（1）二项选择式问句。

二项选择式问句又称是非式问句。这种问句所提的问题只允许被调查者在两个答案中选择一个，最常见的是在“是”与“否”“有”与“无”“好”与“坏”等类词中选答，二必居其一。例如，“您认为目前铁路运价合理吗？”回答“合理”或“不合理”；“您现在有驾驶执照吗？”回答“有”或“没有”。

这种询问方法容易发问，也容易回答，且便于统计汇总调查结果，分析也比较容易，适用于互相排斥的二择一式的问题。但这种方法使被调查人在作答时没有说明原因的机会，不能表达出意见程度的差别，只能反映一种趋势和倾向，因而只适合询问一些简单的事实或意见。

（2）多项选择式问句。

这种问句是调查人员对所提的问题预先拟定几种（三种及以上）可能答案，让被调查人员根据实际情况和自己的意见，从中选出一个或几个最能反映其情况和意见的答案。例如，“你单位经常使用的运输方式是如下哪种？”答案① 公路运输（　）；② 铁路运输（　）；③ 航空运输（　）；④ 水路运输（　）；⑤ 管道运输（　）。再如，“你出行乘坐火车是因为火车的哪些优点？”答案① 安全（　）；② 便宜（　）；③ 正点（　）；④ 舒适（　）。要求被调查者在选择答案后的括号内打“√”号。

这种方法保留了二项选择式询问方法回答简单、结果易于分类与整理的优点，避免了其不足，能有效地表达意见的差异程度，是一种应用广泛、灵活的询问方法。但应注意，在设计选择答案时，答案必须包括被调查者所有可能的答案，且要避免重复交叉；另外，供选择的答案数量应适宜，以不超出 10 个最为理想，也不能太少，太多不易记忆，太少了又不能概括各种可能情况。

（3）顺位式问句。

顺位式问句是在多项选择式问句的基础上，由被调查者根据自己的认识程度，对所询问的问题的各种可能答案定出先后顺序。例如，如果您购买汽车，对下列各项，请按您认为的重要程度以 1，2，3，4 为序进行排序：

耐用（ ） 省油（ ） 便宜（ ） 舒适（ ）

（4）自由回答式问句。

自由回答式问句又称开放式问句。这种问句的特点是，调查者事先不拟定任何具体答案，让被调查者根据提问自由回答问题。例如，“您对车站货场工作有何意见和建议？”“您认为我们的客运服务质量需要做哪些改进？”等。

这种询问方法能够制造一种活跃、宽松、随机的调查气氛，有利于被调查者思考和回答问题；同时，由于被调查者思维不受约束，可以畅所欲言，充分发表意见，因而有时能使调查人员搜集到一些被忽视的答案和资料，获得意外的收获。但由于被调查者的回答漫无边际，答案词句各不相同，因此，对事后结果的整理、统计、分析造成了一定的难度。

上述四种问句类型各有其特点，在应用时应根据调查的主题、所需资料的种类、问题的性质及调查方法加以选用。一般而言，对于面谈调查，所有类型的问句均可有效地应用；对于电话采访，较适合的是二项式问句，也可以与自由回答式问句配合使用；对于邮寄、留置调查，所有类型的问句均可使用，但对于自由回答式问句所提出的问题回复率较低。

一份问卷，问句设计是否合理，会直接影响到调查的结果。如对同一个问题的调查，不同的调查人员会设计出不同的问句。问句不同，被调查者会有不同的理解，因而做出不同的反应和不同的回答。因此，必须保证问句的科学性与合理性。

复习思考题

一、单项选择题

1. 市场调查是市场营销活动的（ ）。

A. 中点 B. 终点 C. 起点 D. 中间过程

2. （ ）是调查人员向被调查人员询问问题，根据被调查人员的回答来收集信息资料的方法。

A. 观察法 B. 实验法 C. 询问法 D. 通知法

3. 调查人员事先设计好调查表，然后分发给被调查者，根据被调查者的书面回答来收集所需资料的方法称为（ ）。

A. 实验法 B. 观察法 C. 询问法 D. 问卷调查法

4. （ ）是从全体调查对象（总体）中抽取部分对象（样本）进行调查研究，用所得样本结果推断总体情况的调查方法。

A. 重点调查 B. 市场普查 C. 典型调查 D. 抽样调查

5. 在各种调查方法中，最有代表性同时又能节省人力、物力、财力支出的方法是（ ）。

A. 市场普查 B. 抽样调查 C. 典型调查 D. 重点调查

6. 调查人员通过直接到调查现场观察和记录被调查者的言行，从而取得第一手资料的方法，也可安装照相机、摄影机、录音机等进行拍摄和录音。这种调查方法是（　　）

A. 实验法　　B. 观察法　　C. 询问法　　D. 问卷调查法

7. 从影响调查问题的众多因素中选出一个或两个因素，将它们置于一定条件下，进行小规模的实验，然后对实验结果作出分析判断，进行决策。这种调查方法是（　　）

A. 实验法　　B. 观察法　　C. 询问法　　D. 问卷调查法

二、多项选择题

1. 市场调查的内容主要包括（　　）。

A. 市场环境调查　　B. 市场需求调查
C. 市场供给调查　　D. 市场营销因素调查
E. 市场竞争情况调查

2. 市场调查的基本方法包括（　　）。

A. 询问法　　B. 观察法　　C. 实验法　　D. 问卷法　　E. 探测法

3. 市场调查的方式包括（　　）。

A. 市场普查　　B. 重点调查　　C. 典型调查
D. 抽样调查　　E 个别调查

4. 典型调查的优点在于（　　）。

A. 调查范围大　　B. 调查单位少　　C. 灵活机动　　D. 节省人力

5. 收集第一手资料的方法主要有（　　）。

A. 询问法　　B. 观察法　　C. 实验　　D. 问卷法　　E. 探测法

6. 收集第二手资料的方法主要有（　　）。

A. 查阅　　B. 购买　　C. 网络　　D. 学术交流　　E. 技术鉴定

7. 市场调查的基本程序包括（　　）三个阶段。

A. 调查准备阶段　　B. 调查准备阶段
C. 调查实施阶段　　D. 调查结果处理阶段

8. 问卷设计是一项技术含量较高的工作，必须遵循（　　）的原则。

A. 主题明确　　B. 结构合理，逻辑性强
C. 通俗易懂　　D. 长短适宜　　E. 便于统计汇总

三、判断题

1. 市场调查的目的就是为市场预测提供客观准确的资料。（　　）

2. 收集第一手资料通常花费较大、周期长，但能掌握市场的即时信息。（　　）

3. 抽样调查通常比普查在人力、物力、财力方面的开支大，所需时间长。（　　）

4. 问卷设计是一项技术含量高而又十分重要的工作，它直接关系到调查工作的成效。因此，问卷设计必须遵循一定的原则和程序，运用一定的技巧。（　　）

5. 询问法是市场调查中最常见的一种方法。（　　）

6. 观察法只能观察事物表面现象，存在一定的片面性，同时对调查人员要求高。（　　）

7. 第一手资料也叫原始资料，是指他人收集并经过整理的资料。（ ）

8. 问卷的使用，可以使调查内容标准化、系统化，便于统计处理和汇总分析。（ ）

9. 二项选择式问句就是提出问题，设计两个备选答案即可。（ ）

10. 一份问卷，问句设计是否合理，会直接影响到调查的结果。因此，必须保证问句的科学性与合理性。（ ）

四、问答题

1. 市场调查的含义是什么？

2. 市场调查的内容主要包括哪几个方面？

3. 市场调查的程序分为哪几个阶段？每个阶段应做好哪些工作？

4. 一份完整的问卷通常由哪几部分组成？设计问卷时应遵循的原则是什么？应按照什么样的程序进行？

五、技能训练

为了了解货运市场的状况，铁路某车站决定进行一次市场调查，以便采取有力措施，提高服务质量，争取更多的货源。请你帮助该车站设计一份调查问卷，并分析一下你所设计的问卷的特点。

【案例分析】

铁路旅客运输市场调查分析

某城际快速列车开行以来，受到了广大旅客的普遍欢迎。

为了更好地了解旅客对某城市间开行的城际列车的有关意见，优化列车开行方案，最大限度地提高铁路在客运市场中的占有份额，相关铁路局对管内所涉及的部分地区进行了一次详尽的客运调查。通过对调查结果的分析，提出了开好城际列车的建议。

一、调查问卷

（一）您的年龄是（ ）。

1. 15～20 岁　　2. 21～30 岁　　3. 31～40 岁

4. 41～50 岁　　5. 51～60 岁　　6. 61 岁以上

（二）您的职业是（ ）。

1. 工人　　2. 干部　　3. 农民　　4. 军人　　5. 学生

6. 商业人员　　7. 外企人员　　8. 科研人员　　9. 文体人员

10. 新闻人员　　11. 个体人员　　12. 服务业人员　　13. 离退休人员

14. 待业人员　　15. 其他人员

（三）您此次出行的目的是（ ）。

1. 出差　　2. 探亲　　3. 旅游　　4. 经商　　5. 学习　　6. 打工

（四）您知道城际快速列车有哪些特点（多项选择）(　　)?

1. 速度快　2. 间隔时间短　3. 票价低　4. 正点率高

5. 公交化　6. 舒适度高　7. 候车时间短　8. 购票方便

（五）您对本次列车始发时间的意见有哪些？(　　)

1. 合适　2. 开点太早　3. 开点太晚

（六）您对本次列车票价的意见有哪些？(　　)

1. 合适　2. 票价较高　3. 票价较低

（七）您对本次列车设备的意见有哪些？(　　)

1. 很好　2. 较好　3. 一般　4. 较差　5. 很差

（八）您在哪里买的火车票？(　　)

1. 上车前在车站购买　2. 提前预购　3. 电话订票

4. 市内代售处　5. 绿色通道　6. 车上补票

（九）您购买火车票的感受是(　　)。

1. 很容易　2. 较容易　3. 一般　4. 较难　5. 很难

（十）您认为购票难的主要原因是什么？(　　)

1. 人太多　2. 窗口少　3. 售票速度慢　4. 票额少

5. 对车次不了解　6. 绿色通道不明显

7. 售票时间中断太多　8. 售票员态度不好

（十一）您认为哪种购票方式较便捷？(　　)

1. 提前到售票处预购　2. 市内代售点　3. 上车前在车站购买

4. 电话订票　5. 月票　6. 磁卡购票

7. 铁路部门送票　8. 列车上购票

（十二）您对铁路服务中哪个环节最不满意？(　　)

1. 车站购票　2. 托运接取行包　3. 车站问事

4. 进出站口检票　5. 候车室等车　6. 车站卫生

7. 列车饮水　8. 列车餐饮　9. 列车盥洗

10. 列车厕所　11. 列车秩序　12. 列车清扫

（十三）您对城际列车的开行及其他方面有何建议？

____

二、城际列车的开行状况分析

在针对此城市间开行的城际列车的调查中共发放问卷 6 000 份，全部收回。根据旅客对问卷的回答，结合座谈，对列车开行情况进行了分析，结果如下：

1. 在对城际快车的特点进行调查时，对“速度快”持肯定意见的占 24.2%。据调查，两城市间乘汽车至少要 3 h，而乘城际列车只需要 2 h 42 min。认为“购票方便”的占 16.4%。据旅客反映，乘坐城际列车购票可以有多种选择，既可以在市内代售点购票，也可以提前到售票处预购，还可以上车前在车站售票厅和绿色通道处购票，来不及购票时到车上买票最方便。

认为“舒适度强”的占15.4%。在调查中，一些经常出门的旅客深有体会，他们说：“大巴地方狭窄，行动不便，尤其身高体胖的人更不方便；而城际快车空间大，行动自如，比大巴要舒适得多。”

认为“间隔时间短”的占9.3%、“公交化”的占8.8%、“候车时间短”的占6%、“票价低”的占5.6%。这说明，铁路在参与市场竞争、开行城际列车时，采取了小编组、高密度、低票价，为旅客买票上车提供了最大方便的措施，具有明显的效果。

2. 在征求对列车始发时间的意见时，认为“开点合适”的占76%，“开点太早”的占9.3%，“开点太晚”的占14.7%。反映开点太早及太晚的集中在两趟列车，这也是这两趟列车客流较小的原因之一。

3. 在征求对列车票价意见时，认为“票价合适”的占65.9%，“票价较高”的占26.1%，“票价较低”的占8%。反映票价较低的车次客流较大。

4. 在征求对列车设备的意见时，认为“很好”的占40.3%，认为“较好”的占40.1%，“一般”的占12%，“较差”的占4.2%，“很差”的占3.4%。这说明旅客对城际快车的设备比较满意，但在使用和利用上需要不断完善。

5. 在与旅客座谈时，很多旅客反映城际列车除具备以上优势外，安全系数要比汽车和飞机大，这也是出门首选火车的原因之一。

这说明，城际快速列车以其速度快、设备新、舒适度强、票价低、正点率高、安全系数大赢得了乘客的称赞和社会的承认。它的开行使铁路夺回了失去的部分短途客流，形成了公铁竞争的新格局，这表明铁路在参与市场竞争、开发适销对路的新产品方面迈出了可喜的一步。

6. 购票难的主要原因：

项目	人太多	绿色通道不明显	窗口少	对车次不了解	售票速度慢	售票员态度不好	售票中断太多	票额少
比例	18.6%	16.6%	16.32%	14.3%	12.70%	12.1%	4.8%	4.6%

上表说明，除人太多为不可变因素外，其他均为可变因素，尤其是应加强绿色通道设备，增加售票网点和对城际列车的宣传力度尤为重要。

7. 对服务最不满意环节问卷调查结果如下：

项目	车站购票	车站卫生	车站问事	列车餐饮	候车室等车	进出站检票	列车厕所	托运行包	列车饮水	列车盥洗	列车秩序	列车清扫
比例	14.9%	14.3%	14.2%	10.6%	10.5%	10.1%	6%	5.6%	5.3%	3.4%	2.8%	2.3%

从上表可以看出，旅客最不满意的环节主要在车站购票、车站卫生、车站问事和列车餐饮等方面，这说明，服务质量滞后是影响客运营销的重要因素，而提高服务质量必须着力解决“冷”“顶”“横”这些旅客最反感的“顽症”。

三、对开好城际列车的建议

通过此次调查，在听取广大旅客意见的基础上，提出如下建议：

1. 增设城际快车专用通道。为了将城际快车更好地推向社会，使其更具公交化特点，建议在最明显处所开设城际快车专用通道，并设明显标志，使旅客以最快速度进站上车。

2. 进一步扩大售（购）票方式。在现有售票方式的基础上，增设月票和磁卡购票等售票方式，最大限度地满足旅客的购票需求。

3. 千方百计保证城际快车正点。在与旅客座谈时，有很多旅客提出，城际快车的正点很重要，它所具备的票额多、运行时间短、速度快、正点率高是汽车和长途汽车所不具备的。如乘坐城际快车就可以大胆地预订目的城市的飞机票，所以保证正点、取信于民就显得尤为重要。

思考：

1. 文中案例采用了哪些问句类型？各类型有何优缺点？

2. 在这篇市场调查报告中，请指出哪些是一手资料，哪些是二手资料？

3. 调查报告应包括哪些主要内容？

第四章　铁路运输目标市场战略

◆【学习目标】

1. 了解市场细分的含义及作用，明确有效市场细分的条件和依据，掌握市场细分的标准及方法。
2. 了解目标市场的含义，熟悉目标市场模式，掌握目标市场策略及影响目标市场选择的因素。
3. 了解市场定位的含义，明确市场定位的方式和依据，掌握市场定位的步骤及策略。
4. 能够对整体市场进行细分；学会分析并选择目标市场，确定目标市场战略。
5. 学会为企业及其产品选择恰当的市场定位战略。

引　例

2021 年，国家铁路旅客发送量完成 25.33 亿人，比上年增加 3.66 亿人，增长 16.9%；国家铁路旅客周转量完成 9559.09 亿人公里，比上年增加 1300.99 亿人公里，增长 15.8%，如图 4-1 所示。

国家铁路旅客运输量

指标	单位	2021年	比上年±%
旅客发送量	万人	253287	16.9
旅客周转量	亿人/公里	9559.09	15.8

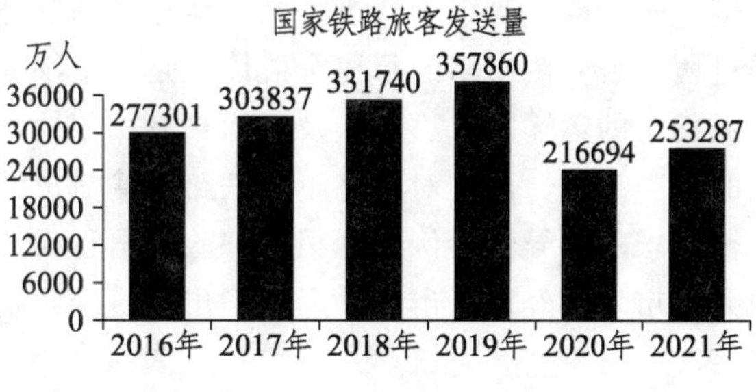

图 4-1　2016—2021 年我国铁路旅客运输情况

思考：哪些人平时出行喜欢坐火车？他们为什么喜欢坐火车？

第一节　铁路运输市场细分

面对复杂多变、购买者众多、分布广泛、需求多样的市场，铁路运输企业应在分析研究市场环境和消费者行为的基础上，把庞大的运输整体市场划分为若干个部分，然后从中选择一个或多个部分作为自己的目标市场，针对各个目标市场的需求特点，为消费者提供不同的产品或服务，以便在激烈的竞争中取得优势地位。

目标市场战略又称 STP 三部曲，是现代战略营销的核心，包括市场细分（Segmentation）、目标市场选择（Targeting）和市场定位（Positioning）三个步骤，具体如图 4-2 所示。

图 4-2 目标市场战略的三个步骤

一、铁路运输市场细分的含义及作用

市场细分是由美国市场营销学家温得尔·斯密于 1956 年在《产品差异和市场细分——可供选择的两种市场营销战略》一文中首先提出来的一个新概念。这个概念是在第二次世界大战以后美国许多产品的市场由卖方市场向买方市场转变的情况下提出的。在这一次转换过程中及转换以后，市场竞争日益激烈，越来越多的卖主积极寻求新的市场机会以求得生存和发展。在这一形式下，市场细分概念的提出极大地推动了企业营销思想的发展，使企业能更好地根据市场需求引导生产和经营。

1. 铁路运输市场细分的含义

市场细分就是在调查研究的基础上，根据消费者需求的差异性，把某类产品的整体市场划分为若干个不同类型的消费者群体的过程。每个消费者群就是一个细分子市场，每个细分子市场的消费者都具有相同或至少相似的需求和欲望。

铁路运输市场细分，是指铁路运输企业的营销管理者通过市场调研，根据旅客或货主对运输的不同需求和欲望，按照一个或几个细分变量将某一运输产品的整体市场划分为若干个旅客或货主群的市场分类过程。被分割出来的每一个群体就是一个细分市场，即“子市场”。在每一个子市场上，旅客或货主的运输需求、欲望及行为具有相似性。因此，铁路运输市场细分不是对铁路运输产品的分类过程，而是对具有不同铁路运输需求的旅客和货主的分类，市场细分的基础是铁路运输需求的差异性。例如，根据“旅客出行目的”这个细分变量可以将旅客运输市场细分为出差子市场、经商子市场、通勤子市场、探亲子市场、打工子市场、求学子市场、旅游子市场等。

2. 铁路运输市场细分的作用

铁路运输市场细分是铁路运输企业致力于确认和分析运输市场需求差别，发现市场机会的过程。它对于制定行之有效的营销组合策略具有重要的意义。因此，科学合理地细分运输市场，对于铁路运输企业成功地进行生产和经营具有相当重要的作用。

（1）有利于企业分析、发掘新的市场营销机会，寻找和确定新的富有吸引力的目标市场。

通过市场细分，企业可以有效地分析和了解整体市场中存在哪些需求相似的消费群，各部分消费群的消费需求是什么，哪些消费需求已经满足，哪些需求满足不够，哪些需求尚需适销对路的产品去满足，哪些需求的竞争激烈，哪些竞争较少，哪些目前还没有竞争。尚未满足的需求便是企业的市场机会。只有通过细分，企业才能发现市场机会，然后结合企业资源状况，形成并确立适宜自身发展的目标市场，并以此为出发点设计出适宜的营销战略，从而迅速取得市场优势地位，提高企业营销能力。

（2）有利于企业有效地参与市场竞争，取得良好的经济效益。

通过市场细分，企业可以更好地了解每一个细分市场上竞争者的优势和劣势，环境因素给行业带来的机会能否成为本企业的机会，企业在这个细分市场上能否有效开发和利用本企业的资源优势。把自己有效的资源优势集中到与自己优势相适应的某个市场上，企业才能真正形成优势，提高企业的竞争力。

（3）有利于企业掌握市场变化动态，有效制定并及时调整市场营销策略。

市场需求是不断变化的，而在整体市场中，各细分市场的变化情况又是不同的，如在服装市场中，青年服装的变化比老年服装的变化要快得多。通过市场细分，企业就能发现每个细分市场的变化特点，并根据各细分市场的变化情况及时地调整企业的营销策略，使企业有较强的应变能力。

二、市场有效细分的条件

从企业市场营销的角度看，无论消费者市场还是产业市场，并非所有的细分市场都有意义，进行市场细分必须具备一定的条件。

1. 可衡量性

可衡量性指用来细分市场的标准和变量及细分后的市场是可以识别和衡量的，即有明显的区别，有合理的范围。如果某些细分变量或购买者的需求和特点很难衡量，细分市场后无法界定、难以描述，那么市场细分就失去了意义。一般来说，一些带有客观性的变量，如年龄、性别、收入、地理位置、民族等，都易于确定，并且有关的信息和统计数据也比较容易获得；而一些带有主观性的变量，如心理和性格方面的变量就比较难确定。

2. 可进入性

可进入性指铁路运输企业能够进入所选定的细分市场，能进行有效的促销和分销，实际上就是考虑营销活动的可行性，体现在两个方面：一是铁路运输企业能够通过一定的广告媒体把产品的信息传递给该市场众多的消费者；二是产品能通过一定的销售渠道抵达该市场。

3. 可盈利性

可盈利性指细分市场的规模要大到能够使企业足够获利的程度，使企业值得为它设计一套营销规划方案，以便顺利地实现其营销目标，并且有可拓展的潜力，以保证按计划能获得理想的经济效益和社会效益。

拓展练习

如果在一所高职院校专门开设一个西餐厅，来满足少数师生酷爱西餐的要求，这个计划可行吗？

提示：因为市场太小，盈利的可能性很低，在大学里开西餐厅这个计划不现实。

4. 反应差异性

反应差异性是指细分后的每个子市场对企业市场营销组合中的任何一项因素的变动都能迅速地作出具有差异性的反应。例如，有的货物运输子市场对安全性的敏感度较高，有的货物运输子市场对时效性的敏感度较高，有的货物运输子市场对价格的敏感度较高等，这就要求铁路运输企业针对不同的运输子市场制定不同的市场营销组合。如果几个子市场对于一种市场营销组合的变动具有相类似的反应，企业就没有必要为每个运市场分别制定不同的市场营销组合，市场细分的意义也就不存在了。

拓展练习

市场细分是否越细越好？

提示：市场细分程度要合理，不能认为市场细分越细越好。近年来，西方市场营销学家反对“超细分策略”，主张将许多过于狭小的市场组合起来，以便利用较低的价格去满足这一市场较广的需求。

三、市场细分的依据

市场细分的依据是同类产品消费需求的多样性。

从需求状况的角度考察，各种社会产品的市场可以分为同质市场和异质市场两类。凡消费者或用户对某一产品的需求、欲望、购买行为以及对企业营销策略的反应等方面具有基本相同或极为相似的一致性，这种产品的市场叫同质市场。只有极少数产品的市场属于同质市场，显然，同质市场无须细分。但是，绝大多数产品的市场都是异质市场，即消费者或用户对产品的质量、特性、规格、档次等方面的需要与欲望是有差异的，或者在购买行为、购买习惯等方面存在差异性，正是这些差异使市场细分成为可能。值得注意的是，同质市场与异质市场可能会相互转化。

四、市场细分的标准

市场细分的标准是指按照一个或多个影响市场需求的因素，可以将整体市场划分成可操作的若干个子市场，这些影响因素被称为细分标准或细分变量。

在消费者市场上，影响消费需求呈现差异性的因素（变量）归纳起来主要有以下几个方面：地理因素、人口因素、心理因素、行为因素等，见表 4-1。

表 4-1 消费者市场细分的标准及变量

细分标准	具体变量
地理因素	地理位置、城镇大小、地形和气候等
人口因素	年龄、性别、收入、民族、职业、受教育程度、家庭人口等
心理因素	生活方式、性格、购买动机等
行为因素	购买时间、购买数量、购买频率、购买习惯（品牌忠诚度）等

1. 地理因素

按照消费者所处的地理位置、自然环境来细分市场就是地理细分，具体变量包括：城市规模、气候及人口密度等。处于不同地理位置的消费者，对同一类产品往往呈现出差别较大的需求特征，对企业营销组合的反应也存在较大差别。

例如，我国内陆一些欠发达地区，旅客的出行目的主要是打工谋生，而在沿海经济发达地区，有相当数量的旅客出行是为了观光、旅游和享受，显然，他们对乘车条件的要求是不同的。

2. 人口因素

按照人口因素来细分市场称为人口细分。这方面的具体变量很多，包括年龄、性别、职业、收入、受教育程度、家庭人口、家庭生命周期、国籍、民族、宗教、社会阶层等。很明显，这些人口变量与需求差异性之间存在密切的因果关系。不同年龄组、不同文化水平的消费者，会有不同的生活情趣、消费方式、审美观和产品价值观，因而对同一产品必定会产生不同的消费需求；而经济收入的高低不同，则会影响人们对某一产品在质量、档次等方面的要求差异。因此，依据人口变量来细分市场，历来普遍为人们所重视。

3. 心理因素

按照消费者的心理特征细分市场就是心理细分。消费者心理因素主要包括性格、生活方式、购买动机及对品牌的偏好认可度等。例如，传统型的人对运输的要求总是安全第一，铁路是他们心目中的“品牌”，铁路运输就是他们的首选。企业应针对持不同心理的顾客，在产品中突出能满足其心理需求的特性，就能取得良好的经营效果。

4. 行为因素

按照消费者不同的购买行为来细分市场，称为行为细分。行为细分的因素包括消费者进入市场的程度、购买和使用的时机、消费的数量规模、对品牌的忠实程度等。

按消费者进入市场的程度，可将消费者分为经常使用者、初次使用者和潜在使用者。企业应该吸引潜在使用者，保住经常和初次使用者。对于我们铁路运输来说，就是要巩固新老客户，同时挖掘潜在的客户，拓展新的客货运市场。

按消费的数量规模不同可进一步将市场划分为大量用户、中量用户和少量用户这几个群体。企业要对大量、中量、少量用户的消费特点和购买行为有透彻的了解，推出各自适宜的产品，并在价格和销售形式上区别对待。例如，铁路可在寒暑假期间开行学生专列，在节日期间开行假日专列，在春运期间开行民工专列等。

按消费者对某种品牌的偏好程度不同，可以把消费者划分为单一品牌忠诚者、几种品牌忠诚者和非品牌忠诚者。单一品牌忠诚者、几种品牌忠诚者占较大比重的市场，其他企业很难进入，无法提高市场占有率。因此，企业应从非品牌忠诚者占多数的市场入手，创新产品，加强促销宣传，提高该产品市场占有率，使这些顾客成为本企业的品牌忠诚者。

知识卡片 随着市场的成熟，市场细分的形式也将会越来越细，企业所能提供的产品和服务种类也将随之增加。

五、市场细分的方法

按照选择市场细分标准的多少，市场细分可以有以下五种方法。

1. 完全无细分

完全无细分是对市场不加以细分，只强调市场中的共性，漠视个性，以减少生产和运营成本。对一些同质性产品，如水、电、煤等类型产品，共性大，消费者最关注的是产品的价格。为了减少成本，降低产品价格，企业经常采用不加细分的方法。

2. 完全细分

完全细分，又称为超细分，认为每一个购买者都是一个独立的市场。但由于其不能进行大规模生产，生产成本及运营成本很高，所以企业很少使用这种细分方法。只有少数产品，由于整个市场中购买者很少而且需求差异很大时才采用这种细分方法。

3. 单一变量细分法

单一变量细分法是指只选择一个细分标准进行市场细分的方法。例如，按运输距离可将铁路运输市场分为长途、中途、短途客货运子市场。

4. 综合变量细分法

综合变量细分法是指选择两个或两个以上的细分标准进行市场细分的方法。例如，客运市场按速度、价格、舒适度分类，可分为高价快速舒适度高的子市场、低价快速舒适度一般的子市场、低价慢速舒适度一般的子市场以及高价慢速舒适度较高的子市场等多个细分市场。

5. 系列变量细分法

系列变量法是指运用两种或两种以上因素细分市场，但它与综合变量法不同的是，依据一定顺序，由粗到细逐层展开，下一步的细分均在上一步选定的子市场中进行，细分过程其实也就是比较、选择目标市场的过程。例如，某服装公司对服装市场的细分有以下几步：第一步，按地理细分把市场分为城市市场和农村市场；第二步，按性别分为男性市场和女性市场；第三步，按年龄分为老年、中年、青年和少年等市场；第四步，按收入分为高收入市场、中等收入市场和低收入市场；第五步，按追求的利益分为重视质量、重视价格、重外观和重视名牌等市场；第六步，选择合适的市场作为企业的目标市场，企业可以选择城市、中等收入、重外观、男青年市场作为目标市场，如图 4-3 所示。

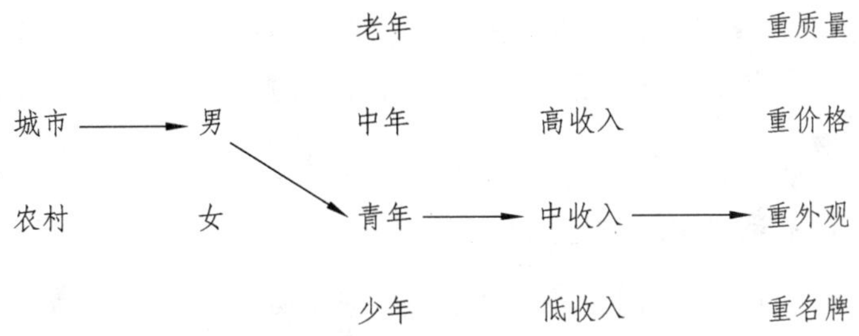

图 4-3 某服装公司对服装市场的细分

六、铁路客运市场细分的标准

铁路客运市场细分是指铁路运输企业根据旅客运输需求和行为的差异性，将客运整体市场分为若干个旅客群体的过程。铁路客运市场之所以可以细分，是由于旅客运输需求具有差异性，而这种差异性是由多种因素造成的，这些因素也就成了铁路客运市场细分的依据。铁路客运市场可按以下方法进行细分。

1. 根据旅客行程细分

对不同旅行距离的旅客进行分类，可以将客运市场分为长途（长距离）客运子市场、中途（中距离）客运子市场和短途（短距离）客运子市场。

2. 根据旅客出行目的细分

旅客出行的目的差异性较大，归纳起来主要有出差、探亲、打工、求学、旅游等，相应地，客运市场可以分为出差子市场、探亲子市场、通勤子市场、经商子市场、打工子市场、求学子市场和旅游子市场等。

3. 根据地理位置细分

我国是一个幅员辽阔的国家，不同地区的人口密度、经济发展水平、工业化发展程度等都具有很大的差异性，因此，不同地区的旅客的消费水平、消费需求及目的也有相当的差异。所以，根据地理区域范围细分，客运市场可以分为东北、东南、中部、西北和西南等子市场；根据行政区域细分，客运市场可以分为各省、市、自治区子市场。

4. 根据旅客收入水平细分

在客运市场上，旅客的收入具有显著的差异，它将对旅客出行方式及交通工具的选择产生较大的影响。根据此项因素可将客运市场细分为高收入、中高收入、中等收入、中低收入及低收入子市场。

5. 根据旅客对运输时效性的要求细分

随着社会的快速发展以及信息传播速度和生活节奏的加快，人们的时间观念与过去相比有了较大的变化,因此旅客对各种运输方式均提出了旅行速度和时间准确程度等方面的要求，不同的旅客可以根据自身的具体需求进行选择。根据此项因素可将客运市场细分为快速、中等速度及慢速子市场。

6. 根据旅客对舒适度的要求细分

随着人民生活水平的提高和生活条件的改善，旅客对运输的要求已不仅仅是满足于到达目的地及一些基本的需求，如有座位、有水喝、有饭吃、能上厕所等，而是呈现出多样性及高层次的需求，希望在旅行过程中享受一定程度的舒适性。例如，有的旅客希望有空调、软席、较可口的饭菜、服务周到、能上网等。根据此项因素可将客运市场细分为舒适度高、舒适度较高、舒适度一般及舒适度较低等子市场。

7. 根据旅客旅行径路性质细分

可将客运市场细分为干线子市场、支线子市场及客运专线子市场等。

对客运市场还可以按照其他因素进行细分，如根据年龄、职业、人员构成等还可以划分出不同的子市场。

七、铁路货运市场细分的标准

铁路货运市场细分，是指铁路运输企业根据货主运输需求、行为的差异性以及货物性质、运输条件要求的差异，将货物运输整体市场分为若干个货主群体的过程。铁路货运市场之所以可以细分，是因为货主的运输需求及货物的运输条件具有差异性，而这种差异性是由多种因素造成的，这些因素也就成了货运市场细分的依据。铁路货运市场可按以下方法进行细分：

1. 根据货主生产规模大小细分

货主生产规模的大小是细分货运市场的重要依据。大货主虽然数量不多，但有大量的原材料运进及半成品运出业务，其货物发送量所占总发送量的比例相对较大，且相对稳定。每个中小货主的货物发送量虽然较小，但总发送量并不小，且其生产和销售具有较强的灵活性和机动性。目前这类企业发展较快，数量很多。因此，根据货主生产规模可以将货运市场细分为大规模货主子市场、中等规模货主子市场及小规模货主子市场，或相应地也可称之为大宗货物运输子市场、中等批量运输子市场和零星货物运输子市场。

2. 根据货物运输距离细分

根据货物运输距离的不同可以将货运市场细分为长距离货运子市场、中距离货运子市场、短距离货运子市场。

3. 根据地理位置细分

我国是一个资源分布和生产力布局不均衡的国家，资源丰富的地区，生产力水平却相对较低；生产力水平较高的地区，资源却相对匮乏。因此，在不同的地区主要运输的货物种类也有较大的差异。根据地理区域范围细分，货运市场可以细分为东北、东南、中部、西北和西南等子市场；根据行政区域细分，货运市场可以细分为各省、市、自治区子市场。

4. 根据货物运输条件细分

货物的品类不同，其运输条件也有所不同。按运输条件，可将货运市场细分为普通货物运输子市场和特种货物运输子市场，而这两种子市场又可以分别继续细分，例如特种货物运输子市场还可以细分为阔大货物运输子市场、危险货物运输子市场和易腐货物运输子市场。

5. 根据货物运输时效性要求细分

随着市场经济的发展和不断完善，部分货主对货物运输的时效性提出了更高的要求。根据此项因素可将货运市场细分为快速货物运输子市场和普通货物运输子市场。

6. 根据货物运价率水平细分

不同种类的货物，其运价率水平也不相同。根据货物运价率水平的高低，可将货运市场细分为高运价率货物运输子市场和低运价率货物运输子市场。

7. 根据货物运输径路性质细分

根据货物运输径路性质不同，可将货运市场细分为干线子市场、支线子市场及货运专线子市场等。

对货运市场还可以按照其他因素进行细分，如按运输组合方式等还可以划分出不同的子市场。

第二节　铁路运输目标市场

铁路运输企业在进行市场细分后，通常会得到众多的子市场。究竟哪个细分市场对本企业来说存在市场机会呢？接下来企业应对细分市场进行分析和评价，从而确定本企业的目标市场。

目标市场就是在市场细分的基础上，企业经过分析、比较和选择，确定作为自己服务对象的一个或几个子市场。

一、评估细分市场

铁路运输企业为了选择目标市场，必须对各细分市场进行评估，判断细分市场是否具备目标市场的基本条件，主要应从以下几个方面考虑。

1. 适当的市场规模和增长潜力

“适当”的规模是个相对的概念，大企业一般重视销售量大的细分市场，小企业却经常会选择一些小的细分市场，但总的来说，企业应根据自身的条件，衡量细分市场的规模是否值得去开发，是否有尚未满足的需求，有充分发展的潜力。

2. 有足够的市场吸引力

吸引力主要是从获利的立场看市场长期获利率大小。市场可能具有适当规模和增长潜力，但从利润立场来看不一定具有吸引力。决定市场是否具有长期吸引力的因素主要有现实的竞争者、潜在的竞争者、替代品、购买者和供应者的威胁。企业必须充分估计这五种因素对长期获利所造成的影响，预测各细分市场的预期利润。

3. 符合企业的目标和资源

一方面，某些细分市场虽然有较大的吸引力，但不符合企业长远的目标，因此企业不得不放弃。另一方面，企业还要考虑企业的资源条件是否适合在某一细分市场经营。只有选择那些企业有条件进入、能充分发挥其资源优势的市场作为目标市场，企业才会立于不败之地。

二、目标市场选择模式

市场经过细分、评价后，可能得出若干可供进军的细分市场，企业是应向某一个市场进军，还是向多个市场进军呢？企业可能考虑的目标市场模式一共有五种，如图 4-4 所示。

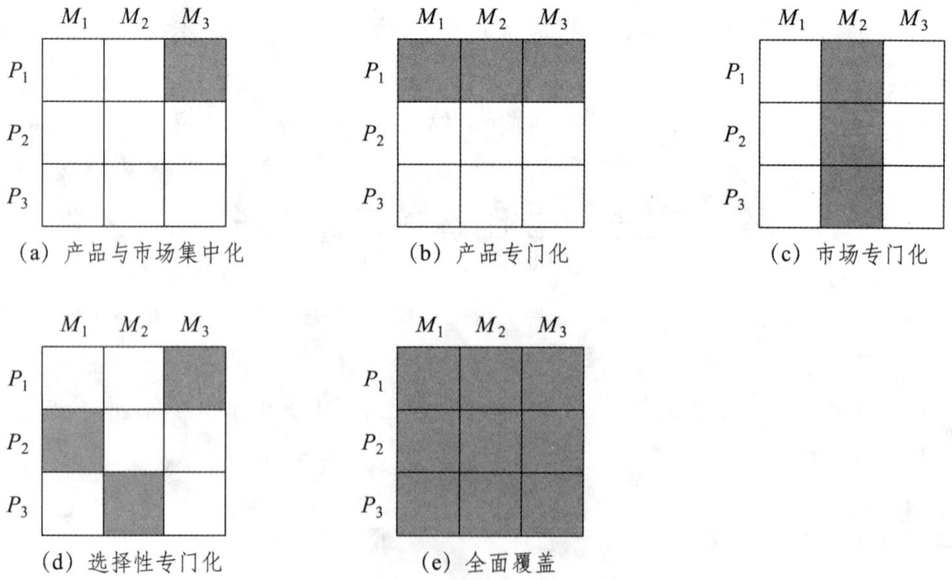

图 4-4 五种目标市场的选择形式

注：P 代表产品，M 代表市场。

1. 产品与市场集中化

产品与市场集中化指企业只生产一种标准化产品，只供应某一细分市场。这种策略的优点主要是能集中企业的有限资源，通过生产、销售和促销等专业化分工，提高经济效益。缺点是存在较大的潜在风险，由于企业的目标市场比较狭小，一旦市场情况发生变化，企业不能随机应变就有可能陷入困境，影响企业的生存和发展。较小的企业通常采用这种策略，它可以帮助企业实现专业化生产和经营，在取得成功后再逐步向其他细分市场扩展。例如，某公路运输公司只办理快速货物运输，而且仅为当地的中小型企业服务，这就是采用了产品与市场集中化的形式。

2. 产品专门化

产品专门化是企业面对所有的细分市场只生产经营一种产品。这种策略的优点是可使企业的某个产品在不同市场上树立起很高的声誉，扩大产品的销售。但如果这种产品被全新技术产品所取代，企业面临的经营风险将是巨大的。例如，某公路运输公司只办理快速货物运输，但不仅为当地的中小型企业服务，而且也为当地的大型企业提供快速货物运输服务。

3. 市场专门化

这种战略是指企业向同一细分市场提供不同类型的产品。例如，某公路运输公司只服务于当地的大型企业，但该公司不仅办理快速货物运输，同时还办理普通速度的货物运输等。这种策略的优点是企业生产的不同产品容易在某个市场上获得良好的声誉，打开产品的销路。缺点是如果这个市场的消费群体采购量下降，销售量将会大量下降，企业就会产生效益滑坡的危险。

4. 选择性专门化

选择性专门化指企业有选择地进入多个细分市场，并向这些细分市场分别提供不同类型的产品。选择这种战略的主要原因是，各细分市场之间相关性较小，每个细分市场都有良好的营销机会与发展潜力。这种战略的优点是有利于分散企业的经营风险，即使失去某一细分市场，企业仍可在其他细分市场上经营赢利。较大的企业通常采用这种策略。

5. 全面覆盖

全面覆盖指企业把所有细分市场都作为目标市场，并生产不同的产品以满足不同目标市场消费者的需求。只有实力非常雄厚的大企业才能选用这种策略。

铁路作为一个大型运输企业，有自己的优势。但由于本身运输特点的局限，比如没有汽车运输灵活、机动性差，不太适合短途运输，还有运输成本等方面的因素，是否能将整个运输市场作为目标市场，生产适销对路的产品，就很值得研究。

三、目标市场营销策略

企业选定目标市场之后，能否在目标市场上取得预期的经营效果和效益，主要取决于是否制定并实施了正确的营销策略。一般企业所采用的目标市场营销策略主要有三种：无差异性营销策略、差异性营销策略和集中性营销策略。

1. 无差异性营销策略

所谓无差异性营销策略，也称为大量营销，是指企业不考虑细分市场的差异性，把整体市场作为目标市场，只推出一种产品、运用一种市场营销组合，为整个市场提供服务的营销战略，如图 4-5 所示。

图 4-5　无差异性营销策

这种策略的基本特点是企业不进行市场细分，把整个市场视作一个大的、同质的目标市场，营销活动只注意市场需求共性，而忽略其差异性。

无差异性市场营销策略的优点是能够通过单一产品的大批量生产降低产品成本和提高生产效率，降低了多种产品的研制费用和促销费用，使产品以较低的价格出现在市场上。

无差异性市场策略的缺点是不能满足不同消费者的特殊需求，消费者也就不会长期地接受企业的产品。这时，就会有其他企业注意到消费者的需求差异而参与竞争。例如，铁路客运对短途、长途旅客一直都是一视同仁的，都要经过购票、候车、进站等过程才能上车，使得一些短途旅客在两头车站的候车、进站、出站时间甚至大于途中运行时间。高速公路正是在这种情况下才抢占了短途客运市场。因此，这种策略对绝大多数产品和企业来说都是不太适宜的。铁路运输企业在运输市场已形成且竞争激烈的今天，只提供单一模式的产品给顾客，就肯定会失去已有的部分市场份额。

拓展练习

在我们身边哪些产品采用了无差异性营销策略？

提示：水泥、食盐等同质化的产品，饮料中的加多宝凉茶、露露等。

2. 差异性营销策略

差异性营销策略是在市场细分的基础上，选择两个或两个以上乃至全部细分市场作为目标市场，分别为之设计不同的市场营销组合，以满足各个细分市场的需求，如图 4-6 所示。

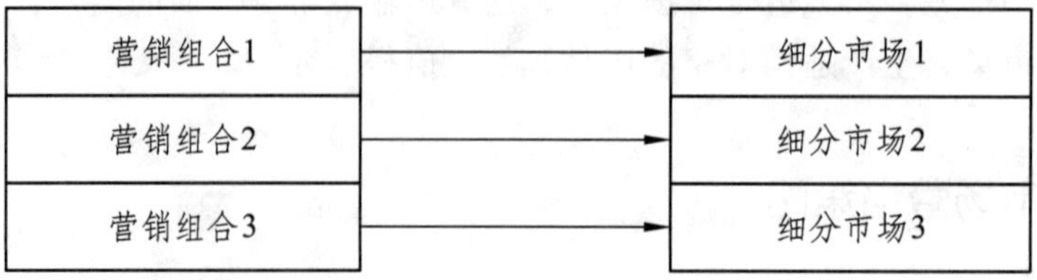

图 4-6　差异性营销战略

差异性营销策略的优点是比较明显的。首先，它可以有针对性地面对不同的目标市场，提高了产品的竞争能力。其次，由于企业能满足不同细分市场的需求，使企业在所有的细分市场上都取得成功，扩大了企业的销售总量。

差异性营销策略的不足在于企业的目标市场多，因而设计产品和促销产品的费用大，同时，这种策略还容易分散企业的精力，顾此失彼。因此，企业只有在规模较大、各方面实力较强、管理水平较高的情况下才能采用这种策略。铁路运输企业可以考虑采用差异性营销策略。

3. 集中性营销策略

集中性营销策略是企业以一个细分市场为目标市场，集中力量实行专业化生产和经营的目标市场策略，如图 4-7 所示。

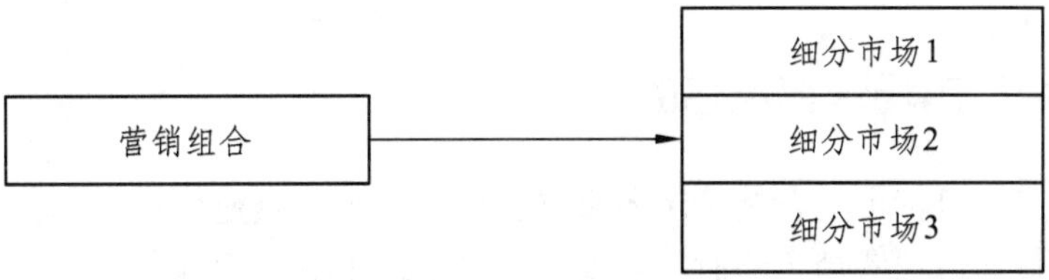

图 4-7 集中性营销战略

集中性营销策略主要适用于资源有限的中小企业或是初次进入新市场的大企业，它是中小企业变劣势为优势的最佳选择。

集中性营销策略的优点是目标市场集中，有助于企业更深入地注意、了解目标市场的消费者需求，使产品适销对路，有助于提高企业和产品在市场上的知名度。集中性营销策略还有利于企业集中资源，节约生产成本和各种费用，增加盈利，取得良好的经济效益。

但是，由于企业只有这一个市场，万一市场发生变化，就会导致企业经营失利，使企业难于翻身。因此，风险大是这种策略的不足之处。

案例链接

把苹果捆起来卖

某年冬天的一个傍晚，一个小女孩守着两筐大苹果在一个高校的俱乐部前叫卖，因为天寒地冻，问者寥寥，小女孩自己也冻得直打哆嗦。一位教授见此情形，对小女孩甚是同情。他认真地观察了一下此地的人流，略做思考，然后上前对小女孩耳语了几句。

在教授的指点下，小女孩蹦蹦跳跳地跑到附近商店买来一把节日用的红彩带，然后将筐里的苹果两个扎成一扎，接着高叫道：“情侣苹果哟！两元一对！”用红彩带扎在一起的一对苹果看起来很有情趣，过往的人们觉得十分新鲜，而且路经此地的人多数是与自己的情侣一起来消遣的。于是，小女孩很快便将苹果卖完了，而且卖了个好价钱。

三种目标市场营销策略的比较见表 4-2 。

表 4-2　三种目标市场营销策略对比

项目	无差异性营销策略	差异性营销策略	集中性营销策略
优点	容易做到大批量生产，成本低、质量好；节省市场调研的费用	满足不同消费者群体的需求，利于增强企业的市场竞争力；减少经营风险，提高市场占有率	经营对象集中，有利于深入了解目标市场的需求，使产品适销对路，有助于提高企业和产品在市场上的知名度；节约生产成本和各种费用，增加盈利，取得良好的经济效益
缺点	不能满足不同消费者的多种需求；容易引起竞争，不能长期使用	生产成本和销售成本大	企业潜伏着较大的经营风险，若消费者需求发生变化，企业可能因应变不及时而陷入危机

四、影响目标市场营销策略的因素

前面所述的三种目标市场营销策略各有其长处和不足，企业应根据具体情况加以选择。一般企业在选择目标市场营销策略时，主要综合考虑以下五个因素。

1. 企业资源

企业资源包括企业的人力、物力、财力、信息、技术等方面的资源。当企业资源多、实力雄厚时，可运用无差异性或差异性营销策略；当企业资源少、实力不足时，最好采用集中性营销策略。

2. 产品特点

同质性产品消费需求差异较小，产品之间的竞争主要集中在价格上，如钢铁、大米、食盐等初级产品，适用于无差异性营销战略。差异较大的产品，如汽车、家用电器、服装、食品等，适宜采用差异性营销战略或集中性营销战略。

3. 市场特点

如果市场上所有顾客在同一时期偏好相同，购买特征相同，并且对市场营销刺激的反应相同，则可视为同质市场，宜实行无差异性营销策略；反之，如果市场需求的差异较大，则为异质市场，宜采用差异性营销策略或集中性营销策略。

4. 产品生命周期

新产品上市往往以较单一的产品探测市场需求，产品价格和销售渠道基本上单一化，因此新产品在引入阶段可采用无差异性营销策略。而待产品进入成长或成熟阶段，市场竞争加剧，同类产品增加，再用无差异性营销策略就难以奏效，所以成长阶段改用差异性营销策略或集中性营销策略，效果会更好。

5. 竞争对手的营销策略

如果竞争对手采用无差异性营销策略，企业选择差异性营销策略或集中性营销策略将有利于开拓市场，提高产品竞争能力。如果竞争者已采用差异性营销策略，则可以选择对等的或更深层次的集中性营销策略。

6. 市场供求关系

如果出现卖方市场形态，消费者的选择性将大为减弱。这时，企业可采用无差异性营销策略；相反，则宜采用差异性营销策略或集中性营销策略。

五、铁路客运目标市场

铁路旅客运输的优点是运量大、安全舒适、不受气候和地理因素的影响、票价低、速度快等，但旅客需要经过购票、候车、进站、上车、下车、出站等多个环节，不够便利和灵活。

铁路运输企业应在客运市场细分的基础上，根据市场调查和预测，结合自身的性质和能力条件，选择和确定企业的客运目标市场。

通过客流调查，行程超过 500 km 时，有 58% 的旅客愿意选择铁路；中等及以下收入群体，大多乘坐火车旅行。因此，铁路运输企业应采用差异性目标市场策略。在确定目标市场时，以中低收入旅客为主，以高收入旅客为辅；以中长途运输为主，以短途运输为辅。铁路运输在大城市间（城际间）的旅客运输子市场上也占有相当的优势。

当然，目标市场并不是一成不变的，企业应根据顾客需求的变化、竞争对手的变化和企业自身情况的变化随时进行调整。

六、铁路货运目标市场

铁路运输具有全天候、安全性好、成本低、一次货物运输量大的特点，但不够灵活、不能实现门到门（两端均有专用线的除外）服务，因此铁路运输企业在中长距离、大宗货物运输子市场上占有明显的优势地位。铁路运输企业的主要目标市场应是中长途大宗货物运输子市场，在这一子市场上，铁路运输企业具有绝对的优势，但小批量的高附加值的货物运输子市场也是较有吸引力的市场，铁路运输企业可以通过适当地调整或改变服务方式及运输组织方式，扬长避短来吸引这一部分货流，以获得更好的发展机会。

第三节　铁路运输产品市场定位

铁路运输企业选定目标市场以后，就要进行市场定位。市场定位是铁路运输企业战略的重要组成部分。在企业选定的目标市场上，往往还有其他企业的同种产品，企业要想获得更好的生存和发展的机会和空间，就必须了解目标市场上现有竞争企业的实力、经营特点和市场地位等，从而确定本企业的市场定位方式和策略。

市场定位是 20 世纪 70 年代由美国学者阿尔·赖斯提出的一个重要的营销学概念。

一、市场定位的概念

市场定位也被称为产品定位或竞争性定位，是指根据竞争者现有产品在细分市场上所处的地位和顾客对产品某些属性的重视程度，塑造出本企业产品与众不同的鲜明个性或形象，并通过一系列营销努力把这种个性或形象传达给顾客,从而适当确定该产品在市场上的位置。

铁路运输企业及产品的市场定位，就是铁路运输企业根据选定的目标市场上的竞争者现有运输产品所处的位置、竞争状况和企业自身的条件，针对旅客或货主对该类运输产品的某些特征或属性的重视程度，为本企业产品塑造强有力的、与众不同的鲜明个性，并将铁路运输产品的形象生动地传递给旅客或货主，获得旅客或货主的认同，从而使该运输产品在市场上确定适当的位置。这里所说的“位置”，实际上是指运输产品及运输企业的总体形象在旅客或货主心目中的印象、反映和地位。这种印象、反映和地位也是与竞争对手的产品及企业形象对比而言的。

铁路运输产品市场定位的实质就是在于取得在目标市场上的竞争优势，确定本企业的运输产品在旅客或货主心目中的适当位置并留下值得消费的印象，以吸引更多的旅客或货主运输需求。因此，铁路运输产品的市场定位是铁路运输企业市场营销战略体系中的重要组成部分，它对于建立有利于铁路运输企业及其铁路运输产品的市场特色，满足旅客或货主运输需求的特殊偏好或效用，从而提高铁路运输企业的竞争力具有重要意义。

二、市场定位的方式

市场定位作为一种竞争战略，显示了一种产品或一个企业同类似的产品或企业之间的竞争关系。定位方式不同，竞争态势也不同。下面分析三种主要的定位方式。

1. 对抗性定位

对抗性定位也叫竞争性定位，是企业根据自身的实力，为占据较佳的市场位置，不惜与市场上占支配地位的、实力最强或较强的竞争者发生正面竞争，从而使自己的产品进入与对手相同的市场位置。这种定位方式有时会产生激烈的市场竞争，有较大的市场风险，但不少企业认为能够激励自己奋发上进，一旦成功就会取得巨大的市场优势。

2. 避强定位

避强定位是一种避开强有力的竞争对手进行市场定位的方式，企业不与对手直接对抗，而是将自己置于某个市场的“空隙”。这种定位能够使企业迅速在市场上站稳脚跟，并在消费者心中尽快树立起一定形象。由于这种定位方式市场风险较小，成功率较高，常常为多数企业所采用。

例如，某运输企业 T 决定进入中长途货运市场。通过进行运输市场调查，该企业了解到货主最关注的是货物送达速度和运输价格；同时还了解到这一市场上已经有 A、B、C、D 四家运输企业提供了同类服务，它们在运输市场上所处的位置各不相同，如图 4-8 所示。

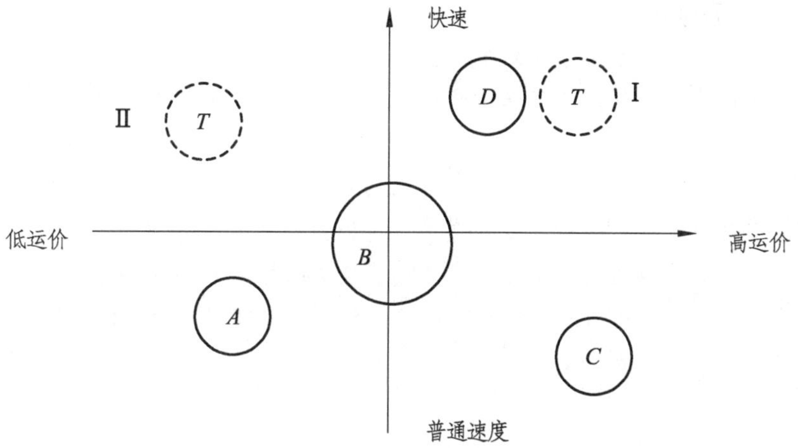

图 4-8 市场定位示意图

在这种情况下，T 企业的运输产品如何定位呢？有如下两种方案可供选择。

方案Ⅰ：是 T 企业在 D 企业附近定位，与它争夺货主，即对抗性定位。但如此定位需考虑以下条件：（1）高运价、快速货物运输市场的容量足以容纳 D 和 T 两家运输企业的产品；（2）本企业能为运输市场提供比 D 企业更好的产品，如时间安排更为合理，或能为货主提供特殊的效用；（3）这样的市场定位与本企业的资源、特长和声望等是相称的。

方案Ⅱ：是 T 企业在左上角处空白处定位，即避强定位。这是一个期望低运价的快速中长途货物运输子市场，且目前还没有运输企业涉足。由于 T 企业选择的是低运价的快速运输市场；因此应具备以下条件：（1）本企业具有为市场提供快速货物运输产品的实力和条件；（2）从长远看，虽然货物运价较低，但仍然能保证 T 企业实现其利润目标；（3）通过宣传等手段，能够有效地使货主相信本企业为货主提供的货物运送速度远比 A 企业快而与 D 企业相当，以保证货运量及货运周转量的增加，提高市场占有率。

3. 重新定位

重新定位通常是指对于销路较少、市场反应较差的产品进行二次定位。企业实施某种定位方案一段时间以后，有可能发现原有定位效果并不理想，不能达到营销目标，或者没有足够的资源实施这一方案，或者为发展新市场的需要，或者为竞争的需要，此时应该对产品进行重新定位。

案例链接

唯品会的市场定位之路

唯品会是一家专门做特卖的网站，以低至一折起的价格售卖名牌商品，商品囊括时装、配饰、鞋、美容化妆品、箱包、家纺、皮具、香水等。唯品会率先在国内开创了“名牌折扣+限时抢购+正品保险”的商业模式。唯品会承诺所有品牌商品均为 100% 原装正品，支持多种付款方式，7 天无条件退货。加上其“零库存”的物流管理以及与电子商务的无缝对接模式，唯品会得以在短时间内在电子商务领域生根发芽。我们通过创始人洪晓波在《21世纪经济报道》中的谈论可以寻找到唯品会的市场定位之路。

唯品会一开始做的是奢侈品牌，但尝试了几期限时抢购后发现，用户反响不是很好。唯品会创立之初就面临着用户不买账的困惑。究其原因，洪晓波认为，主要还是文化差异和市场发展阶段的不同，中国消费者对奢侈品网购的接受度还很有限。

通过对淘宝网购订单的分析可以发现，目前国内网络卖家每单的平均价值约为80元。在目前的消费环境下，PRADA、GUCCI、LV等顶级奢侈品牌还不适于网络B2C销售。

因此，唯品会迅速对产品定位进行了调整，舍弃一线顶级品牌，瞄准阿迪达斯、耐克、卡西欧、欧时力等中国消费者更熟悉的二、三线名牌。

三、市场定位的依据

每个运输企业的产品具有差异性，面向的旅客或货主也有所不同，所处的竞争环境也不相同，因此市场定位的依据也是不相同的。

1. 根据产品的属性和效用定位

运输产品本身的“属性”以及由此获得的“效用”能使旅客或货主感受到它的定位。例如，公路货物运输具有“机动灵活”的特点，铁路货物运输则强调“大宗货物运输”及“安全”等特征。在有些情况下，新的运输产品应强调一种属性，这种属性是其他竞争者所不具备或无暇顾及的，同时也是旅客或货主能够认可和接受的，这种定位往往容易成功。

2. 根据价格和服务质量定位

“运输价格”和“服务质量”都可以为运输企业及产品创立不同的市场位置，给旅客或货主留下不同的印象，这两项因素也是许多旅客或货主所注重的。例如，航空公司的飞机票价格虽然较贵，但强调服务质量好且旅行时间短；铁路旅客运输在服务质量和旅行时间上不如航空运输，但强调票价要便宜得多且较为舒适。

3. 根据产品档次定位

可以根据为旅客或货主提供的运输产品（包含服务）的档次为运输企业及其产品确定市场位置。例如，铁路运输企业为旅客提供不同档次的产品（含服务），有软卧、硬卧、软座、硬座等，它们分别为旅客提供不同的舒适程度、服务等。

4. 根据旅客或货主的类型定位

运输企业常常试图将它们的产品指向某一类特定的旅客或货主即某个运输子市场，以便根据该运输子市场的看法塑造合适的形象。例如，某铁路货运公司可以将自己的产品定位于专门为中小型企业（即中小货主）提供货物运输服务，或专门为大企业（即大货主）提供货物运输服务。

5. 竞争定位

企业及产品还可以定位于同竞争直接有关的不同属性或利益。例如，铁路运输企业的某些客运产品强调，为旅客提供的服务质量及水平要向航空公司看齐。实际上，许多运输企业及产品在进行市场定位时，其依据往往不止一个，而是多个结合使用，因为作为市场定位体现的运输企业及其产品的形象应当是多维的。

四、市场定位的步骤

市场定位的关键就是企业要设法在自己的产品上寻找出竞争优势。竞争优势一般有两种基本类型：一是价格竞争优势，即在同样的条件下制定比竞争者更低的运输价格，这就要求铁路运输企业采取措施，努力降低运输成本；二是偏好竞争优势，即能提供一定的特色来满足旅客或货主的特定偏好，这就要求铁路运输企业努力将产品形成特色。竞争优势的两种基本类型为铁路运输企业及产品提供了市场定位的两大途径。

根据以上分析，铁路运输产品的市场定位可以通过以下步骤来完成。

1. 确定本企业的竞争优势

要明确本企业潜在的竞争优势，企业的中心任务是弄清楚以下三大问题：第一，目标市场上竞争对手的产品定位如何；第二，目标市场上大多数的顾客需要什么，他们的欲望满足程度如何；第三，企业能够为此做些什么。要回答这三个问题，企业市场营销人员必须通过一切调研手段，系统地设计、搜索、分析并报告有关上述问题的资料和研究结果。通过回答上述三个问题，企业就可从中把握和确定自己潜在的竞争优势在何处。

2. 选择相对的竞争优势

相对的竞争优势是一个企业能够胜过竞争对手的能力。这种能力既可以是现有的，也可以是潜在的。准确选择相对的竞争优势是企业将自身各方面实力与竞争对手的实力相比较的过程。选择相对的竞争优势通常从经营管理、技术开发、生产、采购、产品、市场营销及财务指标七个方面进行衡量比较。

3. 显示独特的竞争优势

选定的竞争优势不会自动地在市场上显示出来，企业要进行一系列的宣传促销活动，将其独特的竞争优势准确传播给潜在消费者，并在消费者心目中留下深刻印象。为此，企业首先应使目标顾客了解、熟悉、认同、喜欢和偏爱本企业的市场定位，在顾客心目中建立起与该定位相一致的形象。其次，企业应通过一切努力强化本企业在目标顾客中的良好形象，保持目标顾客对本企业的了解，稳定目标顾客对本企业的态度和巩固并加深目标顾客对本企业的感情。最后，企业应注意目标顾客对本企业市场定位理解出现的偏差或由于企业市场定位宣传上的失误而造成的模糊、混乱和误会，及时矫正与市场定位不一致的形象。

五、铁路客、货运产品的市场定位

铁路运输企业可根据旅客或货主对客运产品或货运产品属性的重视程度、需求的满足程度及自身的实力和条件对不同的客运产品或货运产品进行市场定位。

通过调查和分析可知，旅客主要对旅行时间（或旅行速度）、旅行时段、舒适程度、票价、服务质量、方便性（包括购票、乘车等）等因素较为关注。而且不同的旅客群体，即不同的旅客运输子市场对以上因素的重视程度亦不相同。例如，经商子市场（商务流）即商务客流较重视旅行时间、时段及服务质量，票价则是相对次要关注的因素；而打工子市场（打工流）则较重视票价，对于其他因素的重视程度一般；求学子市场（学生流）有较强的集中性，寒、暑假期间流量很大，较重视票价、旅行时间、方便性，对其他因素的重视程度一般。铁路运输企业可根据本产品的目标市场组成，针对旅客的需求和对产品特性的重视情况，为本企业和运输产品塑造出特殊的形象，如价格低廉、速度快、车上旅馆、服务热情周到、舒适、高档、物美价廉等，并传递给旅客，即市场定位。

货主主要对货物送达时间（速度）、时效性、方便性（如能否实现门到门运输）、运输价格、货物的安全、服务质量等方面较为重视。但是不同的货主在托运不同的货物时，其运输需求并不相同，对以上各因素的重视程度亦不相同，即使是同种货物（如销往国外和国内的同种类货物），重视程度也可能不一样。例如，有的货主在托运货物时十分注重货物的安全和完整及运输价格，其送达时间和服务质量则为次要重视的因素；有的货主较为关注运输的时效性，如托运季节性较强的货物、严格按照销售合同托运的货物、销往国外的货物等；有的货主较为重视运输的方便性，即能否提供门到门运输服务。铁路运输企业要根据本产品的目标市场的具体情况和特点，为本企业和运输产品塑造出与众不同的、有特色的形象，如十分安全、运价较低、快速运输、准时运到、服务热情周到等，并将其准确地传递给货主，即实现市场定位。

当然，以上所说的铁路运输企业及产品形象的塑造不是单一因素的，可以是多个因素的融合形成一种生动的、多方位的铁路运输企业或产品的形象。

复习思考题

一、单项选择题

1. 同一细分市场的顾客需求具有（　　）。

A. 绝对的共同性　　B. 较多的共同性

C. 较少的共同性　　D. 较多的差异性

2. 依据目前的资源状况能否通过适当的营销组合去占领目标市场，即企业所选择的目标市场是否易于进入，这是市场细分的（　　）条件。

A. 衡量性　　B. 可进入性　　C. 可赢利性　　D. 可区分性

3. 采用（ ）模式的企业应具有较强的资源和营销实力。

A. 市场集中化 B. 市场专门化 C. 产品专业化 D. 市场全面覆盖

4. 采用无差异性营销策略的最大优点是（ ）。

A. 市场占有率高 B. 成本的经济性

C. 市场适应性强 D. 需求满足程度高

5. 集中性营销策略尤其适合于（ ）。

A. 跨国公司 B. 大型企业 C. 中型企业 D. 小型企业

6. 同质性较高的产品，宜采用（ ）。

A. 产品专业化 B. 市场专业化 C. 无差异营销 D. 差异性营销

7. 重新定位，是对销路少、市场反应差的产品进行（ ）定位。

A. 避强 B. 对抗性 C. 竞争性 D. 二次

8. 按消费者所在国籍对市场进行细分属于（ ）。

A. 地理细分 B. 人口细分 C. 心理细分 D. 行为细分

9. 当强大的竞争对手采用无差异性营销策略时，企业应实施（ ）营销策略。

A. 无差异性 B. 差异性

C. 集中性 D. 差异性或集中性

10. 细分市场的核心是承认市场上消费者的（ ）。

A. 同一性 B. 相似性 C. 差异性 D. 可变性

11. 企业对整个市场进行细分，针对各个不同的细分市场开展不同的营销活动，采取不同的策略，此称为（ ）策略。

A. 无差异性营销 B. 差异性营销 C. 集中性营销 D. 密集型营销

12. 企业若采取对抗性定位策略则意味着（ ）。

A. 能够迅速在市场上立足 B. 成功几率高

C. 减少市场竞争风险 D. 增大市场竞争风险

二、多项选择题

1. 细分消费者市场的标准有（ ）。

A. 地理因素 B. 人口因素 C. 心理因素

D. 行为因素 E. 行业因素

2. 若强大的竞争对手实行的是无差异性营销，企业则应实行（ ）营销。

A. 大量 B. 竞争 C. 集中性 D. 无差异性 E. 产品多样化

3. 通常情况下，企业选择目标市场应考虑的因素有（ ）。

A. 企业的目标与整体实力 B. 产品的自然属性

C. 产品的寿命周期 D. 产品的生产成本

E. 市场差异性的大小

4. 市场细分对企业营销具有的作用有（ ）。

A. 有利于发现市场机会 B. 有利于选择目标市场

C. 有利于制定市场营销组合策略　　D. 有利于提高企业的竞争能力
E. 有利于节省成本费用

5. 市场定位的方式主要有（　　）。
A. 产品定位　　B. 形象定位　　C. 避强定位
D. 对抗性定位　　E. 重新定位

6. 企业在市场定位过程中，（　　）。
A. 要了解竞争产品的市场定位
B. 要研究目标顾客对该产品各种属性的重视程度
C. 要选定本企业产品的特色和独特形象
D. 要避开竞争者的市场定位
E. 要充分强调本企业产品的质量优势

7. 人口细分的具体变量有（　　）。
A. 年龄　　B. 性别　　C. 个性　　D. 收入　　E. 生活方式

8. 目标市场营销策略的步骤主要有（　　）。
A. 市场调查　　B. 市场细分　　C. 目标市场选择
D. 市场定位　　E. 市场预测

9. 目标市场重新定位的原因（　　）。
A. 产品老化　　B. 消费者需求变换
C. 市场竞争加剧　　D. 经济背景产生巨大变化

10. 市场细分的原则（即市场有效细分的条件）是（　　）
A. 差异性原则　　B. 可衡量性原则　　C. 可进入性原则
D. 可盈利性原则　　E. 稳定性原则

三、判断题

1. 通过市场细分后分出的每一个细分市场对企业营销都具有重要意义。（　　）
2. 大多数企业一般采用两个或两个以上的变量结合起来细分市场。（　　）
3. 一个理想的目标市场必须有足够的市场需求。（　　）
4. 在同类产品市场上，同一细分市场的顾客需求具有较多的共性。（　　）
5. 集中性营销策略适合于资源薄弱的小企业。（　　）
6. 新产品在引入阶段可采用无差异性营销策略。（　　）
7. 目标市场的重新定位是对于企业的产品品牌提升与延伸，可经常进行。（　　）
8. 目标市场是指企业为满足现实或潜在需求而开拓和要进入的特定市场。（　　）
9. 差异性营销策略的优点是能够非常深入地了解市场需求。（　　）
10. 市场细分时分得越细越好。（　　）
11. 市场定位必须站在消费者的立场上进行，而非站在企业的立场上想象。（　　）
12. 市场细分也就是市场分类，即企业通过对不同商品进行分类，以满足不同需要的活动。（　　）
13. 市场细分的概念是美国市场营销学家温德尔·斯密于 1956 年提出的。（　　）

14. 所有的企业和产品都应实行市场细分策略。（ ）

15. 集中性营销策略可以大大降低企业的风险。（ ）

16. 如果几乎所有的竞争对手都采用差异营销战略，那么本企业也应毫不犹豫地采用差异性营销策略。（ ）

四、简答题

1. 市场细分的概念和作用是什么？
2. 铁路运输市场细分条件有哪些？
3. 铁路客、货运市场细分有哪些标准？
4. 铁路运输企业选择目标市场的方式有哪几种？
5. 铁路运输企业可采用的目标市场策略有哪些？各有何特点？
6. 铁路运输企业及产品市场定位的含义是什么？有哪几种定位方式？
7. 铁路客运产品和货运产品应如何进行市场定位？

五、技能训练题

试为铁路运输企业产品进行市场细分，选择目标市场并为其进行市场定位，写出策划方案。

【案例分析】

屈臣氏的目标市场选择

屈臣氏是现阶段亚洲地区最具规模的个人护理用品连锁店，是目前全球最大的保健及美容产品和香水及化妆品零售商之一。

屈臣氏在调研中发现，亚洲女性会用更多的时间逛街购物，她们愿意投入大量时间去寻找更便宜或是更好的产品。这与西方国家的消费习惯明显不同。中国的女性平均在每个店里逗留的时间是 20 分钟，而在欧洲只有 5 分钟左右。这种差异让屈臣氏最终将中国的主要目标市场锁定在 18~40 岁的女性，特别是 18~35 岁、月收入在 2500 元以上的时尚女性。屈臣氏认为这个年龄段的女性消费者是最富有挑战精神的。她们喜欢用最好的产品，寻求新奇体验，追求时尚，愿意在朋友面前展示自我。她们更愿意用金钱为自己带来大的变革，愿意进行各种新的尝试。而之所以更关注 40 岁以下的消费者，是因为年龄更长一些的女性大多早已经有了自己固定的品牌和生活方式。

屈臣氏以“个人护理专家”为市场定位，围绕“健康、美态、快乐”三大理念，通过为消费者提供别出心裁的产品、优雅的购物环境和专业的资讯等服务来传达积极美好的生活理念，旨在协助热爱生活、注重品质的人们塑造自己内在美与外在美的统一。

思考：

1. 屈臣氏市场细分的标准是什么？
2. 屈臣氏是如何选择目标市场和市场定位的？
3. 屈臣氏的目标市场选择方式给了你怎样的启示？

第五章 铁路运输产品策略

◆【学习目标】

1. 了解产品整体概念及其三个层次所包含的内容。
2. 了解产品组合及其相关概念，掌握产品组合策略。
3. 了解产品生命周期的概念与产品生命周期的形态，掌握产品生命周期各阶段的特点及策略。
4. 了解新产品的含义、分类，熟悉新产品开发的意义及原则，掌握新产品开发的过程及策略。
5. 了解品牌、包装的含义及作用，熟悉品牌命名的原则与方法，掌握品牌与包装策略。

引 例

上海铁路局着力打造商旅服务自主品牌

2016年8月22日，先期20个高铁站内41台“旅途易购”自动售货机陆续安装调试完毕后正式投入使用，标志着上海铁路局打造商旅服务自主品牌取得重要进展。

上海局管内拥有117座高铁站，全局日均到达、发送旅客约300万人次。过去，该局高铁站的自动售货机由各商家投放，型号各异，管理难度较大，难以形成铁路品牌效应。

该局重点将高铁站自营商铺改造成集购物、休闲等于一体的现代化综合商铺，统一命名为“旅途易购”；将高铁站原有的自动售货机统一替换成自主品牌“旅途易购”自动售货机，年内还将在客流较大的10个高铁站新增271台；及时将所有自动售货机销售数据接入后台软件系统集中管理，进行“大数据”分析，为提升自助商旅服务品质提供依据。

负责该局商旅服务自主品牌建设的上海新上铁实业发展集团有限公司积极建立自动售货机运营管理、售后服务及机器维护等制度，全力确保设备正常运营。该公司负责人介绍，投用的“旅途易购”自动售货机新增了支付宝、微信、银联支付等功能，为旅客提供了便捷、时尚的购物体验，预计每年创收560万元。

资料来源：中华铁道网，2016-08-23。

思考：

1. 上海铁路局为什么要着力打造商旅服务自主品牌？
2. 品牌在企业发展经营中有何作用？

第一节 铁路运输产品概述

要实现企业的营销目标，使企业在市场中占据有利的竞争地位，最重要的是要有受消费者喜爱的产品。因为从商品交换的实质来看，消费者就是为了获得能满足自己的某种需求的产品才同企业发生关系的。若不能为消费者提供他们所需要的产品，企业的一切营销活动也就失去了意义。所以，产品策略是营销组合中的首要策略，作为运输生产企业的铁路，其主要产品就是货物、旅客的位移。这种“位移”作为运输产品如何能在更大程度上受到消费者和生产者的欢迎，是铁路运输产品策略研究的重要内容。

一、产品及产品整体概念

1. 产品的定义

通常人们所说的产品，是指通过生产劳动创造出来的、具有特定用途和物质形态的实体，如电视机、运动鞋、笔记本电脑、自行车等。在现代市场营销学中，产品的概念具有更宽泛和深刻的内涵，远远超出了传统的有形物品的范围。按照营销学大师菲利普·科特勒的观点，产品是指能够提供给市场用以满足消费者或用户需要和欲望的任何东西,既包括有形的物品，又包括无形的服务。从这一意义上讲，除了传统意义上的狭义产品，如材料、结构、款式等要素构成的有形产品，产品还包括由有形产品所体现的基本功能和效用，以及与有形产品相关的质量保证、售后服务等无形的要素。总之，凡是能够满足消费者需求，使其获得利益的一切有形的、无形的、物质的、精神的各种要素都属于产品的范畴。

2. 产品整体概念的构成

市场营销学认为，产品是一个复杂的整体概念，是指向市场提供的能满足人们某种需求的实物和劳务，它包括实体产品、服务、概念、组织等多种有形和无形的产品形式。产品整体概念可以表述为：凡是能够为购买者带来有形和无形的效用和利益，满足需求与欲望的实物和劳务都称为产品。这一概念可以从以下两方面理解：一是不能把产品仅仅理解为实物产品，凡是提供满足人们某种需求的劳务也是产品；二是对于一些企业来说，其产品往往是由产品实物本身和有关的服务构成，即产品等于实物加服务。

一般认为，产品的整体概念由三个层次组成，即核心产品、形式产品和附加产品，如图 5-1 所示。

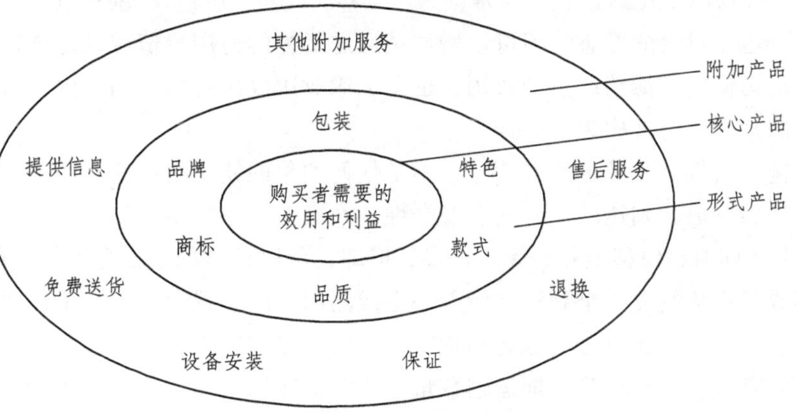

图 5-1 产品整体概念

（1）核心产品。

核心产品是产品整体概念的基础，也是产品整体最基本的层次，表示产品的实体利益，是满足消费需求的中心内容，即顾客所要真正购买的实质性的东西——基本效用和利益。例如，食品的核心是满足充饥和营养的需要，化妆品的核心是满足护肤和美容的需要，运输产品的核心是要满足用户一定的位移需要，即安全、准确、迅速、便捷地从始发地运到目的地。

（2）形式产品。

形式产品是产品整体的第二个层次，反映的是向市场提供的产品实体的外观，一般由形态（形状、款式、品种、规格等）、品质（产品的各种物理化学性能、自然寿命等）、特色、商标和包装五个部分组成。

（3）附加产品。

附加产品是产品整体的第三个层次，指顾客购买产品时所得到的其他附加服务或利益的总和，通常是指提供信贷、免费送货、设备安装、维修、退换、售后服务等一系列附加利益。在当今市场竞争环境下，许多著名品牌的生产企业都十分重视全面满足用户需要和售后服务，从而深受顾客的欢迎。这表明，现代市场竞争不仅在于生产和销售什么产品，而且还在于提供什么样的附加服务和利益，如果说过去的市场竞争主要是产品本身的竞争，那么现在则还要加上服务的竞争。

现代市场营销活动要求企业必须了解和掌握整体产品的含义，这样才能真正贯彻现代营销观念以顾客为中心的要求，全面满足顾客需要，这是树立企业形象、提高产品信誉、增强市场竞争力的有效手段。因此，正确树立产品整体概念是研究、制定市场营销组合策略的第一步。

二、铁路运输产品的整体概念

铁路运输业从事社会化运输生产活动，参与创造国民收入，参与社会总产品的生产。铁路运输业不像工农业生产那样改变劳动对象的性质和形态，而只是改变运输对象——被运送的货物和顾客在空间上和时间上的存在状态，具体体现为空间位置的移动。这种空间位置的改变，也是一种物质变化的形式，通常称为“位移”或者“运输”。位移虽不创造新的有形产品，也不改变运输对象的形态，但可以增加被运送货物的使用价值或满足被运送旅客的运输需要。它既是运输生产活动产生的效用，也是运输业用以出售的产品。由于这一产品是非实物的、无形的，因此也被称为“劳务”。

铁路运输业出售的这种产品或劳务，不是任何抽象的笼统的位移，而是要受到具体条件和规格（包括始发地、到达地、时间、安全性、准确性等）的要求和约束，并且要由用户加以检测、评判。同时，位移虽然是无形产品，但却是可以计量的。旅客和货物有目的的位移，是指使旅客或货物从始发站至到达站沿着一定线路的空间位置变化，它不仅要考虑旅客的人数和货物的重量，而且还要考虑旅客和货物沿线所运输的路程，所以位移的计量单位是一个复合单位。它是一定的位移量（即运输数量，旅客运输以人为单位，货物运输以吨为单位）与一定的运输距离（以公里为单位）相乘而得的人公里和吨公里。这一计量单位也正是表明铁路运输产品与其他物质生产部门的实物形态产品相区别的一个特点。

铁路运输生产的另一特点是劳动工具和劳动对象的同时运动。在运输生产过程中，职工的劳动主要作用于运载工具，货物和旅客是随着运载工具一起运行的。而运载工具的运行，它的场所变动，也就是运输业所进行的生产过程。铁路运输业的产品不同于其他商品，在它仍然处在生产过程的同时就被出售、被消费，而不是在它离开生产过程之后。由于铁路运输的生产过程和消费过程融合在一起，不能分离，所以铁路运输业的产品几乎全部都直接向用户出售或预售。因此，在铁路运输业的生产过程中，自然包括一部分商务过程和服务项目。

综上所述，铁路运输业既具有物质生产的性质，同时在一定的程度上兼有商业服务的性质，而铁路运输业所提供的产品——位移，是一种无形的产品，它虽然不具有实体性，但却具有实质性，能够给用户提供效用和利益，而且这种产品在生产的同时就被销售和消费，不存在任何形式可供出售的“半成品”，也不存在任何形式的可以储存、调拨的“制成品”。

现代市场营销学关于产品整体概念也同样适用于铁路运输产品。铁路运输产品整体概念的三个层次，如图 5-2 所示。

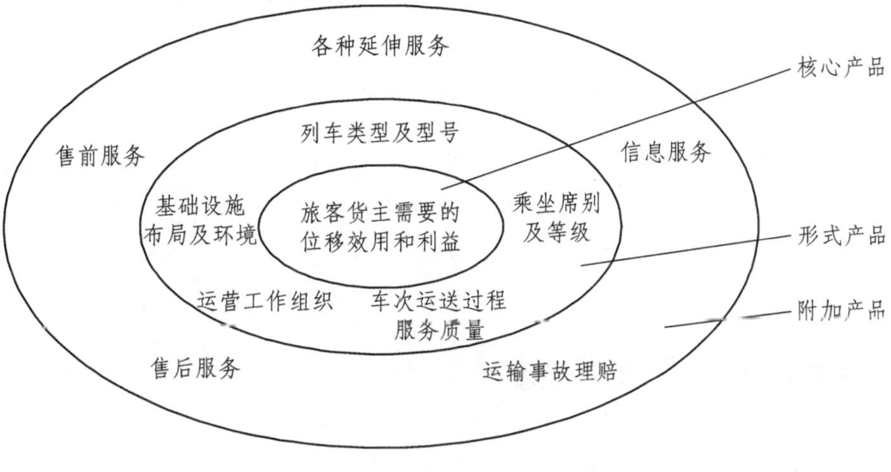

图 5-2 铁路运输整体产品

（1）核心产品。

铁路运输产品的核心内容，就是要满足顾客需要的位移。基本效用和利益即安全、准确、迅速、文明地实现从始发地到目的地的位移，这是顾客所需购买的实质性的东西，是铁路运输产品的实体利益，也是实质性产品。

（2）形式产品。

这是核心产品的外在表现和具体形式，一般行业中以其产品的品质、款式、特色、外观、品牌和包装等来表达，而在铁路运输行业通常则由位移载体的外在特性诸如列车的类型和型号、线路、车站基础设施的布局及环境、运营工作组织及运送过程服务质量，车次以及乘坐席别等级等加以展现，将位移核心产品转变为可以感知的形式产品，从而便于顾客判断和评估所提供的效用和利益程度的大小。在上述外在特性中，车次、列车名号实质上是一种品牌、款式，能够比较综合地从总体上反映位移核心产品所带来的效用和利益，铁路运输企业往往在促销广告中直接以此来招揽顾客。

（3）附加产品。

这是顾客在购买位移产品时所得到的附加服务和利益，如售前服务（客票预约预售，上门办理有关货运业务等）、售后服务（查询、旅客投诉、批评和建议、客货运输事故赔偿等），提供运输信息服务以及各种延伸服务（代办货物仓储、包装、行包接取送达、地方搬运、送货上门、运输代理、旅行服务等）。一个企业如果致力于开发适当的附加产品就一定能在激烈的市场竞争中赢得较好的市场份额。

总之，由于铁路运输业和运输产品具有独特的特点，其产品概念不易为一般人所全面认识和准确把握，正确认识运输产品概念就显得更为重要。特别是铁路运输企业，只有全面了解、准确把握铁路运输产品概念，才能真正树立起以顾客为中心、全面满足顾客需要的经营理念，才能更好地运用现代营销理念，有效制定贯彻营销组合策略，才能保证企业在不断变化的激烈市场竞争中立于不败之地。

第二节　铁路运输产品组合策略

一、产品组合及相关概念

企业为了满足目标市场的需求，扩大销售，分散风险，往往生产或经营多种产品。那么，究竟生产经营多少种产品才是合理的呢？这些产品应当如何搭配，做到既能满足消费者的不同需求，又能使企业获得稳定的经济效益？这涉及的就是如何确定企业产品组合的决策问题。

1. 产品组合、产品线与产品项目

产品组合，又叫产品搭配、产品集合（Product Assortment），是指一个企业所生产或经营的全部产品的组合方式，也就是企业生产和经营产品的范围和结构。大多数企业都生产或经营多种产品，企业的产品组合一般是由若干个产品系列（Product Line，又称产品线）组成的，而每个产品系列又包括若干个产品项目（Item）。

产品系列，指互相关联或相似的一组产品，一个产品系列内往往包括多个产品项目。产品系列的划分，一般依据产品功能的相似，消费上具有连带性，供给相同的顾客群，有相同的分销渠道，或属于同一价格范围等。

2. 产品组合的宽度、深度和关联性

产品组合的宽度指企业拥有的不同产品线的数目；产品组合的长度指每条产品线内不同规格的产品项目的数量；产品组合的深度是指各产品线上具有的产品项目总数。产品组合的关联性则是指企业各条产品线在最终用途、生产条件、分配渠道或其他方面的密切相关程度。

产品组合的宽度越大，说明企业的产品线越多；反之，宽度窄，则产品线少。同样，产品组合的深度越大，说明企业产品的规格、品种就越多；反之，深度浅，则产品就越少。产

品组合的深度越浅，宽度越窄，则产品组合的关联性越大；反之，则关联性小。

产品组合实际取决于上述三个因素，它们的不同集合构成了不同的产品组合。按产品组合概念来划分产品，并引用产品组合的“宽度”“深度”和“关联性”的概念来具体描述其相互间的联系，其优点是便于从产品组合方式上来研究一个企业的经营方针和经营的复杂程度。

例如，某运输企业的产品组合为 3 个产品系列，高速客运系列有 3 个产品项目，普通客运系列也有 3 个产品项目，货运产品系列有 4 个产品项目，共有产品项目 10 个，如图 5-3 所示。

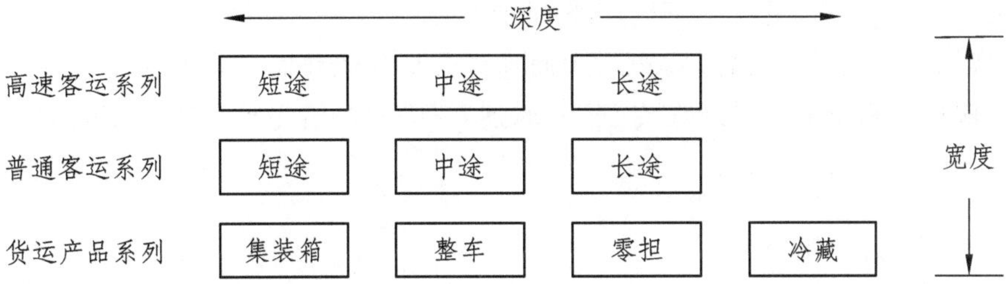

图 5-3 企业产品组合

则该企业的产品组合宽度为 3 个，产品组合深度为 10，这一企业的平均深度为 10/3 = 3.3 个。在这里更重要的是要了解企业产品系列的平均深度，因为平均深度更集中地反映出企业经营的复杂程度。但是，一个企业的深度越大，则平均深度也越大。宽度和深度越大，如果再加上产品的关联性不强，其经营复杂程度也就越高。

产品组合的宽度、深度和关联性对企业的营销活动会产生重大影响。一般而言，增加产品组合的宽度，即增加产品线和扩大经营范围，可以使企业获得新的发展机会，更充分地利用企业的各种资源，也可以分散企业的投资风险；增加产品组合的长度和深度，会使各产品线具有更多规格、型号和花色的产品，更好地满足消费者的不同需要与爱好，增强行业竞争力；增加产品组合的关联性，则可发挥企业在其擅长领域的资源优势，避免进入不熟悉行业可能带来的经营风险。因此，产品组合决策就是企业根据市场需求、竞争形势和企业自身能力对产品组合的宽度、深度和关联性方面作出的决策。

二、产品组合决策

产品组合决策是指企业根据市场需求、竞争形势和企业自身能力调整产品组合的宽度、长度、深度和关联性等，以适应营销环境变化的要求，提高营销活动效率，进而增加企业利润。

企业根据不同情况可采取以下产品组合决策。

1. 扩大产品组合策略

扩大产品组合策略包括拓展产品组合的宽度和加强产品组合的深度。前者是在原产品组合中增加一个或几个产品大类，扩大经营产品范围；后者是在原有产品大类内增加新的产品项目。当企业预测现有产品线的销售额和盈利率在未来可能下降时，就必须考虑在现有产品组合中增加新的产品线，或加强其中有发展潜力的产品线。

这种策略目前已被铁路运输企业广泛采用。国内外一些大型铁路运输企业在其发展过程中，往往以其拥有的实力面向不同行业或某个行业的市场总体，尽可能增加产品系列的宽度和深度，除了经营旅客运输和货物运输主业外，还经营了餐饮旅馆、旅游及房地产等多元经济，而且在主业运输中尽可能推出众多覆盖面广的产品项目，如开行不同速度、不同等级、不同品牌的旅客列车，办理整车、零担、集装箱、快运等各种货运业务并且取得或曾经取得较好的业绩。这种组合策略使企业能占领更多的市场，满足消费者更多的需求，为企业赢得更多收益。

对于铁路运输产品，在运输需求增大而呈现多样化趋势时，可考虑采用这一策略。例如，铁路运输根据需求开行“民工专列”“球迷专列”“旅游专列”等，正是对原有产品组合的扩大。

2. 缩减产品组合策略

在市场繁荣时期，较长较宽的产品组合会为企业带来更多的盈利机会。但是在市场不景气或原料、能源供应紧张时期，缩减产品线反而能使总利润上升，因为剔除那些获利小甚至亏损的产品线或产品项目，企业可集中力量发展获利多的产品线和产品项目。

对运输产品而言，当运输需求呈现萎缩或某种类型的运输需求下降时，可考虑缩减产品组合。例如，随着客运需求层次的提高，旅客慢车需求有所减少，因此可相应减少此种列车的开行。

3. 产品线延伸策略

产品线延伸是指在原有产品线内引入新的产品项目，进而增加产品组合的长度。每一个企业的产品都有其特定的市场定位，满足某一目标市场，通过产品线的延伸可以扩大企业的市场规模，进而增加销售额，提高利润。产品线延伸主要有以下几种具体方式。

（1）向上延伸。

产品线向上延伸是指在原有低档产品线中增加高档产品项目。例如，某企业开始将产品定位于中档产品，目标市场为中等收入人群。后来企业生产了高档产品，并将其提供给高收入目标顾客，这就是一种产品线向上延伸的策略。这种策略的应用需要具备一定的市场条件和企业自身条件：高档产品市场具有较高的成长性和较高的利润率的吸引；企业的资源已具备加入高档产品市场的条件。通常当企业决定将产品线向上延伸时，它接着就需要重新进行市场定位，而要改变产品在顾客心目中的地位是相当困难的，若处理不当，将会影响原有产品的市场形象。因此，当进行产品线向上延伸时，企业必须慎重，仔细权衡相关因素，决定是否采取此种策略。

（2）向下延伸。

产品线向下延伸与产品线向上延伸正好相反。它是在原有高档产品线中增加低档产品项目。这种策略的应用也需要具备一定的条件：可以利用原有产品的声誉，争取购买力水平较低的顾客；原有产品市场增长缓慢，并且市场空间有限，同时企业的生产能力有富余；补充企业的产品线空白。实行这种策略也有一定的风险，如有不慎，将会直接影响之前产品在市场中所形成的市场形象，特别是当企业之前的产品是名牌产品时。

（3）双向延伸。

产品线双向延伸是指企业将产品项目向高低两个方向延伸。在市场中，将产品定位于中档市场的企业，可以向上增加高档产品，向下增加低档产品，进而满足不同市场的需求，扩大市场占有率，提高企业的盈利水平。

第三节 铁路运输产品生命周期

一、生命周期概述

1. 产品生命周期的概念

产品市场生命周期是指一种产品从试制成功、投放市场开始，直到最后被新产品代替、退出市场为止所经历的全部时间，也称为产品市场寿命。

产品生命周期是由需求与技术的生命周期决定的。企业在进行市场营销时，不应该从产品出发，而应该从需求出发。任何产品设计出来都是为满足或解决消费者特定需要或特定问题的。

【知识拓展】

产品使用寿命是指某一个产品从开始投入使用到其失去使用价值为止的时间段。它与产品生命周期是两个不同的概念，其与产品生命周期表述的内容也有很大的不同。产品使用寿命反映的是某一产品的物理寿命，而产品生命周期则反映某一产品的经济寿命或市场寿命。

2. 产品生命周期的阶段

产品生命周期是市场营销学中的一个重要理论，产品生命周期可以理解为市场上产品的出现、发展和衰亡的过程在时间上的表现。按照产品生命周期理论，一般可以把产品生命周期分为四个阶段，即市场引入阶段（或引入期）、市场成长阶段（或成长期）、市场成熟阶段（或成熟期）和市场衰退阶段（或衰退期）。市场引入阶段是指在市场上推出新产品，产品销售呈缓慢增长状态的阶段。市场成长阶段是指产品在市场上迅速为顾客所接受，销售额迅速上升的阶段。市场成熟阶段是指大多数购买者已经接受该项产品，市场销售额缓慢增长或下降的阶段。市场衰退阶段是指产品销售额急剧下降，利润逐渐减少趋近于零的阶段。

在理解产品生命周期时需要注意几个问题：

第一，产品生命周期理论是人们针对产品在市场中的表现所提出的一个理论模型，它的四个阶段是人为划分的。

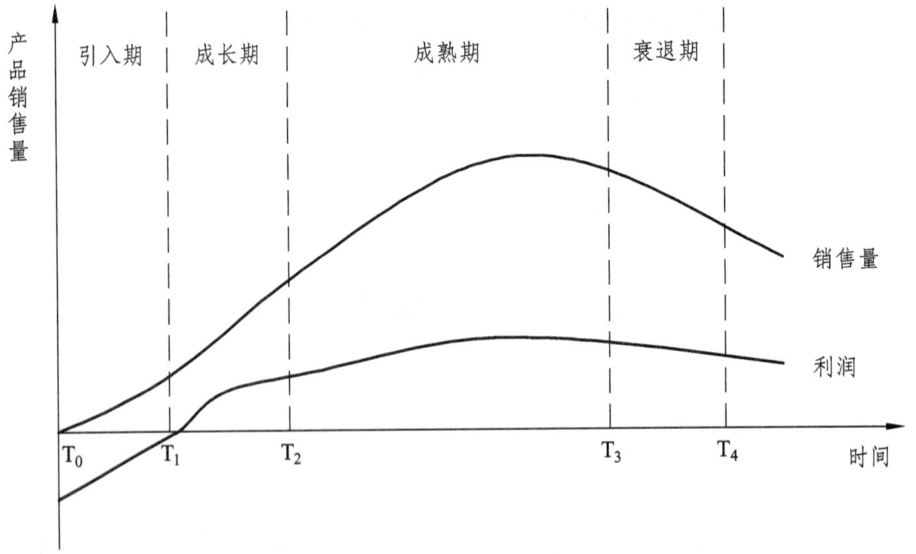

图 5-4 典型的产品生命周期图

第二，典型产品生命周期图中所显示的销售额变化趋势，只是一些典型产品的销售历史，而不同产品的生命周期曲线会表现出不同的情形。

第三，产品生命周期曲线的基本形态是“S”形，但企业可有意地采取各种策略，努力延长产品生命周期。

二、产品生命周期各阶段特点及营销策略

1. 引入期的市场特点与营销策略

（1）引入期的市场特点。

① 此阶段，产品刚进入市场，顾客对产品不了解，只有少数追新猎奇或冲动型的顾客购买。大部分顾客不愿意放弃或改变自己以往的消费行为，因此产品的销售量少，而单位产品成本相应较高。

② 产品销售网络还没有全面建立，因此，销售量增长缓慢，销售额较低。

③ 产品的生产技术有待完善，产品质量不高，只是进行小批量生产。

④ 此时的价格决策难以确立，高价可能限制了购买，低价可能难以收回成本。

⑤ 同类产品较少，市场竞争环境较为宽松。

⑥ 产品销售量少，而分销和促销的费用较高，在此阶段企业很少盈利，有时甚至亏损，因此，企业承担着很大的市场风险。

（2）引入期的营销策略。

引入期的市场特点决定了企业应以最快的速度打开市场，使产品快速进入成长期。引入期的营销策略有以下几种。

① 快速掠取策略，即以高价格和高促销推出新产品。实行高价格是为了在每一单位产品

上获取最大的利润，高促销是为了引起目标市场的注意，加快市场渗透。成功地实施这一策略，可以赚取较多的利润，尽快收回新产品开发投资。此策略的实施需要具备一定的市场条件：市场要有较大的需求潜力；目标顾客求新心理较强，急于购买新产品，并愿意为此付出高价；产品有特色，但知名度不高；市场潜在威胁较大，企业需要尽快树立品牌形象。

② 缓慢掠取策略，即以高价格和低促销推出新产品。企业采用高价格是为了获取高额利润，采取低价促销是为了减少营销费用，二者结合可以使企业达到获取丰厚利润的目标。此策略的实施需要具备一定的市场条件：市场规模较小，竞争压力较小；大多数消费者对该产品有所了解，对价格的反应不太敏感；产品工艺和技术复杂，竞争对手很难模仿；适当的高价能为市场所接受。

③ 快速渗透策略，即以低价格和高促销推出新产品。企业以低价格推出新产品，能够得到尽可能多的消费者认可和接受。同时，通过大规模的促销活动，能够刺激更多人的购买欲望。这是新产品进入市场最快、最好的一种策略，如果企业运用得当，能够使产品获得一个较高的市场份额。此策略的实施需要具备一定的市场条件：市场容量大，企业通过大批量生产和销售，实现规模经济，降低成本，提高效益；消费者对该产品不太了解，对价格反应较为敏感；潜在竞争对手较多。

④ 缓慢渗透策略，即以低价格和低促销推出新产品。低价是为了促使市场迅速地接受新产品，低促销则可以降低企业的营销费用，从而使企业获取较多的利润。此策略的实施也需要具备一定的市场条件：市场容量较大；潜在消费者对新产品比较熟悉，且对价格比较敏感；有相当数量的潜在竞争者准备加入竞争行列。

2. 成长期的市场特点与营销策略

（1）成长期的市场特点。

① 消费者对产品已经熟悉，大量新顾客开始购买产品从而形成较大的市场需求，产品销售额增长很快。

② 随着企业生产规模扩大，单位产品的生产成本逐渐降低。

③ 为了适应竞争和市场扩张的需要，企业的促销费用水平基本稳定或略有提高，但占销售额的比重逐渐下降。

④ 产品已定型，技术工艺比较成熟。

⑤ 此时已建立起比较理想的分销渠道。

⑥ 市场价格趋于下降。

⑦ 大批竞争者加入，市场竞争程度加剧。

⑧ 由于销售额增加，产品的生产成本和促销费用相对降低，企业的利润迅速上升。

（2）成长期的营销策略。

成长期阶段，企业营销的主要目标是巩固老顾客，争取新顾客，开拓市场消费潜力。成长期营销策略的重点为确保产品质量。企业在注重产品质量的同时，还要不断改进售前、售中及售后服务，树立良好的企业公众形象及产品品牌形象，创造营销机会，延长成长期的时间。成长期的营销策略有以下几种。

① 创立产品信誉策略。创立产品信誉策略是指以产品本身性能、形状上的高质量和企业良好的公众形象影响力的方式提高市场占有率。企业在营销过程中要注重树立企业及产品的市场形象，使消费者对本企业及企业经营的产品建立起高度的信任感，扩大企业及产品在市场上的知名度，以企业形象、产品质量快速扩大和稳固市场。具体需做到以下两方面：

第一，以提高产品知名度为出发点，以建立消费者对产品的信赖度为核心。第二，以树立产品形象为出发点，以建立消费者对产品的偏好为核心。

② 市场扩张策略。市场扩张策略是指以扩大目标市场份额和开发潜在市场的方式提高市场占有率。成长期阶段的产品处于销售、利润迅速发展的时期，市场的潜在需求较大，从客观条件看，这一时期已给企业扩张市场提供了保障条件。市场扩张就是企业提高产品的市场竞争力，从而获得高市场占有率而采取的一种策略。可以从以下几个方面入手：

第一，开辟新的分销渠道，扩大产品的销售网点。

第二，建立网上销售平台，满足不同购买习惯的消费者。

第三，改进产品设计，增加新的功能，提高质量。

第四，改变产品款式，增加特色。

3. 成熟期的市场特点与营销策略

（1）成熟期的市场特点。

① 产品已被广大消费者接受，顾客多次购买该产品，对产品已经比较熟悉。

② 市场占有率达到最大，产品销售量的增长呈下降趋势并趋近于零，市场逐渐达到饱和状态。

③ 企业利润达到最高点，随着销售量的下降，利润开始逐渐减少。

④ 市场上同类产品和替代品不断出现，竞争激烈。

（2）成熟期的营销策略。

成熟期营销策略的重点在于改进营销组合，维护市场份额，尽量延长产品生命周期。从成熟期的特点来看，它包括三个阶段：成长中的成熟、稳定中的成熟和衰退中的成熟。营销人员应该系统地考虑市场、产品和营销组合，以维护产品的市场份额。具体可以从以下几个方面着手。

① 市场改进策略，是指企业在不改变产品的情况下努力开辟新的市场，寻找新的顾客，努力发掘现有产品和现有市场潜力。企业产品的销量主要受产品的使用人数和使用率的影响，具体的做法有：开发产品的新用途，将产品引入新的细分市场，争取竞争对手的顾客；增加产品的使用率；重新进行市场定位，寻找新顾客。

② 产品改进策略企业可以通过改进产品，适当提高产品性能，扩大产品用途，增加产品的式样，使顾客对产品产生新鲜感，从而带动产品的销售。产品改进具体包括增加产品新功能，如耐用性、可靠性、安全性等；增加产品新特色，如材料、尺寸、口味等；增加产品美学诉求，如颜色、结构、包装等。

③ 营销组合改进主要是指优化价格、分销、广告及服务组合，注重企业形象设计，增加服务项目，采用赠品等促销工具取代单纯的广告宣传，通过降低销售价格等手段拓展市场空间。

4. 衰退期的市场特点与营销策略

（1）衰退期的市场特点。

① 产品销量由缓慢下降变为迅速下降，利润也急剧下降。

② 产品的价格已经降到最低。

③ 此时产品在市场上已经属于陈旧产品，不能再满足消费者新的需求。

④ 市场上出现新产品或新的替代品，消费者的需求及兴趣迅速转移。

⑤ 行业内部分企业无利可图，被迫退出市场。

（2）衰退期的营销策略。

在这一阶段，对大多数企业来说应当机立断，弃旧图新，及时实现产品的更新换代。对不同企业来讲，如何选择衰退期的策略取决于行业的相对吸引力和本企业在该行业中的竞争力。企业在退出时，应防止两类错误策略：一是匆促收兵，进而出现新旧产品脱节；二是难于割舍，从而坐失良机。企业经营者应该有预见地转，有计划地撤，有目的地攻，应有选择地降低投资水平，放弃无前景的消费群，改变投资热点，及时获取品牌价值，从容退出产品市场。具体实施的策略有以下几种。

① 维持策略。企业维持原有的营销策略，保持原有的细分市场、销售渠道、定价及促销方式，将销售量维持在一定水平上，待到时机合适再选择退出市场。

② 收缩策略。收缩策略即大幅度削减促销费用，把企业的资源集中使用在最有利的细分市场和最易销售的产品上，以获取尽可能多的利润。

③ 放弃策略。企业对没有前途的产品，应当机立断，放弃经营，退出市场。

三、产品生命周期理论的启示

通过对产品生命周期理论的分析，我们了解到在产品生命周期的不同阶段，产品的市场占有率、销售额及利润等是不一样的。一般来说，引入期产品销售量增长缓慢，利润多为负数。然后销售量迅速增长，利润由负变为正，这时产品进入了成长期。当销售量由快速增长逐渐变为趋于稳定，利润达到最大时，说明成熟期来临了。当销售量急剧下降时，表明进入了衰退期。通过对产品生命周期理论的研究，可以给我们以下几方面的启示。

（1）产品生命周期理论揭示了任何产品和生物有机体一样，都要经历一个从诞生、成长、成熟到衰亡的过程。因此，企业需要不断创新，开发新产品替代老产品，只有这样才能够一直不断地吸引消费者购买产品，从而使企业不断发展壮大。

（2）研究产品生命周期理论，可以帮助企业分析本企业产品处于生命周期的哪一阶段，从而能够分析和预测产品的发展趋势及发展方向。

（3）正确把握产品的市场寿命，并根据不同阶段的特点，采取相应的市场营销组合策略，增强企业竞争力，提高企业的经济效益。

（4）产品的市场寿命是可以延长的。企业可以通过自己的营销努力，延长产品的市场寿命。

第四节 铁路运输新产品开发策略

新产品是企业未来的生命。只有不断地开发新产品，才能给企业带来源源不断的经济利益，才能使企业在未来市场中生存下去。随着科学技术、社会经济的迅速发展以及人们消费需求的不断变化，产品的更新换代越来越快，产品的市场寿命越来越短。俗话说："只有疲软的产品，没有疲软的市场。"企业只有不断地进行新产品开发，才能抓住市场机会，获取经营上的成功。

一、新产品的概念和分类

1. 新产品的概念

新产品是指采用新技术原理与新设计构思研制、生产的全新产品，或在结构、材质、工艺等某一方面比原有产品有明显改进，从而显著提高了产品性能或扩大了使用功能的产品。

2. 新产品的分类

（1）全新产品。

全新产品也称新发明产品、真正创新的产品。它是指采用新原理、新结构、新技术、新材料制成的市场上前所未有的新产品。譬如第一次出现的电话、飞机、电子计算机及现在的高速动车组列车（高铁）等产品，都是全新产品。在科学技术飞速发展的现代社会，全新产品的开发难度很大，并且开发时间长，需要企业投入大量的资金。如果发明成功，消费者还需要有一个适应接受和普及推广的过程。因此，在进行全新产品开发的过程中，企业承担着很大的风险。

（2）换代产品。

换代产品即在原有产品的基础上，部分采用新技术、新材料制成的，性能有显著提高的新产品。例如，从普通自行车到电动自行车，从黑白电视机到彩色电视机、从蒸汽机车到内燃机车再到电力机车，都是换代的过程。换代产品的出现也是伴随科学技术的进步而来的，但其发展的过程较全新的产品要短些，市场普及速度更快，成功率也相对高些。

（3）改进新产品。

改进新产品是指在原有基础上，将其规格、式样、结构、包装等进行改进，使其具有新的特点和新的用途。改进后的新产品与原有产品相比，功能更完善，结构更合理，品质更先进，更受消费者欢迎。例如，普通香烟改为过滤香烟，电冰箱上增加除霜装置等。改进新产品通常是在以往产品的基础上进行较小的改进，因此投入研发的资金较少，成功率较高，企业承担的风险小。

（4）企业新产品。

企业新产品即对市场已有产品进行仿制加上企业自己的品牌和商标后第一次生产的产品。从市场竞争和企业经营上看，在新产品的开发中，部分仿制和全面仿制是不可避免的。仿制产品能缩短产品开发时间，降低设计成本，同时又能保证被市场接受。

案例链接

蒙牛特仑苏的新产品战略

蒙牛特仑苏是蒙牛集团沉淀多年、看准市场先机、颠覆乳业市场格局最成功的战略新品。它不只是突破，而是完完全全地推翻原有消费者对于牛奶的消费认知，这一史无前例的创新为蒙牛带来数倍于普通牛奶的利润，成就了中国乳业真正的高端价值。

众所周知，2008 年的三聚氰胺事件让国内知名乳品企业全年亏损，受到巨大影响，蒙牛作为被检测出三聚氰胺的三大乳品企业之一，也付出了惨重的代价。但就在大部分产品被迫下架整改的非常时期，有一种产品依旧销量坚挺，并且在短暂下挫后强势反弹，这就是“特仑苏”。可以说，“特仑苏”作为中国第一支高端奶，成为蒙牛在风雨中依然能够支撑品牌价值的台柱。

蒙牛颠覆了以往以企业整体品牌驱动子品牌，建立子品牌关联知名度的模式，让特仑苏独立出蒙牛的品牌系列，在弱化蒙牛的同时，强化特仑苏。

特仑苏用一句“不是所有牛奶都叫特仑苏”的广告语确立了自己的身份辨识，也树立了由特仑苏建立的高端品牌进入壁垒。

【知识拓展】

企业产品进入衰退期后，企业利润受影响怎么办？

提示：在现代市场上，企业产品的生命周期越来越短，一旦企业的主要获利产品进入衰退期后，企业只有不断地开发新产品，使自己拥有更多的拳头产品，才能减少原有产品一旦出现疲软而引起的风险。

二、铁路运输新产品开发

【知识链接】

汉王科技副总裁徐冬坚说：“创新，不仅意味着技术上的突破，也需要对市场和用户行为的准确调查分析，需要超凡的想象力。”

结合汉王的新产品研发历程谈一谈你是如何理解这句话。

1. 新产品开发的意义

当今时代，科学技术日新月异，创新已经成为时代发展的主旋律。对企业而言，新产品开发具有十分重要的战略意义，它是企业生存与发展的重要支柱。具体来说，新产品开发的意义主要体现在以下几方面。

（1）新产品开发有利于促进企业成长。

产品生命周期理论告诉我们，产品都是有市场寿命的。因此，当企业原有的产品市场寿命终结时，必须得及时地推出新产品，只有这样，企业才能源源不断地获取利润，从而在市场中立足、发展及壮大。

（2）新产品开发可以维护企业的竞争优势和竞争地位。

任何产品只要进入成长期后期，就会产生丰厚的利润，也会招致大量的同行进入竞争行列，由此，势必造成利润空间大大缩小。而此时，一个成功的企业和智慧的经营者，应该抢夺先机，开发新产品，从而去获取更多的经济利益。

（3）新产品开发有利于充分利用企业的生产和经营能力。

因为在总的固定成本不变的情况下，新产品开发能使企业的资源利用率提高，由此单位产品的成本会降低。

（4）新产品开发有利于企业更好地适应环境的变化。

在经济社会迅速发展的今天，企业面临的各种环境条件也不断发生变化，如不及时调整新产品的开发适应环境，企业就会面临被淘汰的境地。

（5）新产品开发可以更好地满足消费者需求。

人们的收入和生活水平的提高，创造了巨大的市场潜在需求，这就需要企业能为市场提供大量的新产品以满足整个社会不断增长的物质和文化生活需要。从企业进行市场营销的目标来看，最终也是满足消费者的需求。因此，只有企业不断地开发新产品，才能更有效地满足消费者需求，实现企业的营销目标。

（6）新产品开发有利于社会整体利益的提高。

从社会整体角度来讲，通过新产品开发，可以加速新技术、新材料及新工艺等在社会中的传播，在一定程度上可以带动整个社会的技术进步和产品更新换代。因此，新产品开发可以提高社会整体利益。

综上所述，新产品开发不仅有利于企业的成长、进步和竞争能力的提高，而且能够更好地满足消费者需求，更能够促进社会整体利益的提升。因此，对于任何企业来讲，新产品开发是一件既利己利民又利国的好事，应充分把握时机进行新产品开发。

2. 新产品开发的原则和策略

（1）新产品开发的原则。

① 社会需求的原则。必须根据社会现在需求和未来的可能需求作为开发的依据。社会需求也就是用户需求。用户需求即使是对同一种产品品种而言，也是千差万别的，而且也经常在变化，这就促进企业要为此而不断改进自己的产品。

② 发挥技术优势的原则。产品性能和质量的差距取决于产品设计、制造技术或劳务诀窍的差距，技术、诀窍是决定性因素之一。因此，企业要重视提高和发挥自己的技术优势，造

成技术差距，使自己的产品受到用户欢迎。

③ 连续的开发原则。企业开发新产品要有连续性，一个系列接一个系列，一代接一代，既要多样化，又要保持前后相接，使企业既有当前投入市场的新产品，同时还备有正在设计、试制的新产品，保证企业在产品开发上连续不断的态势。

④ 重视开发速度的原则。对企业来说，新产品从构思开始，直到设计、研制、试销的整个过程，不仅要重视质量，而且要讲究速度，这是很重要的一点。往往由于开发过程的速度缓慢，延时过长，以致新产品在开始研制当时可能是先进的，但到投入市场时已成为落后的产品，从而造成企业经营上的被动局面。

新产品开发是一项艰巨的任务，既要有相应的技术水平，又要有足够的投资和较高的组织管理水平，还要预测所承担的各种风险，这就要求企业必须重视研究新产品开发的策略。

（2）新产品开发的策略。

① 技术引进策略。企业开发新产品受限于技术和资金，通过技术引进，从外部购进技术专利权和特许权，可使企业较快地掌握某一新产品的技术，减少企业的科研经费和技术力量，争取时间，缩短与其他企业在技术上的差距，有利于较快地发展新产品，投入市场。这对企业而言，总的风险性小，成功把握大，所以这种方式为许多企业所采用。当然，经常采用这一方式，往往会限制企业的创造精神，不可能在技术上造成自己的优势，经营上也易处于被动。

② 改进现有产品策略。采用这一策略开发新产品，企业可依靠现有设备和技术力量，做到开发费用低、速度快。采用此法，常从“小改小革”开始，逐步演变成新产品。

③ 扩大现有产品品种策略。采用此策略，往往是以本企业现有产品作为基础，根据用户要求，从结构、性能上做不同改革，形成各种不同结构或性能的系列产品，以适应用户需要。

④ 引进技术与企业自己技术相结合策略。企业在新产品开发中，既引进其他企业的先进技术，又与自己的专长相结合，同时逐步消化吸纳引进的技术，来加速发展具有技术上优势的产品。这样可以使企业具有自己特色和吸引力，而且所承担的风险性小，研制费用低，收效相对比较快。

⑤ 独立研制策略。企业采取这一策略开发新产品，必须经常组织力量来研究、探索产品的原理、结构、性能、技术，从而独创性地开发全新产品。这要求企业在技术力量和投资能力上有较雄厚的实力，一般风险性较大，但一旦研制成功，企业可以建立起自己的信誉，并能抢先占领市场，带来巨大经济效益。

⑥ 综合性开发新产品策略。企业在具有非常雄厚的实力（包括技术力量、投资能力、经营能力等）情况下，可以同时采用以上几种发展新产品的策略，并使企业取得较快的发展。以上这些策略，在每个运输行业或各个运输企业中多有采用，屡见不鲜。

三、铁路运输新产品的开发过程

新产品开发采取的策略不同，就有不同的步骤，同时不同的行业也有所差别。新产品的开发工作是一个从搜集各种产品构思开始，到将这些思想转变为商业上成功的新产品为止的前后连续的过程。市场营销学认为，这个过程一般说来可归纳为以下八个步骤。

1. 新产品构思

新产品开发过程是从新产品构思开始的。所谓构思，就是为满足一种新需求而提出的设想。虽然并不是所有的设想或创意都可以变成产品，但寻求尽可能多的产品构思可为开发新产品提供较多的机会。新产品构思的主要来源有：顾客、科学家、竞争对手、企业推销人员和经销商、企业高层管理人员、市场研究公司、广告代理商等。除了以上几种来源外，企业还可以从大学、咨询公司、同行业的团体协会那里寻求有用的新产品创意。按照市场营销理论，顾客的需要和欲望是寻找新产品构思的起点。据美国专家调查，对新产品的建议有 60% ~ 80% 来自顾客。

2. 筛 选

取得足够数量的新产品构思之后，要对这些构思加以评估，研究其可行性，并挑选出可行性较高的新产品构思，这就是筛选。筛选的目的就是淘汰那些不可行或可行性较低的构思，使企业能够将有限的资源集中于成功机会较大的产品构思上。筛选构思时，一般要考虑两个因素：一是该产品构思是否与企业的战略目标相适应，主要表现为利润目标、销售目标、销售增长目标、形象目标等几个方面；二是企业有无足够的能力开发这种新产品构思，主要表现为资金能力、技术能力、销售能力等。

3. 形成产品概念

经过筛选后保留下来的产品构思还要进一步发展成为产品概念。产品概念是指已经成型的产品构思，即用文字、图形、模型予以清晰阐述，使之在顾客心目中形成一种潜在的产品形象，也就是用有意义的消费者语言来详细描述的产品构思。

4. 制定初步的营销策略

选定最佳概念产品后，还要制定该产品进入市场的初步营销策略。这只是一个粗线条的策略，以后还要补充修正。初步营销策略一般包括三个部分：目标市场的规模、结构和购买者行为特点、产品的市场定位、预计短期内销售量、市场占有率、利润率等，预订价格、分销渠道和某一年市场营销预算等；长期的预计销售量和目标利润以及不同时间的营销组合等。

5. 商业分析

选出最佳概念产品和拟定了初步的营销策略之后，还要详细分析这一新产品开发方案在商业上的可行性。在这一阶段，企业的管理当局要复查新产品未来的销售额、成本和利润的估计，看它们是否符合企业的目标，如果符合，就可以进行新产品的开发，如果以后获得新的情报，概念产品和初步营销策略就必须做某些相应的修改。

6. 产品研制

最佳概念产品经过商业分析，如有开发价值，则可送交研制部门或工程制造部门，研制成产品模型或样品，把概念产品变为确确实实的实物产品。这样的产品既要具备概念产品中所阐明的主要特点，又要保证安全可靠，生产成本不超出预算。样品制成后，要在实验室和现场对其性能、成分等进行一系列严格的测试和技术鉴定，然后还要进行消费者测试，即请一些消费者到实验室参与试验或把样品送交一些消费者试用。

7. 市场试销

新产品样品经过消费者试用满意后，即可投入小批量生产，投入一定范围的市场进行试销，以检验在正式销售条件下的市场反应。但也并非开发任何产品都必须经过试销这一步骤。市场试销中有两个指标十分重要，一是“试用率”，即第一次购买试销品的比率；二是“再购率”，即第二次重复购买的比率。一般说，“再购率”的高低对于新产品能否销售成功有着重要意义。

8. 投产上市

新产品开发过程的最后步骤就是实行商业化。经过试销成功的新产品，即可最后决定大批投产上市。这时企业需要大量购置设备和原材料，形成大批量生产能力，同时还要支付大量的广告费和推销人员培训费等，所有这些都会使新产品上市的第一年耗费巨资。在正式推出新产品时，企业还要做出以下决策。

（1）选择最佳上市时机。

企业的管理当局要善于决定在何时推出新产品投入市场。例如，如果某种新产品是用来代替老产品，则应该等到老产品的存货被处理掉时才将这种新产品投放市场；如果某种新产品的市场需求有明显季节性，则应在销售季节来临时才将这种新产品投入市场。

（2）选择合适的上市地点。

企业应决定新产品最初的上市地点，是在一个城市、一个地区还是在全国市场或国际市场。一般说来，小企业可选择一个中心城市推出新产品，迅速占领市场，站住脚后再逐步扩展到其他地区以至全国；大企业可先在一个地区推行，然后再逐步扩展，如有把握，也可在全国甚至国际市场上同时推行。

（3）选择最佳的目标顾客。

企业推行新产品时应针对最佳的顾客群体制定营销方案。新产品的目标顾客应包括产品的领先采用者、大量使用者、对产品有好评且在社会上有影响力者以及用最少的促销费用可争取到的购买者等。

（4）如何推出新产品。

企业市场营销管理部门要制定一份详细而又完备的新产品上市推广方案，从而保证新产品顺利而又成功地推向市场。

需要指出的是：以上新产品开发的八个步骤是覆盖各行各业所有企业而言的，对某一行业的具体企业来说，虽然是大同小异、繁简不一，但也确实存在不少差别。如铁路运输业开发新产品，在大多数情况下，寻求、筛选产品构思时，首先就需要考虑作为新产品载体——运载工具和基础设施的创新、更新的可能性，因为铁路运输新产品往往与运载工具和基础设施的创新、更新有直接关系。

总之，开发一种新产品要想获得成功，必须有一套科学的程序，有计划有步骤地进行。

第五节　铁路运输产品品牌与包装策略

品牌是产品整体的一个主要组成部分，品牌尤其是驰名品牌可以提高产品身价，获得稳定市场，增强企业实力，因此，品牌策略是市场营销的一个十分重要课题。研究探讨运输产品品牌策略之前，首先要了解一下品牌及其相关概念。

一、品牌的内涵

1. 品牌的概念

品牌（Brand）俗称牌子，是一种名称、术语、标记、符号或图案，或是以上几种形式的相互组合，用来识别不同产品或服务，并使之与竞争对手的产品或服务区别开来。

2. 品牌的构成

品牌是一个集合概念，它包括品牌名称、品牌标志、商标等概念。

品牌名称（Brand Name，又称品名），指品牌中可用语言、文字、数字表达的即可发声的部分，如奔驰、宝马、可口可乐、海尔等。

品牌标志（Brand Mark，又称品标），是指品牌中可以通过视觉被识别，但不能用语言称呼的部分，通常由图案、符号或特殊颜色构成，以显示与其他品牌的区别，如三叉星圆环和相连着的四环分别是奔驰和奥迪的品牌标志。

商标（Trade Mark），是用来区别不同经营者的商品或服务的标记。商标注册人享有商标专用权，受法律保护，如果是驰名商标，将会获得跨类别的商标专用权法律保护。商标是企业的无形资产，具有价值增值功能，尤其是那些驰名的价值商标，含金量很可观。

品牌，就其实质而言，代表着中间商交付给购买者的产品特征、利益以及服务等一系列承诺。不仅如此，品牌还蕴含着以下 6 个方面的含义。

（1）属性。

品牌代表着特定的商品属性，这是品牌最基本的含义。例如，奔驰牌轿车代表着工艺精湛、制造优良、耐用、信誉好声誉高、再转卖价值高、行驶速度快等。

（2）利益。

品牌不仅代表着一系列属性，而且还体现着某种特定的利益。顾客购买商品，实质是购买某种利益，这就需要将属性转化为功能性或情感性利益。或者说，品牌利益相当程度地受制于品牌属性。就奔驰而言，“工艺精湛、制造优良”的属性可转化为“安全”这种功能性和情感性利益；“昂贵”的属性可转化为“这车令人羡慕，让我感觉到自己很重要并受人尊重”的情感性利益；“耐用”属性可转化为“多年内我不需要买新车”的功能性利益。

（3）价值。

品牌体现了生产者的某些价值感，例如奔驰代表着高效、安全、声望等。企业营销者必须分辨出对这些价值感兴趣的购买者群体。

（4）文化。

品牌还附着有特定的文化。从奔驰汽车给人们带来的利益等方面来看，奔驰品牌蕴含着“有组织、高效率和高品质”的德国文化。

（5）个性。

品牌反映着一定的个性。例如，动感地带这个移动通信品牌代表着时尚、好玩、探索等，与当代年轻人的个性十分符合。因此，中国移动推出动感地带之后，取得了较好的市场效应。

（6）用户。

品牌暗示着购买或使用产品的消费者类型。实际上，产品所表示的价值、文化和个性，均可反映到使用者身上。

3. 商标与品牌的关系

（1）商标与品牌的联系。商标与品牌都是商品的标志，商标是品牌的一部分。

（2）商标与品牌的区别。商标是一个法律概念，品牌是一个营销概念。在市场经济条件下，商标是重要的工业产权和知识产权，是企业一项重要的无形资产。正是借助商标的法律作用，才能使品牌所产生的效益超过产品。可口可乐公司总裁曾自豪地说，即使该公司的所有设备在一夜之间化为灰烬，凭借品牌的价值就可以取得银行贷款重振雄风。

知识卡片 一个优秀的品牌，其价值是无形的，虽然无法直观地进行衡量，但不可否认，其价值意义是非常巨大的。

二、品牌的作用

现代市场竞争往往是通过品牌来体现的，品牌就是企业的信誉，是企业赖以生存的基础，是市场竞争能力的综合表现。一般说来，使用品牌能起到以下几方面的积极作用。

1. 品牌有利于消费者进行产品选择

品牌在消费者心目中是产品的标志，它代表着产品的品质和特色，同时它还是企业的象征，蕴含着企业的精神、经营特色和管理水准。因此，一个好的品牌能够消除消费者的种种疑虑，从而缩短购买的决策过程。

2. 品牌是质量和信誉的保证

不同的品牌代表着不同的产品品质和不同的利益，反映了企业的目标市场定位和自身的追求。消费者可以根据自己的实际需要选择自己的产品或服务，并可以获得质量和信誉保证。

3. 品牌是产品差异化的手段

品牌能够使某种产品与其他竞争产品的差异凸显出来，使购买者往往不能从价格方面与其他同类产品相比较。因此，著名品牌产品比无品牌产品的价格弹性要小，使企业享有较高的利润空间。

4. 品牌决定和影响企业的竞争力

品牌特别是名牌具有巨大的市场开拓能力，可以形成超常的市场占有率和广泛的市场覆盖率；品牌具有产品的组合效应，当品牌有了知名度和美誉度之后，即可以将主品牌进行延伸和组合，进一步延伸品牌。

5. 品牌具有超值的创利能力

品牌具有良好的形象和声誉，成为名牌会大大提高产品的附加值，使产品在满足物质需要的同时，增加消费者精神方面的满足感，能够减少价格上升对需求的抑制作用，使企业获得超值的利益。

总之，随着市场经济的发展，品牌在现代营销中的作用越来越大，不但生产经营者注重品牌，而且消费者在购买过程中更注品牌。市场注重品牌甚于产品，有时，品牌的魅力甚至超过了产品的魅力。

三、品牌的设计原则与命名方法

1. 品牌的设计

品牌设计是一种艺术和技巧在经营中的展现，在品牌设计中要遵循以下原则：

（1）品牌设计要简洁醒目、易读易记。

品牌的重要作用是有助于识别商品，为此，要使消费者见到后留下深刻印象，起到广告宣传的作用，必须简洁明了、一目了然。同时，在语言、文字上要易于拼读、辨认、记忆，并朗朗上口、悦耳动听；图案要清晰，线条流畅，和谐悦目。

【知识拓展】

麦当劳公司的标记

麦当劳公司的标记是鲜艳的金黄色拱门“M”，由于其棱角圆润、色泽柔和，给人以自然亲切之感；醒目的金黄色能激发人的食欲。如今，麦当劳这个“M”型标志已经出现在全世界 70 多个国家和地区，成为许多孩子以及成人们最喜爱的快餐标志。

资料来源：http://www. Mcdonalds. com. cn.

（2）品牌的设计要新颖别致、突出个性。

品牌设计要力求构思新颖、造型美观，既要有鲜明的特点，又要突出企业或产品的特征，暗示产品的属性。

（3）品牌设计要寓意深刻、富有韵味。

品牌或商标的设计应通过形象或含蓄的文字、图案等恰如其分地表现、隐喻商品的特征或风格，使人产生美好的想象与回味，记忆悠长。如上海生产的“永久”牌自行车，产品名称和标志均给人以美好的回忆，即表示产品质量的可靠与稳定，也喻示企业发展的悠久历史。同时，品牌名称与品牌标志要协调一致，恰当地反映产品属性。

（4）出口产品的品牌要符合异国的社会文化。

品牌的设计必须考虑到各国、各地区、各民族不同的习俗和消费心理，不能使用消费者忌讳、讨厌的词语、图案和符号。例如，“白象”在英联邦国家被视作笨而无用的东西，“芳芳”译作英文是“毒牙”的意思等。应该看到，中国加入 WTO 组织后，经营国际化是一种必然的发展趋势，我们必须把眼光投向国际市场，在品牌设计命名中要力求国内市场与国际市场通用。

2. 品牌命名的方法

（1）效用命名。

效用命名，即以产品的主要性能和效用命名，使消费者能迅速了解产品的用途和功效，便于联想和记忆，如“脑白金”等。

（2）人物命名。

以某一传奇人物、历史人物、产品发明者或制造者以及对产品有特殊偏好的名人姓名命名，以此说明产品的品位和质量，提高产品知名度，如“张小泉”剪子、“王麻子”菜刀等。

（3）产地命名。

以产品产地命名，意在反映产品的历史渊源和天时地利之禀赋，使消费者由此产生美好的联想，如“泸州老窖”白酒等。

（4）吉利命名。

以良好的祝愿、吉利的词语命名，既衬托产品的优良品质，又迎合消费者美好的愿望，激发愉悦的感情，如“百事可乐”“好利来”等。

（5）形象命名。

形象命名，即以动植物的形象或含有某种寓意的图案给产品命名，烘托其优良品质和对目标顾客的适应性，并引发其美好联想，如“小白兔”牙膏、“爽歪歪”饮料等。

（6）企业命名。

以生产该产品的企业名称作为产品品牌，这主要适用于一些已在广大消费者心目中享有盛誉的著名企业，借助于企业的美誉，可迅速提高产品声誉，如“海尔”家电、“康佳”彩电等。

（7）译音命名。

当产品进入国际市场时，企业将原产国品牌名称以正确译音进行命名，以便顺利进入别国市场。译音命名要求顺口、有趣、易生联想、不生歧义。

（8）数字命名。

数字命名，即用阿拉伯数字命名，如“555”香烟、“999”药品、“502”胶水等。

四、品牌策略

品牌策略就是企业如何合理地使用品牌，以发挥品牌在市场营销中的作用。企业在进行品牌决策时，一般可以有以下几种选择。

1. 同一品牌策略

同一品牌策略，也称单一家族品牌策略，即企业对其所有产品或同一产品线上的产品都使用同一个品牌，如“娃哈哈”“东芝”“力士”等产品都采用这一策略。这种策略的好处是显示企业实力，并能够提高企业的知名度和声望，带动新产品顺利上市；节省广告费用，宣传效果好。但当企业的产品存在明显的质量差异或企业原有声誉、形象一般或较差时，不宜采用这种策略。同一品牌策略一般适用于价格、品质和目标市场大致相似的产品。

2. 个别品牌策略

个别品牌策略是指企业对不同产品分别采用不同的品牌，如宝洁公司在中国市场生产的洗发水分别用“飘柔”“海飞丝”“潘婷”“润妍”及“沙宣”等品牌。这种策略的优点是：可以把个别产品的成败同企业的声誉分开，不至于因个别产品信誉不佳而影响其他产品，不会对企业整体形象造成不良后果。但实行这种策略的不足之处，就是企业往往需要为每一个产品分别进行品牌设计和宣传，这样企业的营销费用支出就比较大。

3. 分类品牌策略

分类品牌策略，即企业对各大类产品分别使用不同的品牌。例如，美国宝洁公司在我国销售其产品时，薯片用的是“品客”品牌，洗衣粉用的是“汰渍”“碧浪”品牌，而大量的化妆品用的是其他品牌。又如，我国的海尔集团在销售其家用电器如冰箱、彩电、洗衣机等产品时，使用的是“海尔”品牌，而当其产品线延伸至保健品行业时，用的是“采力”品牌，这样做的目的是保持海尔集团在消费者心目中的一贯形象。分类品牌策略的优点在于：由于集中在一个单独的品牌下，避免了传播的随机分散，建立起来的品牌知名度能为所有产品所共享；能通过广告传达它的独特承诺；推出新产品不需要花费很大的成本。分类品牌策略无明显的劣势，但是相对同一品牌策略而言，如果目标市场利润低，企业营销成本又高的话，分类品牌策略会导致营销传播费用分散，无法起到整合的效果。

4. 扩展品牌策略

扩展品牌策略是指企业利用市场上已有一定声誉的品牌，推出改进型产品或新产品。采用这种策略，既能节省推广费用，又能迅速打开产品销路。由于这种做法既节约了推出新品牌的促销费用，又可使新产品搭乘原品牌的声誉便车，得到消费者承认，起到“借船出海”“借势造势”的作用，有人便形象地称之为“搭乘名牌列车”策略。正因为如此，品牌拓展策略被许多企业视为拓展经营范围、提高知名度的利器，纷纷加以采用。

5. 品牌创新策略

品牌创新策略是指企业改进或放弃原有品牌而设计新品牌。这样做的原因，有的是原有品牌比较陈旧，不能适应现有产品的特点；有的是原来的产品出了问题，在提高产品质量的基础上用新品牌来改变不良形象等。更新品牌有两种方法：一是骤变，即舍弃原有品牌，采用全新的品牌，标新立异，给消费者耳目一新的感觉，但需要大量的费用支持新品牌宣传；二是渐变，指在原有品牌的基础上改进，使新旧品牌设计接近、一脉相通，随着市场变化逐步更新，适应消费者的心理变化，这样花费少，又易于保持原有的信誉，但受旧品牌的约束，难以推陈出新。

五、包装策略

包装是商品生产的继续，商品只有经过包装才能进入流通领域，实现其价值和使用价值。商品包装可以保护商品在流通过程中品质完好和数量完整，同时，还可以增加商品的价值。此外，良好的包装还有利于消费者挑选、携带和使用。产品包装在营销实践中已成为赢得竞争的一种重要手段。

1. 包装的含义和作用

（1）包装的含义。

包装（Packaging）是产品整体的又一个重要组成部分，对于有形实物产品来说，包装通常指产品的容器或包装物及其设计装潢，一般可分为以下 3 个层次：

① 内包装（Primary Package，又称初级包装）是产品的直接容器或包装物，如牙膏的软管、酒类的瓶子、香烟的小纸盒等。

② 中层包装（Secondary Package，又称次级包装）即保护初级包装的中层包装物，如每支牙膏、每瓶酒、每条香烟的包装盒。

③ 外包装（Shipping Package，又称储运包装）即为了方便储运、识别某种产品的外包装，其作用是为了便于储存、搬运和辨认产品。

在产品的外包装上一般要有标签（Label），这是为了说明产品而贴在外包装上的标贴或印在产品包装上的文字、图案等。在标签上一般印有：包装内容，产品所含的主要成分，产品质量等级，品牌标志、生产厂家、生产日期和有效期、使用方法等。

对于无形产品来说，虽然其本身无须实物形态的包装，但作为无形产品的载体仍然可以根据不同情况加以适当的“包装”，和品牌相呼应，来显示产品的特色、款式、品质，起到宣传广告的作用。例如，运输业提供的是无形产品，其本身无须实物包装，但作为运输位移产品的载体——运载工具、基础设施以及直接参与运营活动的人员，都是可以而且也需要加以相应的“包装”。因此，国内外大多数运输企业对其车船、列车、飞机、站容、港貌以及一线运营人员的着装、仪容都予以充分的注意和精心的设计。

（2）包装的作用。

包装之所以受到普遍高度重视，是因为它有如下的作用。

① 保护产品，便于储运。这是包装最基本的作用。包装的主要目的就是防止产品在从生产者到消费者的转移过程中，因碰撞、挤压、冲击、震动和硬物擦划以及各种自然因素影响，而导致残缺、散失、滴漏、挥发、变质、污染及虫蛀等，以保证产品的安全、完整和清洁卫生；同时，也为产品的储存、运输、陈列、销售、携带、使用带来方便。因此，除了沙石、煤炭、原木等部分产品受外界影响小而不用包装外，其他绝大多数产品都需要包装来加以保护。

② 方便使用，指导消费。根据不同消费者的习惯和要求，对不同的产品进行合理包装，能方便消费者使用。对有关产品的构成成分、性能、特点、用途、功效、用法、用量、注意事项、体积、重量、质量等级、保存方法、生产日期、厂名和地址等，在包装上用文字、图形作介绍说明，可以方便指导消费者进行正确的操作和使用。另外，包装上的条形码是产品的“身份证”，它不仅能方便产品的管理和销售，而且能防止消费者误购假冒伪劣产品。

③ 美化产品，促进销售。“包装是无声的推销员”，良好的包装能够以其独特的外形、丰富的色彩和图案吸引消费者，引起消费者的注意，充分显示内装产品的特色，给消费者一个良好的第一印象，激起消费者的购买欲望，从而起到促进销售的作用。一个优秀产品如果没有一个精美的包装相配，就会降低“身价”，削弱竞争力，企业也就难以提高经济效益。

2. 包装设计

包装要起到它应有的作用，设计是关键。包装的设计要遵循如下原则。

（1）保护产品，造型美观。

设计产品包装，首先要能保护产品。因此，设计应科学，要能够保证产品在运输和储存中不受损坏。同时，包装的造型要美观大方、生动形象，图案设计要新颖，能对消费者产生吸引力。

（2）经济实用。

包装设计要尽可能做到既节约包装费用又节约储运费用，而且使用方便。经济实用的含义包括：选用的包装材料尽量便宜；设计多用途和多次使用的包装；尽可能合理地利用包装空间；讲求实用，避免过分精美的包装；使用方便等。

（3）与产品的价值相符合。

由于产品的包装已成为产品的一部分，产品包装必须与产品价值相符合。如果不考虑产品内容、用途和销售对象，而单纯追求包装的精美华丽，以此来吸引消费者，其结果往往是主次颠倒、弄巧成拙。贵重的高档产品或礼品包装要华丽高雅，增加产品或劳务的价值感。

（4）显示出产品的特点。

要能够从包装的图案、形状和色彩等方面显示出产品的特点和独特风格。例如，化妆品的包装要色彩艳丽、造型优美；贵重工艺品的包装要材质华贵、造型独特；儿童品的包装要五彩缤纷、活泼美丽；食品的包装要喜庆吉祥，以吸引消费者购买。

（5）选用符合产品性质和消费者心理的色彩。

色彩对于人们的兴趣、爱好等心理活动有很大的调节作用。因此，产品包装的设计要注意选用适当的颜色，要考虑不同年龄、不同地区、不同民族对色彩的不同偏好。

（6）符合销售区域的风俗习惯。

每个国家和地区的宗教信仰、风俗习惯、文化背景、地理环境不同，产品包装的造型、色彩、图案和文字等要符合当地的风俗习惯和宗教信仰，切勿触犯禁忌。

（7）要特别注意保护消费者安全和卫生，努力采用安全型包装。

根据以上几点要求，包装设计者都应从经济、科学、艺术等方面综合考虑，精心安排，使包装设计的各种要素——色彩、形状、尺寸、分量、材料、图案、文字和商标等保持协调统一，同时还要与产品价格渠道、广告促销等其他营销要素相配合。

3. 包装策略

在国内外市场上有各种各样的包装策略，对运输企业可以考虑采用以下几种。

（1）统一包装策略。

企业对自己生产经营的产品或劳务采用统一的包装模式，即在颜色、图案、造型等方面具有类似特征，使人一见即知是某家运输企业的产品，这样既可节省包装设计的费用，也可壮大企业声誉，加强企业形象。

（2）分档包装策略。

为了适应顾客不同的购买能力水平或不同的购买目的，对同一种商品或劳务采用不同档次的包装。

（3）附赠品包装策略。

向顾客赠送小礼品作为顾客留念，以加强顾客感情联络，扩大产品销售。

（4）更新包装策略。

更新包装的目的，一方面是通过改进包装使销售不佳的商品重新焕发生机，重新激起人们的购买欲；另一方面是使商品顺应市场变化。有些产品要改进质量比较困难，但是如果几年一成不变，总是老面孔，消费者又会感到厌倦。经常变一变包装，给人带来一种新鲜感，销量就有可能上去。

除了上面列举的包装策略外，还有诸如类似包装、配套包装、再使用包装、情趣式包装等策略，企业要根据产品特点以及消费者需求来选择科学的包装策略。

复习思考题

一、单项选择题

1. 在整体产品概念中最基本、最主要的部分是（　　）。

A. 核心产品　　B. 形式产品　　C. 潜在产品　　D. 附加产品

2. 注册后的品牌有助于保护（　　）。

A.商品所有者　　B. 消费者　　C. 品牌所有者　　D. 资产所有者

3. 产品说明书、保证、安装等属于（　　）。

A. 核心产品　　B. 形式产品　　C. 附加产品　　D. 期望产品

4. 企业产品组合的宽度越大，说明企业的（　　）。

A. 产品组合程度越长　　B. 产品组合深度越深

C. 产品线越多　　D. 产品线越少

5. 在原产品组合中增加一个或几个产品大类，扩大经营产品范围，这种产品组合策略叫（　　）。

A 向下延伸　　B. 双向延伸　　C. 向上延伸　　D. 扩大产品组合

6. 一般来说企业利润达到最高水平是在产品生命周期的（　　）。

A. 引入期　　B. 成长期　　C. 成熟期　　D. 衰退期

7. 经政府有关部门注册登记的品牌是（　　）。

A. 品牌名称　　B. 品牌标志　　C. 商标　　D. 品牌化

8. 等其他企业推出新产品后，立即加以仿制和改进，然后推出自己的新产品属于(　　)。

A. 全新产品　　B. 换代新产品　　C. 改进新产品　　D. 仿制新产品

9. 在原有产品的基础上，部分采用新技术、新材料制成的性能有显著提高的新产品属于（　　）。

A. 全新产品　　B. 换代新产品　　C. 改进新产品　　D. 仿制新产品

10. 在产品生命周期的（　　）阶段，促销显得十分重要。

A. 成熟期　　B. 引入期　　C. 引入期和成熟期　　D. 成长期

11. 用料与设计精美的酒瓶，在酒消费之后可以用作花瓶或凉水瓶。这种包装策略是（　　）。

A. 配套包装　　B. 附赠品包装　　C. 分档包装　　D. 再使用包装

12. 高速动车组列车（即高铁），属于（　　）。

A. 全新产品　　B. 换代新产品　　C. 改进新产品　　D. 仿制新产品

13. 客运产品的核心是（　　）。

A. 列车线路设备　　B. 服务　　C. 人•公里　　D. 旅客的位移

14. 为候车旅客提供书刊杂志是整体客运产品的（　　）部分。

A. 核心产品　　B. 形式产品　　C. 附加产品　　D. 期望产品

15. 在产品生命周期的引入期，市场规模有限，潜在竞争小，且消费者对高价不敏感时，我们可以采取（　　）策略。

A. 快速掠取　　B. 缓慢掠取　　C. 快速渗透　　D. 缓慢渗透

16. 车站的售票服务属于（　　）。

A. 核心产品　　B. 形式产品　　C. 附加产品　　D. 期望产品

17. 新产品开发中费用最大、风险最大、收益也最大的是（　　）。

A. 独立研制策略　　B. 技术引进策略

C. 技术引进策略　　D. 引进技术与企业技术相结合策略

二、多项选择题

1. 属于产品层次的内容有（　　）。

A. 核心产品　　B. 形式产品　　C. 附加产品　　D. 企业新产品

2. 产品组合包括的变量有（　　）。

A. 深度　　B. 关联度　　C. 长度　　D. 宽度

3. 新产品包括（　　）。

A. 全新产品　　B. 换代产品　　C. 改进新产品　　D. 仿制新产品

4. 包装的作用有（　　）。

A. 保护商品　　B. 便于储运　　C. 促进销售　　D. 方便消费

5. 以下（　　）不是品牌设计的原则。

A. 简洁醒目　　B. 暗示厂商　　C. 富蕴内涵　　D. 暗示属性

6. 为了使新产品能成功推出，企业需要做好（　　）等几种决策。

A. 推出时机　B. 推出地点　C. 推出对象　D. 推出销售　E. 推出策略

7.对于产品生命周期衰退期的产品，可供选择的营销策略有（　　）。

A. 维持策略　B. 收缩策略　C. 扩展策略　D. 放弃策略　E. 竞争策略

8. 销售包装通常称为（　　）。

A. 运输包装　　B. 内包装或小包装　　C. 外包装　　D. 中层包装

三、判断题

1. 产品是市场营销组合中最重要的因素，其他因素，如价格、分销、促销等必须以产品为基础进行决策。（　　）

2. 同一品牌策略可以使推广新产品的成本降低，节省大量广告费用。（　　）

3. 品牌是一个法律概念，商标是一个营销概念。（　　）

4. 运用产品包装来保护产品，便于储运是现代营销的重要手段。（　　）

5. 在产品投入期，采用“快速掠取”策略是为了薄利多销，便于企业长期占领市场。（　　）

6. 上海大众生产了桑塔纳后，又推出了帕萨特，这是产品线向上延伸策略。（　　）

7. 使用统一包装有助于企业产品的销售。（　　）

8. 包装一般分为三个层次其中最接近产品的容器，如润肤露的瓶子，就是运输包装。（　　）

9. 市场营销学中的产品是指能够满足人们欲望和需要的任何东西。（　　）

10. 产品是生命周期与使用寿命是同一的。（　　）

11. 进入衰退期的产品在一定条件下还有可能进入新的成长期。（　　）

12. 所有的商标都是品牌，而品牌不一定是商标。（　　）

13. 铁路运输产品要创立名牌首先要提高市场占有率。（　　）

14. 统一品牌策略适用于各种产品具有相同质量水平的情况下。（　　）

15. 列车调度的工作不属于铁路运输整体产品范畴。（　　）

16. 品牌中可以识别但不能用有声语言表达的部分称为品牌标志。（　　）

四、简答题

1. 整体产品概念中包含哪几个层次？

2. 客运产品、货运产品的整体概念是怎样的？
3. 产品组合策略有哪些？
4. 什么是产品生命周期？产品生命周期各阶段的特点及营销策略是什么？
5. 什么是新产品？如何开发新产品？
6. 什么是品牌？铁路客、货运产品如何运用品牌策略？
7. 如何搞好铁路运输的延伸服务？

五、技能训练题

请利用各种信息途径调查你所在地区的同一品牌不同型号的电视机各处于产品生命周期的哪个阶段。然后根据调查结果，分析该类产品中的某一品牌现处于产品生命周期的哪一阶段，应采取哪些营销策略，请你为该品牌设计一个比较理想的营销策略。

【案例分析】

北京铁路局精心打造“开往春天的列车”

2016 年 3 月 5 日，就在本年度春运结束的第二天，北京铁路局 2016 年首趟旅游专列：北京—重庆的 Y121 次正点从北京始发，来自京津冀地区的 384 名游客乘坐旅游列车开启了为期 10 天的名为“踏春赏花、悦寿乐享”的主题旅游行程，而这趟列车也被大家亲切地称为“开往春天的列车”。

本趟列车沿途主要停靠湖南张家界、贵州安顺和贵阳、重庆等旅游目的地车站，旅客们将一路畅游张家界国家森林公园、黄果树瀑布、荔波大小七孔、南宋古战场遗址、合川钓鱼城及重庆洪崖洞等多个国家级知名旅游景区。今年北京铁路局先期计划开行 72 趟旅游专列，并将根据广大社会民众需求适时加开，预计全年开行旅游专列将达到创纪录的 100 多趟，力求满足不同民众差异化、个性化、多元化的出行需求。

去年，北京铁路局先后推出开行了多个主题的旅游专列 93 列，主要开行方向分别为阿尔山、越南、新疆、台湾、呼伦贝尔、宁夏等地，涵盖全国上百个景点，共有 38 695 名游客享受到了火车“专列”出行带来的便利和惬意，其中不乏被消费者津津乐道的文化精品线路，其中 2015 年 12 月 20 日北京铁路局首次开行的名为“美丽中国·冰雪之旅”的摄影文化旅游专列——Y103 次，就是其中最具代表性的作品。这趟列车当天 16 时 10 分从北京站始发，沿线停靠满洲里、海拉尔、哈尔滨这三个著名的冰雪旅游地点，七天的旅程中，将充分满足那些对冰雪摄影着迷游客的要求。这趟列车的开行当时在中国摄影界引起了不小的轰动，多名国内知名的摄影大师报名参与其中，他们在自己采风的前提下，还应铁路方面请求，全程对摄影爱好者进行指导，成了摄影爱好者的一次“海天盛筵”，同时也是中国铁路将文化与效益完美结合的一次大胆尝试。

“铁路游”其实由来已久，1910 年，时任绍兴府中学堂监学的鲁迅先生，就曾率领 200 多名学生到南京参观“南洋劝业会”，他特意让这些从来没见过、没坐过火车的学生们乘坐火车，以开阔他们的眼界。名人尚且如此，可见当时在古老的农业大地上，火车这一新鲜的“舶来品”成为大家公认的文化时尚。这些似乎都已经是陈年往事，从 20 世纪 80 年代开始，航空、高速公路的崛起，让“铁路游”和铁路文化为世人逐渐冷淡，失去了以往的光华。进入 21 世纪，中国铁路开始了自己的腾飞之路，特别是中国高铁的发展，让铁路再次成为交通行业的领军人物，而铁路的人性化服务理念和市场化灵活经营策略，让“铁路游”以自己廉价、舒适、便捷、安全等诸多优势，实现了返璞归真，重新回归时尚，而且铁路根据消费者对文化的精神需求的提升，而将文化融入其中。

2015 年 9 月 16 日 12:30，随着满载 400 多名北京及周边地区游客的“京和号”旅游专列缓缓启动，为期 14 天的涵盖敦煌、喀什、和田、库尔勒、吐鲁番、天山等众多人文及名胜景观的新疆文化畅游之旅也正式拉开序幕。此次“京和号”丝路、玉都、天山之旅，是北京市与中国铁路总公司为贯彻落实国家“一带一路”和“引流入疆”的文化发展战略，强强联手的一次大胆实践，也是北京铁路局和中国铁路旅行社为北京市民及周边地区游客量身打造、推出的一款共享新疆丰富旅游资源、品味地域特色美食、体验别样风土人情、增进民族团结和谐的地方文化特色旅游项目，成为满足两地人民休闲度假个性化、差异化出行需求，便民、利民的服务新品牌。“京和号”旅游专列的开行，得到了国家旅游局、北京铁路局、北京市旅游发展委员会、北京市支援合作办、北京市援和指挥部、和田地区旅游局等多家单位的鼎力支持，同时预示着以“京和号”旅游专列为标志，美丽的新疆与首都北京又多了一条方便人员往来、促进民族团结、共享盛世中华文化的便捷通道和纽带。

在北京铁路局“旅游专列”成功运营的感召下，其他铁路局也充分利用自身优势，打造出各具特色的“旅游专列”服务。2015 年国庆长假期间，沈阳铁路局则在全国首推“说停就停”的火车文化旅游方式，被媒体戏称为“私人定制”。10 月 2 日，丹东境内的凤上铁路开来了一列与众不同的旅游列车，这就是该铁路的首趟“私人订制”文化旅游专列。凤上铁路始建于 1938 年，从丹东凤凰城站向北，过灌水、宽甸，直抵鸭绿江边上的上河口镇。这里沿线风光秀美，至今保持着原生态景色，是春秋两季绝佳的踏青、摄影、绘画等文化游宝地。以前凤上铁路每天只有早晚两趟通勤列车，整条铁路绝大多数时间处于闲置状态，造成极大的资源浪费。这趟“私人订制”旅游列车的开通，正是将这部分时间充分利用了起来，最大限度地实现经营效益。这趟列车晚上从沈阳发出，到达凤凰城站时正是第二天的早上，然后开始向宽甸山区行进，游客可以尽情欣赏窗外的景色。最为独到之处就是列车自带了梯子，在没有站台的线路上可以根据乘客要求安排停车，让大家随时下车亲近原生态的大自然。

“铁路文化游”之所以能够返璞归真、引领时尚，最重要的原因就是铁路人性化服务和经营理念的提升，铁路在适应全面市场化经济转型过程中锐意进取、主动思变，改变旧理念，积极提高服务质量，在各环节突出“以人为本”的人性化和谐服务理念，让消费者在“铁路文化游”中游出文化、游出品味、游出快乐、游出时尚，实现了文化与效益间的完美结合。今后将会有更多“开往春天的列车”与消费者见面，让大家能够享受到最为舒适的旅游行程。

资料来源：新浪博客，2016-03-09。

思考：

1. 随着运输市场竞争的加剧，铁路运输企业不断推出了各种客运新产品，在适应全面市场化经济转型过程中锐意进取、主动思变，改变旧理念，积极提高服务质量。本案例中，北京铁路局在各环节是如何突显“以人为本”的人性化和谐服务理念，如何实现文化与效益间的完美结合的？

2. 上述案例给了你什么启示？

第六章　铁路运输价格策略

◆【学习目标】

1. 了解铁路运价的构成，特征、种类和结构，熟悉影响企业定价的相关因素。
2. 掌握企业定价的程序、方法及策略。
3. 能够根据市场的变化，对价格进行调整和初步的策划。

引 例

苹果的成功不仅仅在于产品所具有的独到的与人性共鸣的产品设计，而且在于其合理的产品价格以及产品布局，可以直接打动消费者打开他们的钱包，最为重要的是苹果的价格策略——永不打折。为了保持各零售商之间的价格不变，苹果公司采用了一种叫“价格维护”的策略。绝大多数商品都是由分销商到达零售商的，拥有一个“生产商建议零售价”（MSRP价格），但各零售商有权设定自己的出售价格。

思考：

1.“价格维护”策略对企业和消费者的影响是什么？

2. 苹果所采取的定价技巧是否合法？

第一节　铁路运输产品定价原理

价格是市场营销组合中重要而又比较难以确定的一个因素。产品价格制定得适当与否，将直接影响产品的销售和企业的经济效益。所以，企业在制定产品价格时，既要考虑成本费用，又需要考虑消费者的实际情况，还要结合市场需求的变化。

一、铁路运价的构成与特征

1. 铁路运价的构成

企业要制定出科学合理的价格，首先必须了解价格构成，即价格是由哪些因素构成的。价格通常由该产品所消耗的生产成本、流通费用、缴纳的税金和合理的利润四个要素构成。用公式表示：

$$商品价格 = 生产成本 + 流通费用 + 税金 + 利润$$

运价是运输企业为提供运输服务所收取的价格，它是指货物运输产品和旅客运输产品的销售价格，是运输产品价值的货币表现。

运输产品的价值由三部分构成：一是运输企业生产过程中消耗的生产资料的物化劳动的价值量；二是运输生产者为自己劳动创造的价值量；三是运输生产者为社会创造的价值量。前两部分由材料、燃料、电力、折旧、工资等运输支出体现，第三部分构成运输盈利，包括税收和运输利润。

2. 铁路运价的特征

由于铁路运输产品不具有实物形态，只是所运的对象发生位置的变化，而且铁路运输产品的生产过程与消费过程同时发生，决定了铁路运输价格与工农业产品价格有着不同的特点。

（1）铁路运价只有销售价格一种形式。

由于铁路运输产品的消费过程与生产过程是同一过程，所以表现在运价上只有单一的销售价格形式，不像工农业产品因流通环节的不同，形成多种价格形式，如出厂价、收购价、批发价、零售价等。

（2）铁路运价与距离有密切的关系。

铁路运输的核心产品是位移，其计量单位为“吨公里”或“人公里”，运输的成本是随着距离的变化递远递减的，因而决定了运价因运输距离的不同而有差别，如短途、长途，每个里程段的运价各有不同。

（3）铁路运价的种类繁多，结构复杂。

铁路运输业是公用事业，面向千家万户，联系各地区、行业，运输对象既有旅客又有货物，运输需求各不相同，需要提供的运输条件也是多种多样。如货物运输的种类、批量、使用车型、运输距离、线路条件和运输形式不同，在其运输过程中的劳务消耗也不尽相同。为使运输价格能够比较合理地反映不同条件下的价值，形成了种类繁多的价格结构。

（4）铁路运价是社会产品价格的组成部分。

运输需求是社会生产的派生需求，运输生产是社会生产过程在流通领域内的继续，它参与了社会产品价值的创造，其运输过程中创造的价值最终转移到产品的价值之中，因此运价的变动直接影响到社会产品的价格。

（5）铁路运价的变动与运输方式的运量、成本变动有一定的关系。

受价值规律的影响，运价的变动会影响运量的变动，而运量的变动又会影响单位运输成本的变动。因此，运价与运输成本有着非常密切的关系。

（6）铁路运价受政府管制政策限制。

由于铁路运输业所提供服务的必要性和产业具有一定的自然垄断性，其受政府的宏观控制强，企业的经营自主权受到一定限制。在我国，从运输的价格来看，铁路的基本运价是由政府决定的，其他大部分交通运输部门的运价也必须得到政府的认可，运输价格受政府管制政策影响较大。

二、铁路运价的种类及其结构

1. 铁路运价的分类

铁路运价根据不同的要求，可划分为不同的种类。

（1）按运输对象可划分为客运运价、货物运价和行李包裹运价。

（2）按运价适用的地区可划分为适用于国际运输线路的国际运价、适用于国内旅客和货物运输的国内运价和适用于某一地区的地方运价。

（3）按运价适用的范围可分为普通运价、特定运价和优待运价等。普通运价是运价的基本形式；特定运价是普通运价的补充形式，适用于一定货物、一定车型、一定地区、一定线路和航线等；优待运价属于优待减价性质，如客票中的学生票、季节性的优惠票，货运优待运价适用于某些部门、某些货物或返空方向的货物和重去空回的容器等。

（4）按货物发送方式可划分为整车、零担和集装箱运价。

（5）按运价费率的计算方法的不同可分为计时运价、计程运价、包车（包机）运价等。

（6）其他。为了更多地吸引运量和更好地满足货主需求，还有一些基于特定成本或服务目的运价形式，如限制责任运价、合同运价等。限制责任运价是指托运人为了缴纳较低的运费，有时和运输企业达成协议，同意当货物丢失或损坏时，仅按商定的限额赔偿部分损失；合同运价是指运输企业和托运人根据运输性质、使用的车辆与服务的时间、质量需求等自主商定合同的内容规定运价水平与各自相应的责任义务，具有较大的灵活性。

2. 铁路运价的结构

当前世界各国一般的运价结构有如下儿种形式。

（1）邮票式运价结构。

邮票式运价结构是指在一定的区域内，不论运输距离长短和运输对象的性质如何，只收取同样的价格，就像邮票那样。邮件及某些货物的运输、市内客运中的公共汽车、电车、地铁、市郊列车常采用这种运价结构。

（2）里程式运价结构。

里程式运价结构是根据运输里程而制定的运价结构体系，其主要依据是运输平均成本定价理论。运输成本可分解为到发作业成本、中转作业成本和运行成本。单位里程的线路运行成本大致是不变的，但随着运距的增加，由货物承运、装卸、交付及车辆取送、编解等构成的到发作业成本分解到单位里程上就递减，所以里程运价的费率一般是递远递减的。运价递远递减并非随每一公里而变动，而是随计费区段递减。

（3）基点式运价结构。

基点式运价结构是里程式运价结构的变形，是不同运输方式或运输线路之间竞争的结果。例如，某铁路公司经营的铁路 A 至 C 段间有一点 B 处受到其他运输企业（如水运公司）的竞争，为了争取货源，战胜竞争对手，该铁路公司不得不在 B 点降低运价。为了弥补亏损，则在无竞争威胁的 A 点和 C 点提高运价，但是提高的幅度不能超过分段运价之和。这里的 B 点即称为基点。由于这种运价结构有歧视性倾向，所以受到不少非议。

（4）区域共同运价结构。

区域共同运价结构也称地毯式运价结构，是将一系列发运站和到达站划分为不同的地理区域，某一货物从同一发运站到某一指定的地理区域内的所有各到达站均使用同一运价。即在每一个区域内部均采用邮票式运价结构，但对不同的区域之间，仍考虑运距的远近，采用里程式运价结构。

知识卡片

产品价格的最高限度，取决于市场需求和相关的限制因素，而最低价格限度则取决于产品的经营成本。

三、影响铁路运输企业产品定价的因素

影响产品定价的因素很多，有企业内部因素，也有企业外部因素；有主观的因素，也有客观的因素。概括起来，大体上有产品成本、定价目标、市场需求、竞争因素、产品生命周期和其他因素六个方面。

1. 产品成本

产品的价值是构成价格的基础。对企业的定价来说，成本是一个关键因素。企业产品定价以成本为最低界限，产品价格只有高于成本，企业才能补偿生产上的耗费，从而获得一定盈利。但这并不排斥在一段时间在个别产品上价格低于成本。

在实际工作中，产品的价格是按成本、流通费用、利润和税金四部分来制定的。社会同类产品的市场价格主要受社会平均成本的影响。在竞争充分的情况下，企业个别成本高于或低于社会平均成本，对产品价格的影响不大。

企业定价时，不应孤立地对待成本，而应将其同产量、销量、资金周转等因素综合起来考虑。成本因素还要与影响价格的其他因素结合起来考虑。

【知识拓展】

成本是商品经济的价值范畴，是商品价值的组成部分。人们要进行生产经营活动或达到一定的目的，就必须耗费一定的资源（人力、物力和财力），其所费资源的货币表现及对象化称为成本。

2 定价目标

定价目标是企业在对其生产或经营的产品制定价格时，有意识达到的目的，是企业制定价格策略的依据和出发点。不同企业有不同的定价目标，即使同一企业在不同的时期和不同的市场条件下，也可能有不同的定价目标。企业的定价目标主要有以下几种。

（1）以利润最大化为定价目标。

以利润最大化为定价目标是企业追求一定时期内获得最多的盈利。它又分为两种情况。

① 以利润最大化作为长期定价目标，即企业希望在较长的时间内获取最大利润。这时不要制定最高的产品售价，因为在众多的竞争对手面前，这样做企业只能吃亏。企业应看到：

总利润 = 销量 ×（单价 − 单位产品成本）

在单位成本不变的情况下，定价应与销量达到最佳的配合，使其乘积达到最大，只有这样才能实现总利润最大化。

② 若将利润最大化仅作为短期定价目标，则应尽量制定较高售价。这时企业的产品应有特色、质量高，能为顾客带来较多的利益，且没有竞争对手或竞争对手少，企业实力雄厚，能在短期内争取到大量的顾客。只有在这样的情况下，才能采取这一目标。

（2）以实现预期投资收益率为定价目标。

投资收益率是指在一定时期内，企业所实现的利润与投资额的比率。它反映一个投资者的愿望。任何一个企业对所投入的资金，都希望能获得预期的收益，这就需要考虑收益率的高低。一般来说，预期的投资收益率应高于银行存款利率，不然投资者无须冒风险去投资，把款项存放到银行更为保险。至于投资收益率多高才合适，投资者要对主客观环境进行认真地分析研究和测算才能确定。

（3）以合理利润为目标。

合理利润是指对产品所定的价格企业能赚到钱，而顾客也认为适中、合理，在这种情况下取得的利润。这一目标能获得顾客的认同，竞争性不大，企业能很好地保全自己，能进行长期经营，风险少。至于合理的程度，一般应根据产品的成本、投资者的要求及市场理解接受的程度而确定。

（4）以维持和提高市场占有率为目标。

以维持和提高市场占有率为目标，亦是以销量为目标。市场占有率的大小体现一个企业在市场上的经营效果，也体现一个企业的市场地位和竞争能力。它是企业能否左右市场的标志，比获取高额利润更为重要。通过维持和提高市场占有率，企业的产品畅销了，成本也下降了，销售收入自然会增加，因此这是企业普遍采用的目标。企业往往采用低价打入、占领、扩大市场的方法实现这一目标。

（5）以应付竞争为目标。

价格竞争是市场竞争的主要内容和手段之一。处于激烈竞争环境中的企业，往往以适应竞争为定价目标，有意识地广泛收集竞争者的有关资料，将本企业的产品与竞争者的类似产品进行认真比较，然后制定出具有竞争力的价格。经济实力雄厚的企业常利用价格竞争来排斥竞争对手，以争夺市场；经济实力弱小的企业常追随市场领导者价格，以避免竞争，保存和发展自己。

（6）以维护企业形象为目标。

企业形象是企业的无形资产与财富，良好的企业形象是企业成功地运用了市场营销组合策略取得了消费者的信任后，长期积累的结果。以维护企业形象为定价目标，是指企业定价时，首先要考虑价格水平是否被目标消费者所接受，是否与他们的期望价格水平相接近，是否有利于企业整体策略的稳定实施。例如，有些企业的产品以价廉物美著称；有些企业则以高档优质称雄。其次，企业定价时也要顾及协作企业或中间商的利益，依靠他们的合作求得生存和发展。第三，企业定价要依照社会和职业的道德规范，不能贪图厚利侵害消费者的利益。最后，企业在定价时还要符合国家宏观经济发展目标，遵守政策指导和法律约束。

企业定价目标除上述几方面外，还有很多种，但无论采取哪种目标，企业都应维护消费者的利益，遵纪守法经营，维护企业形象，这是最根本的目标。

3. 市场需求

产品价格除受成本影响外，还受市场需求的影响，即受商品供给与需求的相互关系的影响。当商品的市场需求大于供给时，价格应高一些；当商品的市场需求小于供给时，价格应低一些。反过来，价格变动也会影响市场需求总量，从而影响销售量，进而影响企业目标的实现。因此，企业制定价格就必须了解价格变动对市场需求的影响程度。反映这种影响程度的一个指标就是产品的价格需求弹性系数。

所谓价格需求弹性系数，是指由于价格的变动而引起的需求相对变动的程度，通常可用下式表示：

价格需求弹性系数＝需求量变动百分比/价格变动百分比

4. 竞争因素

市场竞争也是影响价格制定的重要因素。根据竞争程度的不同，企业定价策略会有所不同。按照市场竞争程度，可以分为完全竞争、完全垄断、不完全竞争和寡头垄断四种情况。

企业的价格策略要受到竞争状况的影响。完全竞争与完全垄断是竞争的两个极端，中间状况是不完全竞争。在不完全竞争条件下，竞争的强度对企业的价格策略有重要影响。所以，企业首先要了解竞争的强度。竞争的强度主要取决于产品制作技术的难易、是否有专利保护、供求形势以及具体的竞争格局。其次，要了解竞争对手的价格策略，以及竞争对手的实力。最后，还要了解、分析本企业在竞争中的地位。

5. 产品生命周期

产品处于的市场生命周期阶段不同，其定价策略也会不同。比如，产品在投入期阶段，可采取双高或双低价格策略；在成长期阶段，可采取稳定价格策略；在成熟期阶段，应适当降低产品价格；在衰退期阶段，应大幅度降低产品价格。

6. 其他因素

企业的定价策略除受成本、需求、产品生命周期以及竞争状况的影响外，还受到政府干预、消费者习惯和心理、企业或产品的形象等因素的影响。

（1）政府干预。

政府为了维护经济秩序，或为了其他目的，可能通过立法或者其他途径对企业的价格策略进行干预。政府的干预包括规定毛利率，规定最高、最低限价，限制价格的浮动幅度或者规定价格变动的审批手续，实行价格补贴等。

（2）消费者的消费心理和消费习惯。

价格的制定和变动在消费者心理上引起的反应也是价格策略必须考虑的因素。在现实生活中，很多消费者存在“一分钱一分货”的观念。面对不太熟悉的商品，消费者常常从价格上判断商品的好坏，从经验上把价格同商品的使用价值挂钩。消费者心理和习惯上的反应是很复杂的，某些情况下会出现完全相反的反应。例如，在一般情况下，涨价会减少购买，但有时却会引起抢购，反而会增加购买。因此，在研究消费者心理对定价的影响时，要持谨慎态度，要仔细了解消费者心理及其变化规律。

（3）企业或产品的形象。

有时企业根据产品形象设计的要求，需要对产品价格作出限制。例如，为了形成高档的产品形象，企业必须将产品价格定得较高等。

第二节　铁路运输企业定价的程序与方法

一、定价程序

企业定价是一个复杂而困难的决策，企业制定基本价格的程序一般包括六个步骤。

（1）选择定价目标。

企业在不同市场条件下可有不同的目标，从而决定了不同的定价方法和策略。

（2）测定需求。

一是调查市场需求的结构，了解不同价格水平上人们可能的购买数量；二是分析需求的价格弹性，即产品价格变动对市场需求量的影响。

（3）估算成本。

成本是定价的基础和最低界限，企业需要分析价格、需求量、产量、成本之间的关系，作为定价的依据。

（4）分析竞争因素。

价格不但取决于市场需求和成本，而且还要取决于市场供给，即竞争者的情况。只有深入了解竞争者的产品与价格政策和非价格竞争因素，才能使企业定价适当，在竞争中取胜。

（5）选择定价方法。

定价方法取决于企业的定价目标和影响价格的主要因素，还要结合产品本身的特点。下面将就此详细加以阐述。

（6）确定最终价格。

企业通过以上程序制定的价格可称为基本价格，企业还需要考虑其他有关情况，如政府的政策法令、顾客和中间商的要求、企业内部员工的意见等，采取各种灵活策略对基本价格做一些调整，制定出最终价格，以期最有效地实现目标。

二、定价方法

为了实现定价目标，企业需选择适当的定价方法，为产品制定出基本价格。所谓定价方法，是指企业在特定的定价目标指导下，依据成本、需求及竞争状况等，运用价格决策理论对产品价格进行计算的具体方法。产品价格的高低受市场需求、成本费用和竞争等因素的影响和制约，因此，企业在制定价格时应全面考虑这些因素。但在实际工作中，企业往往只侧重某一方面。根据营销实践，企业对产品定价一般采用以下几种方法，即成本导向定价法、需求导向定价法和竞争导向定价法。

1. 成本导向定价法

成本导向定价法就是以成本作为定价的基础，再加上预期利润来确定价格的定价方法，是企业最常用、最基本的定价方法。这里所讲的成本指产品的总成本，包括固定成本和变动成本两部分，是企业生产经营过程中所发生的实际耗费，客观上要求通过商品的销售而得到补偿，并且要获得大于其支出的收入，超出的部分表现为企业利润。这种方法的优点是“量出而入”，计算简单。成本导向定价法又衍生出了成本加成定价法、目标收益定价法、盈亏平衡定价法等几种具体的定价方法。

（1）成本加成定价法。

成本加成定价法是把所有为生产某种产品而发生的耗费均计入成本的范围，计算单位产品的变动成本，合理分摊相应的固定成本，再按一定的目标利润率来确定价格。其计算方式为：

$$\text{单位产品价格} = \text{单位产品总成本} \times (1 + \text{目标利润率})$$

例如，某医疗仪器厂生产 2 000 台仪器，总固定成本 600 万元，每台仪器的变动成本为 1 000 元，确定目标利润率为 25%，则采用成本加成定价法确定价格的过程如下：

单位产品固定成本 6 000 000÷2 000 = 3 000（元）

单位产品变动成本 1 000（元）

单位产品总成本 3 000 + 1 000 = 4 000（元）

单位产品价格 4 000 × (1 + 25%) = 5 000（元）

成本加成定价法的主要优点是计算方便。在市场较为成熟的情况下，采取此种方法可以保证获得预期的利润。但这种定价方法最大的问题在于定价是从企业出发的，忽视了市场需求和竞争因素的影响，从而难以适应市场竞争的需要。

（2）目标收益定价法。

目标收益定价法又称投资收益率定价法，是根据企业的投资总额、预期销量和投资回收期等因素来确定价格。假设上一例中某医疗仪器厂的总投资额为 800 万元，投资回收期为 5 年，若采用目标收益定价法确定价格，其基本步骤为：

① 确定目标收益率：

$$\text{目标收益率} = 1 \div \text{投资回收期} \times 100\% = 1/5 \times 100\% = 20\%$$

② 确定单位产品目标利润额：

$$\begin{aligned}\text{单位产品目标利润额} &= \text{总投资额} \times \text{目标收益率} \div \text{预期销量} \\ &= 8\,000\,000 \times 20\% \div 2\,000 = 800\text{（元）}\end{aligned}$$

③ 计算单位产品价格：

单位产品价格＝企业固定成本÷预期销量+单位变动成本+单位产品目标利润额
＝6 000 000÷2 000＋1 000＋800＝4 800（元）

与成本加成定价法相类似，目标收益定价法也是一种生产者导向的产物，很少考虑到市场竞争和需求的实际情况，只是从保证生产者的利益出发制定价格。另外，先确定产品销量，再计算产品价格的做法完全颠倒了价格与销量的因果关系，把销量看成是价格的决定因素，这在实际上很难行得通。尤其是对于那些需求价格弹性较大的产品，用这种方法制定价格无法保证销量的必然实现，预期的投资回收期、目标收益等因而也就只能成为一句空话。不过，对于需求比较稳定的大型制造业，供不应求且价格弹性小的商品，市场占有率高、具有垄断性的商品，以及大型的公用事业、劳务工程和服务项目等，目标收益法仍不失为一种有效的定价方法。

（3）收支平衡定价法。

收支平衡定价法又叫盈亏平衡定价法、损益平衡定价法、临界点定价法等，它是指以产品销售收入和产品总成本保持平衡为原则的定价方法。

在已知产品销售量的情况下，这种计算方法的计算公式为：

单位产品价格＝固定成本÷收支平衡点销售量＋单位变动成本

在已知产品售价的情况下，收支平衡点销售量的计算公式为：

收支平衡点销售量＝固定成本÷（单位产品价格－单位变动成本）

收支平衡定价法是在生产任务不足或产品过剩条件下企业经常采用的一种定价方法。

2. 需求导向定价法

需求导向定价法是以消费者需求及消费者心理作为定价的基本依据，以消费者所接受的价格作为销售价格的定价方法。常用的需求导向定价法主要包括理解价值定价法和需求差异定价法等。

（1）理解价值定价法。

理解价值定价是根据消费者对产品价值的理解，即产品在消费者心目中的认知价值来确定价格的方法。企业运用市场营销组合中的非价格因素（如运输服务质量、广告宣传、品牌商标等）来影响消费者，在消费者心目中建立“认知价值”，即购买者认为“值”的价值。企业价格就建立在捕捉住的认知价值上。

理解价值定价法的关键之一，是要求企业对消费者理解的产品相对价值有正确的估计和判断。测定理解价值通常采用的方法有以下三种：① 直接评议法，即邀请有关人员（如顾客、中间商等）直接进行评议；② 相对评分法，即对多种同类产品进行评分，再按分数的相对比例和现行平均市场价格计算出产品的理解价值；③ 诊断评议法，即分别对产品的功能、质量、信誉、服务等方面进行评分，再用加权平均法计算出产品的理解价值，如对客运产品可从旅行速度、乘坐舒适度、购票方便程度、安全性、票价等方面进行评分。

（2）需求差异定价法。

所谓需求差异定价法，是指产品价格的确定以需求为依据，强调适应消费者需求的不同特性，而将成本补偿放在次要的地位。这种定价方法是对同一商品制定两种或两种以上不同价格，或使不同商品价格之间的差额大于其成本之间的差额。其好处是可以使企业定价最大限度地符合市场需求，促进商品销售，有利于企业获取最佳的经济效益。

根据需求特性的不同，需求差异定价法通常有以下几种形式：

① 以用户为基础的差别定价。它指针对不同的用户或顾客，对同一产品制定不同的价格。比如，铁路运输企业对大客户和小客户、长期客户和短期客户、儿童和成人、残疾人和健康人、工业用户和居民用户等，分别采用不同的价格。

② 以地点（或区域）为基础的差别定价。它指随着地点的不同而收取不同的价格。例如，铁路运输企业实行的区域运价和地区差价。比较典型的例子是电影院、体育场、飞机等，其座位不同，票价也不一样。这样做的目的是调节客户对不同地点的需求和偏好，平衡市场供求。

③ 以时间为基础的差别定价。这是指同一种产品，成本相同，而价格随季节、日期甚至钟点的不同而变化。例如铁路货运的旺季和淡季，平时和节假日，白天和夜间可制定不同的收费标准。

④ 以产品为基础的差别定价。不同外观、花色、型号、规格、用途的产品，也许成本有所不同，但它们在价格上的差异并不完全反映成本之间的差异，而主要区别在于需求的不同。例如，高铁、特快列车、普通列车的票价不同；工业用水、灌溉用水和居民用水的收费往往有别，对于同一型号而仅仅是颜色不同的产品，由于消费者偏好的不同，也可以制定不同的价格。

由于需求差异定价法针对不同需求而采用不同的价格，实现顾客的不同满足感，能够为企业谋取更多的利润，因此在实践中得到广泛的运用。但是也应该看到，实行需求差异定价必须具备一定的条件，否则不仅达不到差别定价的目的，甚至会产生副作用。

3. 竞争导向定价法

竞争导向定价法是指完全根据市场上竞争的需要作为定价基础的定价方法，它是一种以竞争为中心的定价方法。通常，市场上提供相同产品的企业之间的竞争是较为激烈的，提供这种产品的企业在制定价格时，不能依据成本和需求，只能以竞争对手的价格水平为基础来定价。竞争导向定价法主要有以下几种。

（1）随行就市定价法。

这是把平均定价水平作为企业定价标准的一种定价方法。这种定价方法适用于企业难以对顾客和竞争对手的反应做出准确的估计，而自己又难以另行定价的情况。采用此种方法是按照行业的平均水平定价，因此，企业采取这种方法定价时能够与同行和平相处。在竞争比较激烈的行业中，产品的市场价格是由无数个买家和卖家共同作用的结果，在这种情况下，企业实际上并没有多少定价权。因此，大多数小型企业都采用这种方法。

（2）产品差别定价法。

从根本上来说，随行就市定价法是一种防御性的定价方法，它在避免价格竞争的同时，也抛弃了价格这一竞争的“利器”。产品差别定价法则与之相反，它是指企业通过营销努力，使同种同质的产品在消费者心目中树立起不同的产品形象，进而根据自身特点，选取低于或高于竞争者的价格作为本企业产品的价格。因此，产品差别定价法是一种进攻性的定价方法。

产品差别定价法的运用，第一要求企业必须具备一定的实力，在某一行业或某一区域市场占有较大的市场份额，消费者能够将企业产品与企业本身联系起来。第二，在质量大体相同的条件下实行差别定价是有限的，尤其对于定位为“质优价高”形象的企业来说，必须支付较大的广告、包装和售后服务方面的费用。因此，从长远来看，企业只有通过提高产品质量，才能真正赢得消费者的信任，才能在竞争中立于不败之地。

（3）招标投标定价法。

许多大宗商品、原材料、成套设备的交易和建筑工程项目的承包，以及征召生产经营协作单位、出租出售小型企业等，往往采用发包人招标、承包人投标的方式来选择承包者，从而确定最终承包价格。一般说来，招标方只有一个，处于相对垄断地位，而投标方有多个，处于相互竞争地位。标的价格由参与投标的各个企业在相互独立的条件下来确定。在买方招标的所有投标者中，通常报价最低的投标者中标，它的报价就是承包价格。这样一种竞争性的定价方法就称为招标投标定价法。

在招标投标方式下，投标价格是企业能否中标的关键性因素。高价格固然能带来较高的利润，但中标机会却相对减少；反之，低价格则利润低，虽然中标机会大，但其机会成本可能大于其他投资方向。那么，企业应该怎样确定投标价格呢？

首先，企业应根据自身的成本，确定几个备选的投标价格方案，并依据成本、利润率计算出企业可能盈利的各个价格水平。其次，分析竞争对手的实力和可能报价，确定本企业各个备选方案的中标机会。竞争对手的实力包括产销量、市场占有率、信誉、声望、质量、服务水平等项目，其可能报价则在分析历史资料的基础上得出。再次，根据每个方案可能的盈利水平和中标机会，计算每个方案的期望利润。

每个方案的期望利润＝每个方案可能的盈利水平 × 中标概率（%）

最后，根据企业的投标目的来选择投标方案。

第三节　铁路运输产品定价策略

定价策略是指企业在特定的情况下，依据确定的定价目标所采取的定价方针和价格对策。它是指导企业正确定价的一个行动准则，也是为实现定价目标直接服务的。由于企业生产经营的产品和销售渠道以及所处的市场状况等条件各不相同，所以应采取不同的定价策略。

一、新产品定价策略

新产品定价合理与否，关系到其能否及时打开销路、占领市场和获得预期利润的问题，对于新产品以后的发展具有十分重要的意义。新产品定价策略有以下三种。

1. 撇脂定价策略

这是一种快速取得利润的高价策略，即在新产品投放市场的初期，利用消费者求新、求奇的心理动机和竞争对手较少的有利条件，以高价销售，在短期内获得尽可能多的利润。之后随着产量的扩大、成本的下降以及竞争对手的增多，再逐步降低价格。采用撇脂定价策略必须具备两个基本条件：一是产品必须新颖，具有较明显的质量、性能优势，并且有较大的市场需求量；二是产品必须具有特色，在短期内竞争者无法仿制或推出类似产品。这种策略的优点是：能够在短期内获得高额利润，尽快收回投资，并掌握降低价格的主动权。缺点是：风险大，容易吸引竞争者加入，若产品不为消费者所接受，会导致产品积压，造成亏损。因此，采用此策略时，要求企业对市场需求有较准确的预测。

2. 渗透定价策略

这是一种低价策略，即在新产品上市初期，将产品价格定得低于人们的预期价格，给消费者以物美价廉的感觉，借此打开销路，占领市场。

渗透定价策略适用于资金实力雄厚、生产能力强、在扩大生产以后有降低成本潜力的企业，或者新技术已经公开，竞争者纷纷仿效，生产和需求弹性较大，市场上已有中、高档代用品的情况。这种策略的优点是：有利于吸引顾客，增强产品的竞争能力，使竞争者不敢贸然进入，有利于迅速打开产品销路，开拓市场。缺点是：价低利微，收回投资的时间较长，在产品生命周期和需求弹性预测不准的条件下，具有一定的风险性。

3. 均匀定价策略

这是一种中价策略，即在新产品刚进入市场的阶段，将价格定在介于高价和低价之间，以使买卖双方均感到满意。

均匀定价策略适用于需求价格弹性较小的日用生活必需品和主要的生产资料。这种策略既可避免采取撇脂定价策略因价高而带来的市场风险，又可消除采取渗透定价策略因价低而引起的企业生产经营困难，因而既能使企业获取适当的平均利润，又能兼顾消费者的利益。

二、心理定价策略

心理定价策略是指运用心理学原理，根据不同类型的用户在购买运输服务时的不同消费心理来制定价格以诱导用户增加购买的定价策略，其主要策略有以下两种。

1. 分级定价策略

在定价时把同种运输分为几个等级，不同等级采用不同的运输价格。这种定价策略能使用户产生货真价实、按质论价的感觉，因而较易为用户所接受。采用这种定价策略时，等级的划分不能过多，级差也不能太大或太小，否则会使用户感到繁琐或显不出差距而起不到应有的效果。

2. 声誉定价策略

这是根据用户对某些运输企业的信任心理而使用的价格策略。有些运输企业在长期的市场经营中在用户心中树立了声望，如服务态度好、运输质量高、送达速度快等，因此这些企业可以采用比其他企业稍高的价格。当然，这种价格策略要以高质量作保证，否则就会丧失企业的声望。

三、折扣和让价策略

企业为了鼓励顾客大量购买、淡季购买或及早付清贷款等，可酌情降低其基本价格，这种价格调整叫作价格折扣或折让，主要有以下几种情况。

1. 现金折扣

企业对以现金付款或提前付款的用户给予一定比例的价格折扣优待，以促进确认成交，加快收款，防止坏账。

2. 数量折扣

这是因用户托运货物数量大、购买客票数量多所给予的折扣优惠。数量折扣又分为累计数量折扣和一次数量折扣，前者是规定在一定时期内，购买量达到一定数量即给予的折扣。这一策略鼓励用户大量或集中向本企业购买。

3. 季节折扣

运输生产的季节性很强，在运输淡季时给予一定的价格折扣，有利于刺激消费者均衡需求，便于企业均衡运输组织作业。

4. 代理折扣

运输企业给运输中间商（如货运代理商、票务代理）的价格折扣，以便发挥中间商的组货、组客功能，提高企业的市场占有率。

5. 回程和方向折扣

在回程或运力供应富裕的运输线路与方向给予价格折扣，以减少运能浪费。如铁路货车回空方向上的捎脚运输所给予的价格优惠。

6. 复合折扣

在竞争加剧的环境下，可同时采用多种折扣组合，争取顾客购买，如给予货主或旅客在本企业办的饭店、旅馆住宿的优待等。

四、产品组合定价策略

如某种产品只是产品组合中的一部分时，企业需要制定一系列的价格，从而使整个产品组合取得整体的最大利润，其主要策略有以下几种。

1. 产品线定价

当企业生产的系列产品存在需求和成本的内在关联时，要依据产品在产品线中的不同地位而制定不同的价格。如铁路集装箱各箱型运输价格的制定须综合考虑货主需求结构、各箱型的供应数量与发展方向、运输成本等综合确定，以便企业整体收益最大。

2. 单一价格定价

在企业销售品种多而成本差别不大的商品时，为了便于消费者挑选和内部管理的需要，企业所有销售商品实行单一价格。如某些城市公共汽车运输中不论乘车距离远近统一实行单一票价制等。

3. 捆绑定价与统一费率

通过捆绑定价以方便和鼓励购买运输及多种增值服务，或是通过事先报出统一的固定价格及服务标准来降低服务的不确定性，以吸引顾客购买。

4. 客户分级与差别定价

差别定价是指企业根据不同顾客群、不同的时间和地点对同一产品或劳务采用不同的销售价格。这种差别不反映生产和经营成本的变化，它有利于满足顾客不同需求和企业组织管理的要求。如美国的航空公司将形式上一致的座位人为地加以区分，以满足不同层次旅客的需求。它们将不同的消费者群体细分为质量敏感型、价格敏感型和中间型乘客，考虑其分别希望享受什么样的服务，然后据以设计和提供相应的航空运输产品（即不同的空运服务、价格体系、购买限制等特征的组合）供消费者选择。在满足不同市场需求的情况下，实现公司利润最大化。

5. 对大客户实行定制价格与服务组合

“二八定律”使得企业越来越重视优质客户的保持与满意。随着信息技术的发展，客户关系管理的应用也使得相关数据收集与分析变得更加容易。

【知识拓展】

二八定律（巴莱多定律）：

19 世纪末 20 世纪初，意大利的经济学家巴莱多认为，在任何一组东西中，最重要的只占其中一小部分，约 20%，其余 80% 尽管是多数，却是次要的。社会约 80% 的财富集中在 20% 的人手里，而 80% 的人只拥有 20% 的社会财富。这种统计的不平衡性在社会、经济及生活中无处不在，这就是二八法则。

二八法则告诉我们，不要平均地分析、处理和看待问题，在企业经营和管理中要抓住关键的少数；要找出那些能给企业带来 80% 利润、总量却仅占 20% 的关键客户，对其加强服务，达到事半功倍的效果；企业领导人要对工作认真分类分析，要把主要精力花在解决主要问题、抓主要项目上。

五、价格调整策略

企业在经营过程中，外部环境始终是在发展变化的。作为营销中的利器，产品价格不能是一成不变的，企业要根据市场形势和营销环境的变化，及时对既定产品的价格进行调整。通常，调整产品价格是由两个方面的因素引起的：一是市场环境发生了变化，企业认为有必要调整自己的产品价格；二是竞争对手的产品价格发生了变化，企业不得不做出相应的反应。

企业价格变动形式主要有两种：提价和降价。

1. 企业提价

提价是指企业在经营过程中，为了适应市场环境和自身内部条件的变化，而把产品原有价格调高。

（1）提价的原因。

企业提价的原因主要包括如下几个方面。

① 应对成本上升。这是企业产品提价的主要原因之一。如果原材料、工资等费用上升，则企业成本增加，此时，若企业维持原价，则会影响企业取得合理的利润，甚至会影响企业再生产的顺利进行。因此，企业只有通过提价来转嫁成本增加的负担。

② 产品供不应求，不能满足顾客需要。当产品供不应求时，顾客会因为购买不到企业产品而产生抱怨。因此，企业必须通过一些行为来改变市场中存在的这种矛盾状态，那就是提价。通过提高产品价格，一方面可以抑制市场需求，缓解市场压力；另一方面可以给企业增加经济利益。

（2）提价的方式。

企业提高价格主要有下面几种方式。

① 直接调高。这是最为直接的一种提价方式，它能够使消费者很容易就注意到企业的产品售价提高了。例如，某品牌牙膏在包装不变的情况下，由 2.5 元变为 3 元。

② 间接调高。这种调价方式通常比较隐蔽。例如，企业在销售产品时，取消之前的现金

和数量折扣，某品牌洗衣粉原来 260 克包装的售价为 2.5 元，现在 230 克的售价也为 2.5 元。

2. 企业降价

（1）降价的原因。

企业调低价格的原因主要有以下几个方面。

① 产品供过于求，生产能力过剩。需要扩大销售，又无法通过改进产品来达到目的时，企业就要主动考虑将其产品的价格调低，借以促进销售。

② 市场竞争激烈，产品市场占有率下降。市场的竞争压力迫使企业考虑通过降价的方式来维持和扩大市场份额。

③ 产品生产成本下降。企业产品生产成本的降低为降价提供了一个理由，此时，企业可主动降低价格，进而增加产品的市场销售量。

④ 企业转产，老产品清仓处理。一般情况下，企业在新产品上市之前，需要及时清理积压的库存产品。

（2）降价的方式。

① 明降，即直接将产品的标价降低。

② 暗降，即通过提供折扣、增加包装等形式，实现降低产品价格的目的。

价格策略是市场营销组合的有机组成部分，须与产品策略、渠道策略、促销策略配合使用，才能有效达成企业营销目标。

复习思考题

一、单项选择题

1. 价格的构成中最基本、最主要的因素是（　　）。

A. 生产成本　　B. 流通费用　　C. 税金　　D. 利润

2. 沃尔玛公司在营销上体现的让顾客满意表现为（　　）。

A. 快速、可靠　　B. 永远低价

C. 永远解渴，永远凉快　　D. 难忘的体验

3. 一般来说，产品最低价格取决于（　　）。

A. 产品的市场需求　　B. 产品的成本费用

C. 产品的生命周期　　D. 产品的竞争状况

4. 火车卧铺上、中、下铺价格不同，这属于（　　）。

A. 促销定价　　B. 心理定价　　C. 折扣定价　　D. 差别定价

5. 我国铁路客运产品价格形式中，企业只有执行统一定价而无定价权的是（　　）。

A. 国家指导价格　　B. 市场价格　　C. 统一价格　　D. 行业价格

6. 新产品定价时，若产品质量过硬，又系新产品上市初期，而且没有强有力的竞争者，这时可以选择的定价策略是（　　）。

A. 撇脂定价　　B. 渗透定价　　C. 竞争定价　　D. 成本定价

7. 为鼓励顾客购买更多物品，企业给那些大量购买产品的顾客的一种减价的优惠为（　　）。

A. 功能折扣　　B. 数量折扣　　C. 季节折扣　　D. 现金折扣

8. 当产品市场需求富有弹性且生产成本和经营费用随着生产经营经验的增加而下降时，企业便具备了（　　）的可能性。

A 渗透定价　　B. 撇脂定价　　C. 心理定价　　D. 差别定价

9. 购买者对价格变动敏感的产品是（　　）。

A. 价值高，经常购买的产品　　B. 价值低，经常购买的产品

C. 价值高，不经常购买的产品　　D. 价值低，不经常购买的产品

10. 按照单位成本加上一定百分比的加成来制定产品销售价格的定价方法称为（　　）定价法。

A. 成本加成　　B. 目标　　C. 认知价值　　D. 诊断

11. 一辆小汽车标价为 50 000 元，顾客以只需付 45 000 元现金的价格即可购得此车，这种价格折扣策略是（　　）。

A. 让价策略　　B. 功能折扣　　C. 数量折扣　　D. 现金折扣

12. 小张去黄山旅游，发现同样是王老吉饮料，在黄山底的小卖部卖 5 元，但是在黄山顶的小卖部是 10 元，这是（　　）定价法。

A. 成本导向　　B.主动竞争

C. 理解价格定价法　　D. 需求差异定价法

二、多项选择题

1. 产品的价格是由（　　）等要素构成的。

A. 流通费用　　B. 生产成本　　C. 利润　　D. 税金

2. 企业定价的目标主要有（　　）。

A. 当期利润最大化　　B. 维持企业生存

C. 市场占有率最大化　　D. 产品质量最大化

3. （　　）情况下，新产品可采取渗透定价策略。

A. 产品的需求弹性大

B. 生产成本和经营费用随着产量和销量的扩大而下降

C. 新产品无明显特色，且市场已被他人占领

D. 企业的生产能力强

E. 新产品竞争激烈

4. 新产品定价策略包括（　　）。

A. 撇脂定价策略　　B. 毛利率定价策略

C. 满意定价策略　　D. 渗透定价策略

5. 收支平衡定价法又称（　　）。

A. 盈亏平衡定价法　　B. 损益平衡定价法

C. 临界点定价法　　D. 功能折扣法

6. 心理定价的策略主要有（　　）。

A. 声望定价　B. 分级定价　C. 尾数定价　D. 基点定价　E. 招徕定价

三、判断题

1. 企业在制定产品价格时，只考虑成本因素即可。（　　）
2. 渗透定价策略的优点是能使新产品的投资取得最大报酬。（　　）
3. 企业价格的制定与市场营销组合中的非价格因素也要协调一致，相互配合。（　　）
4. 当企业以利润最大化为定价目标时，其价格往往定得很高，以求在最短时间内取得最大利润。（　　）
5. 某公司在推出新产品时往往把价格定得尽可能地高，以后随着产量和销量的扩大再逐渐降价。这家公司采用的是撇脂定价策略。（　　）

四、简答题

1. 简述铁路运价的构成，它与一般工农业产品价格相比有何特点？
2. 简述运价的种类与结构。
3. 影响铁路运输企业产品定价的因素有哪些？
4. 铁路运输企业的定价目标有哪些？
5. 简述铁路运输产品定价的程序和定价方法。
6. 铁路运输企业常用的折扣和让价策略有哪些？

五、技能训练题

请你实地调查一种产品的市场价格及产品成本价格，并说说其价格合理与否。如不合理，请你结合定价原理运用定价方法和定价策略为该产品制定出一个合理的价格。

【案例分析】

春运火车票打折，上海铁路局破天荒

2018年春运自2月1日起至3月12日共40天，春运首日车票于今天（1月3日）起对外发售。据中国铁路上海局集团有限公司介绍，已推出了十大举措，尽力方便旅客春运购票。其中，春运回空列车车票将票价打折优惠，以引导旅客“反向过节”。

1. 增加春运务工团体票可订席别，推出春运务工团体卧铺票预订服务。

为让务工人员出行更加舒适，该集团公司针对需求量大的西南方向及安徽阜阳地区，首次增加了部分春运增开列车卧铺席位，供有需求的务工人员团体预订。同时，对春运期间增开的列车，通过互联网、售票专窗等方式提前为务工人员办理团体车票，在预售期外优先保障用工企业和零散务工人员购票。客运车站售票专窗办理日期延长至1月16日，务工人员专用票额保留至开车前30天，给务工人员办票留有充足时间。

2. 完善推广“铁路畅行”常旅客会员服务，增加常旅客会员服务办理车站。

自 2017 年 12 月铁路部门首次推出“铁路畅行”常旅客会员服务以来，截至 2018 年 1 月 2 日，该集团公司已累计注册会员 17.5 万人。为了方便旅客办理注册会员服务，春运前，该集团公司将办理车站从原来管内的 41 个地级市 60 个车站扩大至管内全部县级以上车站，并对会员的服务标准、服务流程进行完善，提升铁路常旅客会员出行服务质量。

3. 实行春运回空列车车票优惠措施，引导旅客“反向过节”。

针对节前、节后春运往返客流不均衡的特点，今年春运期间，该集团公司将对 14 趟回程列车实行打折优惠措施，优惠幅度最多八折，引导旅客特别是城市务工人员进城反向过节，既提高回空列车的运能利用率，又能让“逆向探亲”的旅客享受到更多实惠。

4. 推出自助售票机发售全国各地车票功能。

进一步优化自助售票机系统功能，春运期间，该集团公司管内的 1 323 个自助售票机将在原来仅可发售该公司管内江、浙、沪、苏地区车票的基础上，首次扩展至可发售全国各地、各次列车车票。

5. 扩大港澳台旅客自助购票。

针对春运期间港澳台探亲旅客增多的实际情况，春运前，该集团公司对管内所有高铁车站和地级市车站的 137 台自助售票机加装港澳台旅客购票专用识读设备，张贴明显标识，方便港澳台旅客自助购票。

6. 完善智能化信息服务。

春运前，该集团公司将推出“铁路 12306”微信查询服务，为旅客提供余票查询、停靠站信息及本人行程管理等定制服务，并增加了微信推送功能，为旅客提供互联网购票、改签等信息服务。在重点车站张贴“余票查询”二维码，旅客可通过扫码查询实时余票等信息。同时，充实上铁客服中心人员，增加热线电话门线，完善“上海铁路 12306”微信公众号功能，研发推出智能服务平台，提供互动式“智能问答”服务。

7. 实现站车“扫码支付”全覆盖。

春运期间，该集团公司将在实现 12306 网站购票移动支付的基础上，进一步完善管内车站售票窗口及自助售票机移动支付功能，旅客可通过微信、支付宝等方式进行支付，首次实现了互联网、车站售票窗口和自助售票机“扫码支付”全覆盖。同时，在列车补票方面，该集团公司也将推出微信“扫码支付”功能，可实现无现金补票。

8. 保障学生旅客春运往返出行。

通过对往年学生旅客春运出行数据分析，铁路部门对春运期间始发图定普速列车硬座和动车组列车二等座学生票额进行适度预留，并且将票额保留至开车前 15 天，保障学生旅客春运往返出行。同时，各客运车站将继续设置学生票发售专窗，方便学生旅客线上和线下专窗办理学生票。

9. 优化调整客票代售点布局。

春运前，该集团公司对淮北、蚌埠、徐州、合肥、苏州、上海、金华、宁波等地区 51 处客票代售点布局进行优化调整，更好地方便学校、企事业单位、商务区等人员聚集区旅客就近购票、取票。

10. 改善互联网及 App 购票体验。

在2017年11月推出自主选座、换乘接续等新功能基础上，春运前，铁路部门将全新改版铁路12306手机App系统架构，优化新票起售时的验证码策略，降低验证码出现概率，并完成新一代客票及电子支付平台等系统升级扩容工程，提高客票系统处理效率和能力，进一步提升旅客互联网购票便捷度。

铁路部门表示，今年春运期间，长三角地区铁路热门时段和去向旅客仍将较为集中，请广大旅客合理安排出行计划，尽量提早购票。

资料来源：中国网中国商务，2018-3。

思考：

1. 本案例中，上海铁路局为了方便旅客春运购票，推出了哪些新举措？

2. 这一系列新举措的推出对你有何启发？

第七章　铁路运输产品分销渠道策略

◆【学习目标】

1. 了解分销渠道的概念和职能。
2. 了解铁路运输产品分销渠道的特点；熟悉分销渠道的模式和类型。
3. 了解铁路运输中间商的概念、类型及功能，熟悉影响分销渠道设计的因素，掌握分销渠道的设计步骤和管理方法。
4. 能够初步解决企业在渠道设计过程中面临的问题。
5. 能够运用所学知识对有关的分销渠道进行适当的管理。

引 例

北京铁路局开辟五种渠道简化货运受理

来自北京铁路局的消息，按照中国铁路总公司 2013 年 6 月 15 日正式实施货运组织改革的部署，为使客户方便、快捷地办理货物运输，北京铁路局本着“简化手续，拓宽渠道，敞开受理，随到随办”的原则，开辟五种货运受理渠道，简便客户办理业务。

一是登录 12306 网站办理。客户登录中国铁路客户服务中心网站（www.12306.cn），首页点击“我要发货”，选择北京铁路局，再点击“我要发货”，在表格上填写相关信息后提报，系统即刻反馈查询码。铁路客服人员主动联系客户，询问详细需求信息，进行报价；客户认可后，由铁路客服人员代客户填写运单，办理业务。

二是拨打 12306 客服电话。客户拨打中国铁路客户服务中心 12306 电话，根据语音提示，选择“2”进入“货运服务”，再选择“1”进入“我要发货”，向客服人员提出发货需求，客服人员询问详细需求信息，进行报价；客户认可后，由铁路客服人员代客户填写运单，办理业务。

三是拨打货运站受理电话。客户可拨打北京铁路局货运站受理服务电话，向货运站客服人员提出发货需求。客服人员询问详细需求信息，进行报价；客户认可后，由铁路客服人员代客户填写运单，办理业务。

四是到货运营业场所办理。客户到北京铁路局管内货运营业场所提出运输需求，铁路客服人员面对面与客户进行沟通，确认客户需求，进行报价；客户认可后，由铁路客服人员代客户填写运单，办理业务。

五是联系铁路营销人员上门服务。客户可与铁路部门联系，由铁路客服人员上门受理运输需求；上门后由铁路客服人员代客户填写运单，办理业务。

资料来源：新浪博客，2013-06-06。

思考：该铁路局开辟的货运受理渠道有哪些？为什么要这么做？

第一节　铁路运输产品分销渠道概述

分销渠道策略是整个营销系统的重要组成部分。市场瞬息万变，企业的产品是否能在最短的时间内送至市场一线，呈现在目标消费者面前，已成为营销成功与否的关键因素。因此，如何针对产品特点设计自己独具特色的分销渠道，如何利用分销渠道更好地从事产品分销，已成为企业营销工作的重点。

知识卡片　营销渠道是顾客价值传递网络中重要的组成部分，每个渠道成员都应该将如何为顾客创造并增加价值作为考虑的首要问题。

一、分销渠道的概念与职能

1. 分销渠道的概念

分销渠道是指产品从生产者向消费者或用户转移的过程中所经过的通道，它是由一系列市场中介机构或个人连接起来的。这个通道的起点是生产者，终点是消费者，中间环节主要包括各类批发商、零售商、代理商和经纪人。正是有了这个通道，产品才得以在适当的地点、适当的时间，以适当的价格出售给消费者或顾客，从而实现产品的交换。

在商品经济中，产品通过交换发生价值形式的运动。产品从一个所有者转移到另一个所有者，直至消费者手中，这个过程称为商流。这个过程的参与者是企业自身的销售机构或中间商，我们称之为狭义的分销渠道。伴随着商流，还有产品实体的空间移动，即物流。这个过程的参与者还包括提供产品储存、运输等物流服务的辅助企业，我们称之为广义的分销渠道。商流与物流相结合，才能使产品从生产者到达消费者手中。

菲利普·科特勒提出的定义是：分销渠道是指产品从生产者向消费者或用户转移过程中，取得商品所有权或帮助转移商品所有权的所有组织和个人。

分销渠道是连接生产厂商、销售商和消费者之间的桥梁。它能有效地调节市场经济条件下，生产者、消费者或用户在产品数量、品种、时间、地点、所有权等方面产生的矛盾，并满足市场需要，实现企业的市场营销目标。

【知识拓展】

没有分销渠道时的联系数量和有分销渠道时的联系数量如图 7-1 和图 7-2 所示。

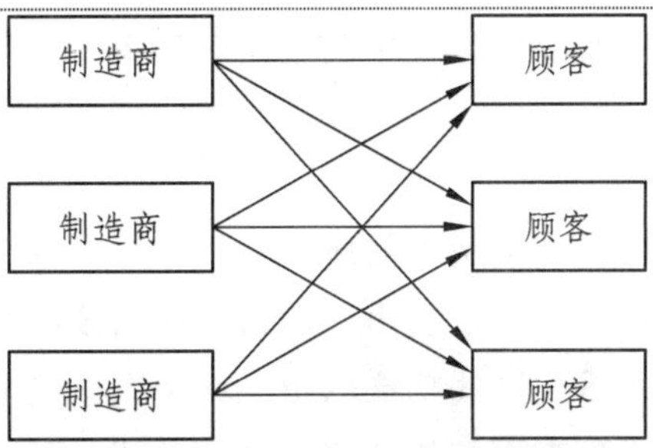

图 7-1 没有分销渠道时的联系数量

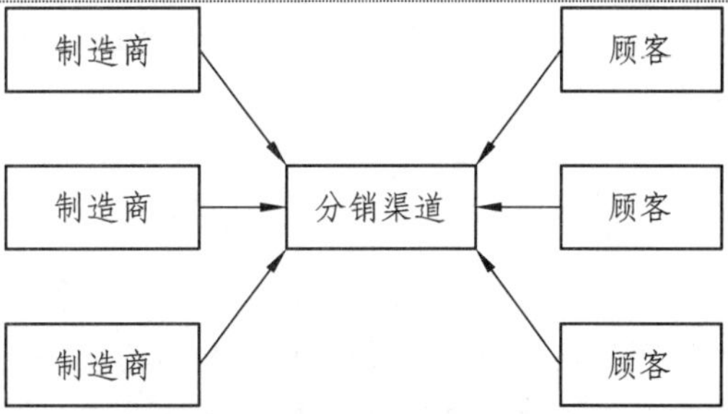

图 7-2 有分销渠道时的联系数量

通过图 7-1 和图 7-2 可以看出，没有分销渠道时的联系数量为 9（制造商×顾客=3×3），有分销渠道时的联系数量为 6（制造商+顾客=3+3）。

2. 分销渠道的职能

发达的商品经济使生产者和消费者在时间和空间上有着更大的距离。大部分生产者都没有足够的人力、物力和财力从事直接分销活动，即使那些有能力建立全国性销售网点的企业也会发现，专门从事销售工作的中间商在执行销售职能方面有着生产企业不具备的优势。分销渠道所起的作用是把产品从生产者手中转移到消费者手中，它弥补了产品、服务在生产者和使用者之间的缺口。在这个过程中，分销渠道主要体现了以下几个方面的职能。

（1）信息沟通。

信息沟通，即收集制订计划和进行交换时所必需的信息。及时、准确的市场信息是现代企业的资本，也是企业竞争的优势所在。分销渠道通过其成员企业间的相互协作、联系及信息交流，承担着生产者与消费者之间信息沟通的职能。

（2）促进销售。

促进销售，即创造需求、开拓市场。企业通过设计和传播有关产品的信息，吸引顾客购买。同时，还可以减少厂家交易次数，降低销售成本，保持企业产品的竞争力。

（3）洽谈生意。

渠道成员之间达成有关产品的价格条件、采购条件、进货条件以及售后服务的协议，并提出订单。

（4）实体分配。

分销渠道除了完成产品交易过程外，还要完成产品实体从生产者到消费者的空间移动，消费才能成为现实的消费，即从事产品的运输、储存等。

（5）资金融通。

中间商购进产品并保持存货，需要投入资金。这部分（投入）资金在产品实际抵达消费者之前就已经垫付，保证了厂商的再生产活动。所以，中间商购进产品的行为，实际属于融资。

（6）风险承担。

产品从生产领域到消费领域转移的过程中会面临许多不确定因素和物质实体的损耗，如市场需求变动、不可抗拒的天灾人祸、运输和存储以及装卸过程中的商品破损等。这些风险均要由分销渠道成员承担。

（7）所有权转移。

分销渠道承担的最本质功能就是完成产品从生产者到消费者的所有权转移。在这个过程中，生产者出售了他的产品，获得了销售收入，消费者付出了货币，取得了所需要的产品。

产品在转移过程中，上述七项功能都必须完成，承担这些功能的组织或个人就是分销渠道成员。分销渠道决策，其实质就是选择什么渠道成员来更有效地完成这些功能。随着市场经济的深入发展，各种新型渠道成员在不断地涌现，企业选择渠道成员所追求的就是寻找能高效率完成以上功能的中介组织或个人。

二、铁路运输产品分销渠道的特点

1. 前置性

铁路运输产品的前提是铁路运输企业或运输中间商通过各种形式组织客流、货源，根据客流货源的组织情况或事先约定好的服务方式组织运输，实现运输产品位移。铁路运输企业应根据客流、货源的分布情况和自身特点，在网点布局、组织方式等方面采取不同的策略，确保运输生产的顺利进行。与有形产品分销渠道不同的是，铁路运输企业分销渠道是出现在运输产品形成之前而不是形成之后。

2. 稳定性

铁路运输企业采取使用中间商的分销渠道，往往会通过签订合同的形式确定与中间商的长期合作关系，这种稳定的合作关系能使双方在合作的基础上互惠互利，共同管理分销渠道，即使市场情形发生变化，分销渠道也不会轻易改变。因此，运输企业在设计和选择分销渠道时要考虑到与企业的长期发展目标相适应，确保渠道的稳定性。

3. 多样性

消费者对铁路运输有多种需求，决定了铁路运输产品分销渠道的多样性。长期稳定的大宗客流、货源要求运输企业以固定的运输方式完成位移活动，而零星客流、货源大都通过中间商进行组织，并采用灵活的运输方式完成位移活动。从渠道的构成看，消费品的运输渠道往往比工业用品的运输渠道长。这种有形产品的特点决定了铁路运输产品分销渠道的不同形式。

4. 关联性

铁路运输产品的分销渠道不仅与所涉及的渠道成员有关，而且与产品的其他营销策略以及竞争对手所采取的策略相关。例如针对公路运输企业灵活多样的营销策略，铁路货物运输也开始试行使用中间商揽货和全程承包运输等形式的分销渠道。

思考与训练

小肥羊餐饮连锁有限公司经过多年的发展，已经悄然登上我国餐饮业中餐第一把交椅，并且进入了国外餐饮市场。其发展过程分为如下几个阶段。

第一阶段：加盟为主，重点直营。

小肥羊把加盟政策定为“加盟为主，重点直营”，在全国各地设立了省、市、县级总代理及单独加盟店。这一政策不仅满足了市场、加盟者、消费者三方面的需求，而且创造了良好的品牌效益，使小肥羊一举打响了知名度。

第二阶段：直营为主，规范加盟。

在加盟中心调查的基础上，董事会做出了暂停加盟业务的决定，此后很长一段时间内公司没有新增加盟店。与此同时，分阶段、有重点地对加盟市场进行了一系列的规范和整顿。

第三阶段：重启加盟，全球扩张。

一二线城市以直营为主，二三线城市以加盟为主，在国内将不再设任何形式的总代理。在这一阶段公司支持二次加盟，对好的加盟商予以收编，通过参股、控股等方式加强与加盟店的合作。在国际市场，开设直营店，适度开设加盟店，形式灵活掌握，既可以设置必要的总代理，也可以设置个体加盟店，以全面打开国际市场。

问题：

1. 直营连锁与特许连锁有什么区别？
2. 企业应该如何根据自身特点确定直营连锁与特许连锁的结合？

三、铁路运输产品分销渠道的模式与类型

1. 分销渠道的基本模式

消费品分销渠道主要有五种分销形式（或三级分销渠道），如图 7-3 所示。

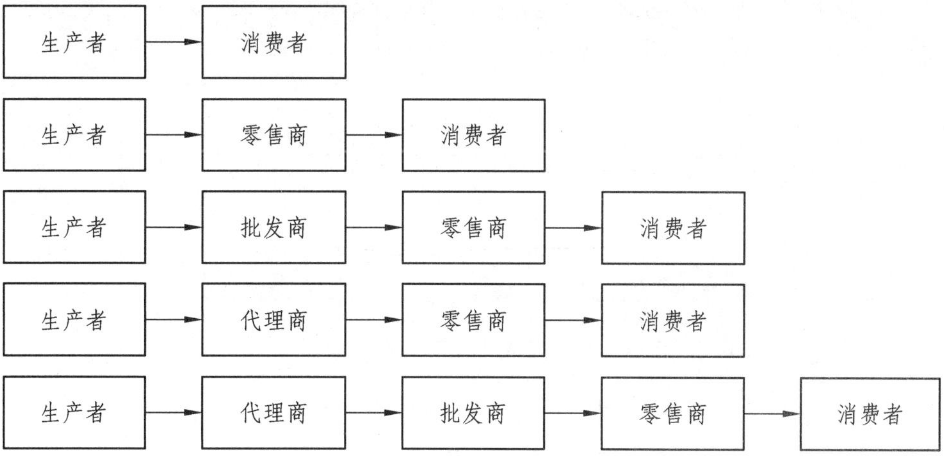

（a）消费品分销渠道的模式

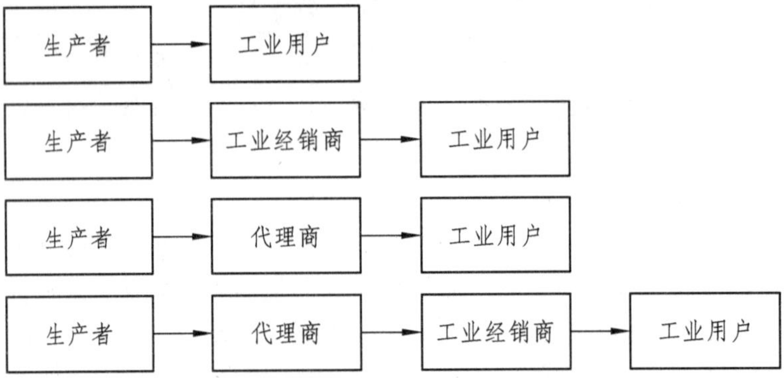

（b）工业用品分销渠道模式

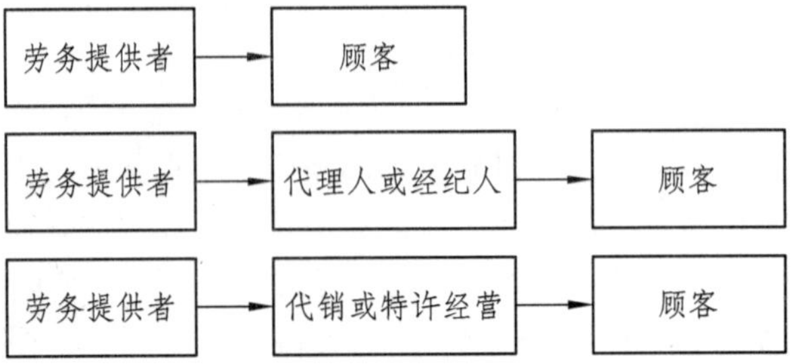

（c）服务产品分销渠道模式

图 7-3　分销渠道模式

铁路运输产品是指铁路运输企业提供的位移服务，是一种具有无形性、随机性等特点的特殊商品，其分销渠道与企业有形产品的分销渠道有相同点，但也存在着较大差别。企业有形产品的分销渠道是指从企业到消费者之间的整体销售网络，其数量众多、形式多样；铁路运输产品分销渠道包括铁路运输企业、旅客和货主、运输中间商和代理商以及客、货场站等环节，起点是运输企业，终点是对运输有需求的旅客、货主，中间环节是为达成运输活动而进行客流、货源组织的各种中间商，具体包括经营型场站组织、代理公司、经纪人、委托商等。运输企业分销渠道模式如图 7-4 所示。

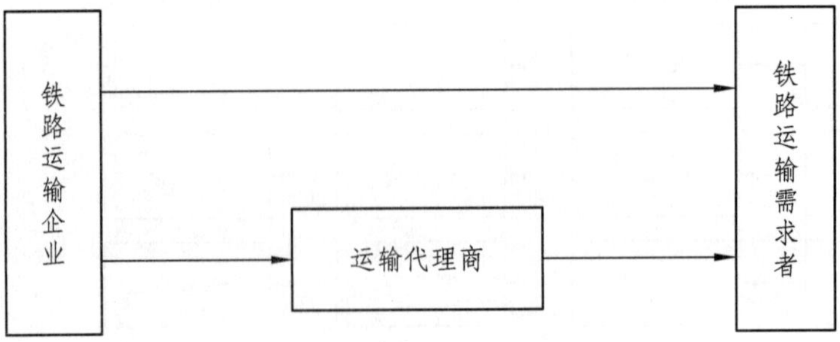

图 7-4　铁路运输产品分销渠道模式

2. 铁路运输产品分销渠道的类型

铁路运输产品存在生产和消费过程的统一性，在这一过程中不存在实体物品所有权的转移，因而铁路运输产品销售渠道比有形产品的销售渠道更直接。铁路运输产品销售渠道类型按不同分类标准可以划分为不同的类型。

（1）直接渠道和间接渠道。

铁路运输产品分销渠道按照是否经过中间商这一环节可以分为直接渠道和间接渠道。

直接渠道是指铁路运输企业直接为铁路运输需求者提供运输服务。供需双方按运输合同规定的条款实现产品的运输过程，如图 7-5 所示。采用这种方式，可以密切铁路运输企业和运输需求者之间的关系，及时了解运输市场需求动态，为铁路运输企业根据情况提供各种服务创造条件。但由于受企业人员、资金等因素的限制，客源、货源组织面窄点少，效率不高，往往仅限于大宗稳定货物或有特种运输需求的货物。一般来说，大型机器设备、专用工具，以及技术复杂、需要提供专门服务的产品，几乎都采用直接渠道销售。

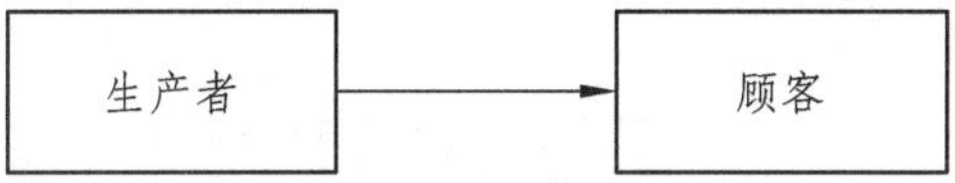

图 7-5　直接渠道

间接渠道是指铁路运输企业通过运输中间商为运输需求者提供运输服务。采用这种方式可以利用运输中间商的丰富组织经验和广泛关系网，组织客流、货源量大，且相对稳定，便于铁路运输企业组织均衡运输，提高运输效率，有利于运输需求双方简化手续；但是容易使企业无法了解运输市场需求信息，有一定的市场风险，而且由于铁路运输企业对中间商大多实行折扣价格、优惠政策等原因，使企业每次运输的利润减少。

有时，按照中间环节的多少，可以将间接渠道进一步分为一级渠道和多级渠道，一级渠道包括一个中间环节，多级渠道包括两个及其以上中间环节。

（2）长渠道和短渠道。

长渠道与短渠道是根据产品从生产者向消费者转移的过程中所经过的中间环节的多少来划分的。

长渠道指生产者利用两个或两个以上的中间商，把产品销售给消费者或用户，如图 7-6 所示。一般销售量较大、销售范围广的产品宜采用长渠道，通过批发商或代理商，再由零售商销售给消费者。长渠道可以使生产者在产品销售中充分利用各类中间商的职能，发挥他们各自的优势，扩大销售，生产企业本身可以更好地集中精力搞好生产。但其缺点是流通费用增加，不利于减轻消费者的价格负担。

图 7-6　长渠道

短渠道指生产者利用一个中间环节或自己销售产品，如图 7-7 所示。一般销售批量大、市场比较集中或产品本身技术复杂、价格较高的适用短渠道。短渠道可以使商品迅速到达消费者手中；能减少商品使用价值的损失，有利于开展售后服务；有利于节省费用开支，降低产品价格。但不足之处是生产者承担商业职能多，不利于集中精力搞好生产。

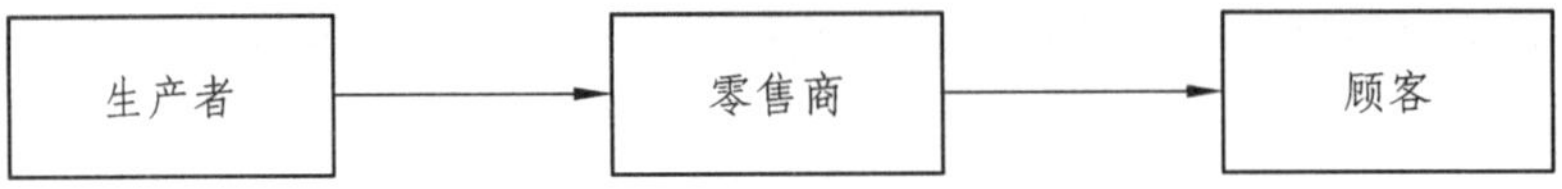

图 7-7　短渠道

对于铁路运输企业来讲，所提供的产品是一种劳务，时效性强，具有不可储存性特点，所以铁路运输产品应尽可能采用短渠道销售以减少不必要的中间环节。目前多数运输产品采用直接渠道和一级渠道，这样既保证了铁路运输产品的时效性又可以有广大的市场覆盖面，以扩大分销网络，赢得更多顾客。

（3）宽渠道和窄渠道。

按分销渠道每一个环节中间商数量的多少，分销渠道可分为宽渠道和窄渠道。

宽渠道是指生产商同时选择两个及以上的同类中间商销售产品，如图 7-8 所示。一般商品的销售多采用宽渠道结构。

图 7-8　宽渠道

窄渠道是指生产者在某地区或某一产品分类中只选择一个中间商来销售产品，即独家经销，如图 7-9 所示。

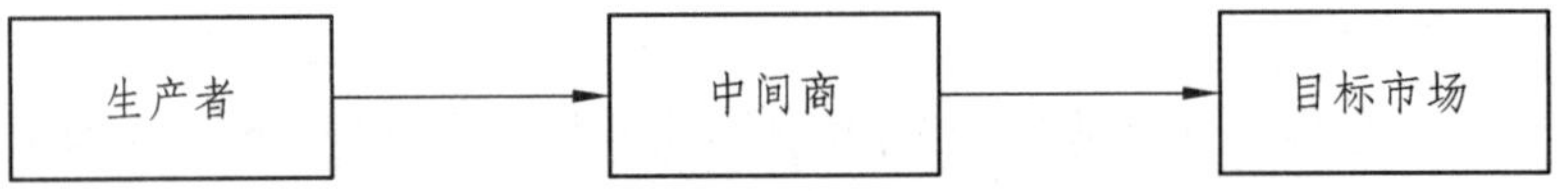

图 7-9　窄渠道

（4）单渠道和多渠道。

从整个分销渠道结构来看，按企业采用的渠道类型的多少，可分为单渠道和多渠道，这体现的是分销渠道的广度。现在随着市场的发展和竞争需要，单渠道分销缺乏灵活性，很难使企业有较高的营销效率，多数企业都实行多种分销渠道，铁路运输企业也不例外。

（5）固定渠道和流动渠道。

铁路运输产品分销渠道按照是否有固定场所可以划分为固定渠道和流动渠道。

固定渠道是指铁路运输企业通过某些固定场所去满足消费者对运输的需求，实现运输产品的销售过程。如车站、客票代售点、托运站点等，运输需求者到这些场所来办理各种乘坐或托运手续，这些场所往往是客、货位移的开始，适用于旅客运输、零担货物运输等方式。

流动渠道是指铁路运输企业根据消费者的需要随时随地提供运输服务，而不需要固定的服务场所。例如，每年的寒暑假到来时，铁路企业都要派流动售票车到各地的大学城售票或毕业季到大学城组织货源、托运行李。

这几种渠道有的相互交叉，只是划分的标准不同。例如，短渠道中的零层渠道就是直接渠道，而短渠道中的一层渠道就是间接渠道，长渠道都属于间接渠道。渠道的长短和宽窄只是分别从纵向和横向来看的结果，立足整个渠道结构，则会有单渠道和多渠道之分。

企业选择何种类型的分销渠道，会受到各种因素的影响和制约，企业必须充分考虑产品因素，市场的消费者因素，中间商和竞争者因素，企业自身的产品组合、经营实力、管理能力因素以及国家的政治、经济环境等因素，对可供选择的分销渠道进行评估和决策。

四、铁路运输产品分销渠道系统的结构

产品流向最终消费者有多种途径，对于企业来说，效率最高的途径通常是其最优选择。对于运输产品来说，不同的运输企业、消费者特性和产品属性，决定了其分销渠道系统的结构可能存在多种形式。根据铁路运输产品特点，其分销渠道系统的结构主要包括垂直渠道系统、水平渠道系统和综合渠道系统。

1. 垂直渠道系统

垂直渠道系统由运输企业和运输中间商组成统一系统，其中一个成员拥有另一成员的所有权，如该渠道系统成员均属于同一家运输企业，形成中央集权式渠道系统，或者其中一个成员有足够的能力使其他成员合作。这种系统能够有效地控制渠道各成员的渠道行为，消除渠道成员为追求各自利益而引起的冲突。各渠道成员通过规模经营和减少重复服务获得稳定、长远效益。这种渠道系统可以分为以下三种形式。

（1）所有权式。

所有权式垂直营销系统是在单一所有权体系下组成一系列的分销机构，形成巨大的企业体系，如由一家运输公司拥有的若干运输企业、代理机构和运输车队，该公司对下属各单位实行统一管理，并规定各单位的经营权限和利益分配比例，控制分销渠道的若干层次，甚至整个分销渠道，综合经营运输、客流货源组织、代理业务。

（2）管理式。

管理式垂直营销系统是通过渠道中一个规模大和实力强的成员把在不同所有权下的分销企业联合起来，综合协调整个客流、货源的组织和运输径路的渠道系统。信誉好的运输商能取得代理商的合作与坚强支持。例如某运输企业由于企业实力强、信誉好，博得了中间商在产品促销和价格政策方面的良好合作。

（3）合同式。

合同式垂直营销系统是指不同层次的独立的运输商和中间商，以合同、契约等形式为基础建立的联合经营形式，以期能产生比单独经营时更大的经济、社会效益。这种渠道系统近几年发展迅速，已成为分销渠道系统最重要的类型。通过契约联合起来的企业主要有代理商组织的代理网点、委托商合作组织、特许经营组织等。

2. 水平渠道系统

水平渠道系统是由两家或两家以上的运输企业联合，形成自愿性的短期或长期联合关系，共同开拓新的营销机会的渠道系统，如在联运组织方式中汽车运输公司与铁路运输部门、航空运输公司的联合形成的渠道系统。水平渠道系统产生的原因很多，通常有以下几方面。

（1）一个运输企业单独无法去聚集足够的生产资金、周转资金、技术条件及缺少各种营销设施，以顺利从事运输生产；业务企业因资本、运输技术、营销资源不足，无力单独开拓市场机会。

（2）需要其他运输企业所拥有的营销资源，两个企业联合或因不愿承担风险，或因看到和其他公司联合可以实现更好的经济效益。

（3）由于运输市场竞争的日益加剧，单独一个运输企业无法面对激烈的竞争，或者不愿意单独承担风险。

3. 综合渠道系统

综合渠道系统是指对同一或不同的运输市场，运输企业采用多种渠道进行营销活动的分销体系。如铁路运输企业、公路运输企业等不仅可以通过自己设立的网络系统来组织客流、货源，而且也可以通过代理公司为自己组织客流、货源。这种渠道系统虽然会导致不同渠道之间的竞争日趋激烈，影响每一渠道的单独客货数量，产生疏远原有渠道的危险，但各渠道组织客流、货源总量仍会高于单独一个渠道系统的组货数量，并且可以根据不同类型的运输产品实行多种营销策略，以满足不同货主的需求。

第二节　铁路运输分销渠道的选择与管理

“得市场者得天下”，这是市场经济大舞台上企业竞争的定律。在企业营销的核心 4P 策略中，产品是企业与消费者互换的物质根基，价格影响消费者的购买欲望，促销是沟通信息、吸引顾客购买的重要手段。企业必须准确地分析市场需求，善于发现和捕捉市场机会，并通过有效的渠道适时适地将产品送达消费者的身边，从而真正地占领市场。

分销渠道在设计时应该考虑选择哪些渠道成员？选用哪种模式？哪些限制因素或影响因素制约着分销渠道的选择？如何才能管理好分销渠道？这些都是企业必须研究的重要内容。

> 知识卡片　分销渠道不是一成不变的，它会随着环境变化和企业发展而不断演变。

一、铁路运输市场中间商

1. 铁路运输中间商的概念及类型

中间商是指处于生产者和消费者之间、参与商品交换、促进买卖行为发生和实现的具有法人资格的经济组织或个人，包括经销商（批发商和零售商）和代理商。

铁路运输市场中间商是市场中间商的一种特殊类型，是指专门为铁路运输生产者组织客流、货源，或为铁路运输生产供需双方提供中介服务，促进运输交易行为实现的运输经营者。前面提到的货代公司、委托商都是运输市场的中间商。

铁路运输市场中间商按其发挥功能的不同可以分为以下几种类型，如图 7-10 所示。

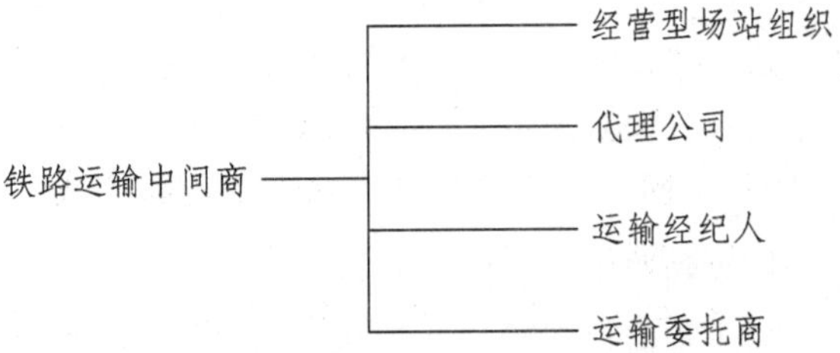

图 7-10 铁路运输市场中间商的构成

（1）经营型场站组织。

经营型场站组织主要指铁路客运站和货运站等，如货物托运站，集装箱货运站等。这些场站组织面向全社会的铁路运输需求者，根据其对铁路运输需求的特点为其提供各种运输服务。

（2）代理公司。

我国目前的代理公司大多是大型运输企业自己设立或者有针对性地选择具有一定实力和信誉的其他代理公司。代理运输生产者负责整个客流、货源业务的组织工作，为运输需求者提供咨询业务及运输方式和服务项目的选择。代理公司不拥有商品的所有权，只是运输生产者的经营代理。运输生产者选择代理商，主要依据代理商的实力、信誉和所拥有的组货渠道网络。代理公司的最大优势在于熟悉运输市场行情，有专业知识并且和运输的供求双方保持密切合作关系。

（3）运输经纪人。

运输经纪人与运输代理有些类似，不拥有商品所有权，不控制运输价格及运输条件，其主要作用是为运输生产者和运输需求者双方牵线搭桥，协助谈判，促成交易。交易完成后，向委托方收取费用，但与运输需求双方没有固定关系，也不承担风险。

（4）运输委托商。

运输委托商是指由运输生产者以合同的形式委托其他经营者为其组织客流、货源，送货取货的经营者。运输生产货源分散、零星等特点，决定了运输委托商在分销渠道中发挥着替运输企业组织客流、货源的重要作用。

2. 铁路运输市场中间商的功能

在铁路运输产品分销渠道中，中间商起着十分重要的作用，铁路运输产品分销渠道研究的重点就是选择哪一类型的运输中间商。一般来说运输中间商主要有以下功能。

（1）客流、货源组织功能。

由于铁路运输市场具有客流、货源分布面广、流动性强等特点，任何一个运输企业在现代商品经济条件下都无法单独完成客流、货源的组织工作和运输生产，而运输中间商能利用其丰富的社会关系和广泛的网点布局，以经济的手段和有效的客流、货源组织方式为运输企业生产提供客流、货源，使运输企业能够充分利用其运输能力。

（2）运输服务功能。

铁路运输中间商能根据社会对铁路运输的需求程度提供各种运输辅助服务。如货运代理服务，为运输需求者代办各种运输业务，包括代办托运手续、商检、报关等业务；技术咨询服务，为车主和货主提供车辆技术、运输线路及方式的选择等咨询服务；为运输需求提供储存场所，并且提供装卸、搬运、取送服务等。

（3）运输信息咨询功能。

铁路运输中间商由于专业知识丰富，经营网点众多，能深入到车站、码头、工厂及社区，掌握运输市场供求信息，进一步沟通运输生产供求双方之间的关系，也可以为铁路运输生产和需求双方提供市场供需预测、运输分析等方面的咨询服务。

二、影响分销渠道设计的因素

在把握总体设计原则的前提下，具体设计分销渠道要考虑以下几个方面的因素。

1. 产品因素

不同的产品应选择不同的分销渠道，产品因素通常包括以下几个方面。

（1）产品价值。

产品价值是指产品的单位价值。一般来说，产品单位价值的大小与分销渠道的长短、宽窄成反比。单位价值越大（如耐用消费品、工业专用设备和成套机组等），要求的分销渠道路径就越短，避免过多的中间商盘剥利润，可以采用专卖或者代理的形式来建立分销渠道。单位价值越小（如日用消费品、工业标准件等），越需要密集布点，需要更多的网络成员来经营。但也有例外，有的产品单位价值虽低，但一次订货数量很大，或者这种产品习惯上是与其他产品共同出售的，也会采用短而窄的渠道。

（2）产品的体积和重量。

在选择分销渠道时，还必须考虑运输和储运费用。从成本控制的角度考虑，体积和重量越大，越应该采取短渠道策略。例如，建筑机械、大型农机具、大型机器设备、家具产品、家电产品宜采用短渠道，以减少搬运、装卸次数。

（3）产品的易毁性和易腐性。

易腐产品，如水果、蔬菜、鲜鱼肉类，或不宜运输的易毁、易损性产品，如玻璃器皿、精密仪器等，宜采用直接或较短的分销渠道。

（4）产品的特殊性。

由于特种货物运输需要专门运输工具和技术，甚至需派人押运，应采用直接分销渠道方式，以满足货主对运输的特殊要求。

（5）产品的生命周期阶段。

处于不同生命周期阶段的产品，其分销渠道也有所不同。进入期的新产品，企业为尽快打开销路，要依靠自己的销售队伍，通过各种促销手段，使新产品直接与消费者见面，采用直接的短渠道居多；成长期和成熟期则要加强终端深耕，最大限度地挖掘市场的潜力，这时往往要依靠中间商打开市场，宜采用间接渠道。

2. 市场因素

（1）购买批量的大小。

购买批量大，多采用直接销售；购买批量小，除通过自设门市部出售外，多采用间接销售。

（2）消费者的分布。

某些商品消费地区分布比较集中，适合直接销售。反之，适合间接销售。在工业品销售中，本地用户产需联系方便，因而适合直接销售；外地用户较为分散，通过间接销售较为合适。

（3）顾客的数量。

若消费者的需求多，市场范围大，则需要中间商提供服务来满足消费者的需求，宜选择间接分销渠道。若需求少，市场范围小，生产企业可直接销售。

（4）消费者的购买习惯。

有的消费者喜欢到企业开设的商店购买商品，有的消费者喜欢到大型商店购买商品。所以，生产企业应既有直接销售，也有间接销售，满足不同消费者的需求，以增加产品的销售量。

3. 企业自身因素

（1）企业自身实力。

企业自身实力主要包括人力、物力、财力。如果企业实力强，可建立自己的分销网络，实行直接销售；反之，应选择中间商推销产品。

（2）企业产品组合情况。

产品线长而深的产品，宜选择宽而短的渠道。

（3）企业经营管理能力。

如果企业管理能力强，又有丰富的营销经验，可选择直接销售渠道；反之，应采用中间商渠道。

（4）企业控制渠道愿望。

企业为了有效地控制分销渠道，多半选择短渠道；反之，如果企业不希望控制渠道，则可选择长渠道。

4. 其他外部环境因素

（1）经济形式。

社会经济形势好，运输需求量增加，渠道选择方式会灵活一些；经济萧条时期，运输需求量降低，应尽量减少各中间环节，取消不必要的加价以降低商品价格，一般采用较短渠道甚至直销方式。

（2）竞争对手情况。

企业在设计渠道时，要分析和研究市场上经营同类产品的竞争企业的渠道设置，可以从中得到启发，参考对方的渠道结构，也可以根据竞争企业的分销渠道策略选择自己的策略。

（3）国家的有关法规。

专卖制度、反垄断法、铁路法、税法、反不正当竞争法、税收政策、价格政策等因素都影响企业对分销渠道的选择。运输企业应根据一定时期内的国家政策法规要求，如对运价的调整、商品检验规定、对运输产品某些方面限制等，及时调整分销渠道。

三、分销渠道设计的步骤

虽然每一个企业分销渠道设计的操作不尽相同，但一般来说渠道设计可分解成五个基本步骤。

1. 确定渠道目标

企业分销渠道的目标主要是发掘产品到达目标市场的最佳途径，一般以经济效益最佳为衡量结果，即以最低的成本和费用，通过适当的渠道，把产品适时送到企业的目标市场。这类目标在不同的时期有不同的侧重点，它决定了设计分销渠道的方向。

2. 确定渠道类型

企业在进行分销渠道的设计时，要结合产品条件、市场条件、企业自身条件决定采取什么类型的渠道，即要确定采用哪一种或哪几种类型的渠道来分销产品，是直销还是通过中间商销售，是采用直接销售渠道还是采用间接销售渠道等。

3. 确定渠道长度

在确定了渠道类型后，若是用间接渠道和复合渠道等分销产品，企业还面临着确定渠道长度的决策问题。技术和服务含量较高的产品如电脑、汽车等，需要较短的渠道；消费者选择性不强但要求方便购买的产品如日用小百货，则适宜采用较长的渠道。

4. 确定渠道成员

企业一旦选定了分销渠道，就要对其进行具体设计，这实际上是选择中间商并确定其相互关系的过程。确定渠道成员要解决四个方面的问题。

（1）是否使用中间商。

这需要从销售业绩和经济效果两方面来考虑。销售业绩是指销售额的大小，经济效果是指利润额的大小。二者并非总是一致，具体以谁为主，要视企业具体情况而定。若要扩大市场占有率，则应重视销售额；若要实现利润最大化，则应重视经济效果。一种产品的销售可以通过多种渠道来实现，究竟采用哪种渠道，则要通过分析比较。

（2）确定中间商的数目。

这实际上是确定渠道的宽度。它与企业产品在市场中的地位及特征、企业的市场营销目标和营销战略密切相关。对于特制品、名牌、高档消费品和工业用产品，企业可选择独家分销；对于价格低、购买频率高的日用消费品和工业品中的标准件、小五金和原材料等，企业可选择广泛性分销；对于消费品中的选购品和特殊品、工业品中的零配件，企业可采用选择性分销。

（3）选择中间商。

中间商的质量直接影响企业的产品销路和经济效益。企业选择中间商时需考虑其目标市场、地理位置、经营范围、促销手段、服务能力、储运条件、财务状况、管理能力等。

（4）确定渠道成员的权利和义务。

渠道成员之间以及各渠道成员与生产企业之间应该是相互依存、相互合作的关系，但由于其各自有着不同的经济利益，这些经济实体之间必然会产生一些矛盾。为解决这些矛盾，保证分销渠道的畅通，企业必须就价格政策、销售条件、市场区域划分、相互服务等方面明确中间商的权利和义务。

5. 评估渠道方案

各种分销渠道都有不足之处，企业选择分销渠道时要坚持一个基本标准，即建立分销渠道必须保证企业设立分销渠道的净收益（企业管理分销渠道要支付管理费用）与消费者从分销渠道中得到的净收益（消费者因为有了分销渠道，可以减少购买的麻烦，但是要支付中间环节的加价）之和最大。渠道评估具体的标准有三个：经济性、可控性和适应性，其中最重要的是经济性。

（1）经济性。

经济性标准评估主要是比较每个方案可能达到的销售额及费用水平。企业对上述情况进行权衡，从中选择最佳分销方式。在比较时，企业追求的不一定是销售量最高或成本最低，而是在销售量和成本之间维持一个最适当的比例，以使企业的长期经济效益最大。

（2）可控性。

可控性标准评估主要是衡量渠道成员之间的纵向、横向关系以及渠道成员的稳固性等具体因素。一般来说，采用中间商的可控性小，企业直接销售的可控性大；分销渠道长，可控性难度大，分销渠道短，可控性较容易些。企业必须进行全面比较、权衡来选择最优方案。

（3）适应性。

适应性标准评估主要是考虑生产者是否具有适应环境变化的能力。当今市场瞬息万变，新的渠道模式层出不穷。如果生产企业同所选择的中间商的合约时间长，在其他销售方法（如直接邮购）更有效的情况下，生产企业不能随便解除合同，这样企业选择分销渠道便缺乏灵活性。因此，生产企业必须考虑选择策略的灵活性，不签订时间过长的合约，除非在经济或控制方面具有十分优越的条件。

知识卡片 渠道冲突在一定程度上可以增强渠道成员的忧患意识，解决冲突的过程，也有助于激发渠道成员的创新性，进而提高渠道效率。

四、分销渠道的管理

企业在选择了分销渠道之后，就要从事具体的销售活动，对运行后的分销渠道进行管理。管理分销渠道的重点是做好中间商的检查、督促和鼓励工作；同时，根据营销环境的变化，对分销渠道进行及时调整。管理分销渠道应从以下几个方面进行。

1. 检查中间商

对中间商的常规检查应遵照一定的标准和一些具体的指标，主要包括能力指标和实力指标。能力指标包括网络布控能力，市场价格、品种、区域控制能力，终端管理能力，对业务员日常工作的管理能力，服务意识与能力，企业内部管理能力，实现销售目标的能力，诚信能力，对本企业理念的理解、认可能力，代理区域公共关系能力，商品配送能力，市场信息反馈能力，抑制竞争能力，促销配合能力，经销品种占有能力等。实力指标包括资金实力，现有网点质量实力，商场关系实力，投资实力，人员实力，自有店面实力，可投入固定资产实力，仓储、配送实力，特有实力等。

2. 激励中间商

激励中间商，目的是使其出色地完成销售任务。激励中间商必须先了解中间商的需要与愿望，同时要处理好与渠道成员的关系。铁路运输企业通过合同规定与中间商合作条件的同时，还要不断地给中间商以鼓励。这是因为中间商是独立的经济实体，一方面中间商往往偏向于客户，是客户的采购者和代言人，另一方面中间商和不同运输企业保持着联系，有权选择满意的运输方式，因此为了取得有关运输信息，使中间商能够努力工作，铁路运输企业应采取措施保持和中间商的联系，具体包括以下几种。

（1）激励方式。

激励是通过采取一定措施提高中间商与铁路运输企业合作的有效方式。一般可采用奖励、惩罚、分享部分管理权等方式。

① 奖励。对于工作成绩突出的渠道成员，可以采用提高其利润水平、补贴或按业绩提成等方式，激励成员努力工作。

② 惩罚。对于工作不负责任的渠道成员，可以通过警告、罚款，甚至取消合作关系等方式，迫使成员努力工作。

③ 分享管理权。铁路运输企业与中间商通过合同、契约等形式联合起来，通过双方的密切合作，努力减少双方冲突的可能性，由运输企业牵头，会同中间商各成员协商管理、经营等问题。

铁路运输企业激励中间商的原则要适度，应以能增加取得利润为原则。如果给予中间商过分的优惠条件，尽管能刺激中间商提高兴趣，但不一定能使企业获得更高的利润，甚至会造成利润下降，失去了激励的意义。

（2）加强与中间商的合作。

① 与中间商建立长期合作关系。由于中间商在客货源组织、选择运输方式等方面有较大优势，铁路运输企业应与部分大型中间商结成长期合作的伙伴关系。双方共同商议各自的行业规范、服务水平、市场信息和开发等方面内容，并通过合同形式确保双方的利益。

② 提供适销对路产品。中间商在选择使用哪种运输方式之前，要综合考虑铁路运输企业的服务水平是否能满足要求，例如在时间上能否满足客户要求、价格是否合理等，因此，运输企业要根据运输市场的需求，提供适销对路的产品来满足客户需要。铁路开行的夕发朝至列车、公路的“门到门”运输等方式都是这方面的反映。

③ 加强促销活动。铁路运输市场在由卖方市场向买方市场的转变过程中，应该加强促销活动，利用各种广告媒介推销自己的产品，这样会使中间商对运输企业经营有更深刻的了解，增加双方合作的可能性。

④ 合理分配利润。铁路运输企业要充分利用定价策略，根据中间商的客流、货源组织情况、任务完成情况等方面对其进行综合评价，以此作为双方利益分配的标准，应根据运输市场行情适时调整价格政策。

⑤ 资金支持。对于有合作关系的中间商，铁路运输企业可以考虑在付款期限、付款方式等方面给予一定优惠，确保双方良好合作关系。

3. 评价渠道成员

渠道的管理者还必须定期考核、评价渠道成员的工作绩效。评价的目的是及时发现存在的问题，以便有针对性地解决、提高渠道的效率。当发现某一成员的绩效低于既定标准时，渠道管理者应该找出问题的主要原因，及时开展各种补救工作；对于实在不能令人满意的渠道成员，还应该考虑更换或将其从营销渠道中剔除。

评价渠道成员主要根据渠道的性质、经营要求以及中间商的合作关系，确定适宜的标准。一般来说，主要评价指标包括：客流、货源完成情况、对客户服务水平、对损坏商品处理、存货及交货情况、与其他成员配合程度等。

如果渠道管理者和渠道成员能事先制定出工作标准，并对违规达成协议，就可以避免许多问题和失误。渠道管理者应该牢记评价的目的是奖优罚劣，提高企业的信誉。

4. 调整分销渠道

市场营销环境不是一成不变的，当消费者的购买方式发生变化、市场扩大、产品进入生命周期的不同阶段、新的竞争者和创新的经营策略出现时，必须对原有的分销渠道进行必要的调整。一般而言，调整有以下三个层次。

（1）调整某些渠道成员。

在分销渠道的管理与改进活动中，最常见的就是增减某些中间商，这是渠道改进和调整的最低层次。调整的内容包括功能调整、素质调整、数量调整。

（2）调整某些分销渠道。

调整的内容包括对企业的某个分销渠道的目标市场重新进行定位、对某个目标市场的分销渠道重新选定等。

（3）调整整个分销渠道系统。

这是分销渠道改进和调整的最高层次。对企业来说，最困难的渠道变化决策就是调整整个分销渠道系统，因为这种决策不仅涉及渠道系统本身，而且涉及营销组合等一系列市场营销政策的相应调整，因此必须慎重对待。例如，铁路运输企业决定不再通过直接组织客流、货源的方式而改为充分依靠中间商的力量时，会给整个营销渠道带来彻底变化。这种情况往往在铁路运输市场发生某种重大变革时，经企业高层领导决定才会出现。

复习思考题

一、单项选择题

1. 中间商是指处于（　　）之间，参与商品交换，促进买卖行为发生和实现的具有法人资格的经济组织和个人。

A 生产者与生产者之间　　B. 消费者与消费者之间

C. 生产者与消费者之间　　D. 批发商与零售商之间

2. 当生产量大且超过企业自销能力的许可时，其渠道策略应为（　　）。

A. 直接渠道　　B. 间接渠道　　C. 专营渠道　　D. 供应渠道

3. 批量大、市场比较集中或产品本身技术复杂、价格较高的产品适用（　　）。

A. 长渠道　　B. 短渠道　　C. 中渠道　　D. 零渠道

4. 当产品进入成长期和成熟期后，随着产品销量的增加，市场范围的扩大，竞争的加剧，企业可采用（　　）策略。

A. 长渠道　　B. 短渠道　　C. 中渠道　　D. 零渠道

5. 以下的（　　）策略适用于一些选择性较强的耐用消费品、高档消费品和专用性较强的零配件，以及技术服务要求较高的工业品的销售。

A. 密集型分销　　B. 选择性分销

C. 差异性分销　　D. 独家分销

6. 长渠道的优点是（　　）。

A. 信息通畅　　B. 企业能集中精力组织生产

C. 价格加成小　　D. 以上都是

7. 某车站在站前广场增设多个广场售票点这属于（　　）分销渠道。

A. 延长　　B. 缩短　　C. 拓宽　　D. 缩窄

8. 经纪人和代理商属于（　　）。

A. 零售商　　B. 中间商　　C. 供应商　　D. 公众

9. 适合采用直接分销渠道的是（　　）。

A. 罐装饮料　　B. 化妆品　　C. 大型机械　　D. 笔记本电脑

10. 某公司建立了三条渠道进行分销活动，则该公司的分销模式属于（　　）。
A. 传统分销渠道模式　　B. 垂直分销渠道模式
C. 水平分销渠道模式　　D. 多渠道分销渠道模式
11. 一般来说，企业规模大、财力强、控制欲望又高时，往往选择（　　）。
A. 多级渠道　　B. 一级渠道　　C. 宽渠道　　D. 零级渠道
12. 制造商在对自己的分销渠道进行评估时会有各种标准，这些标准中最重要的是（　　）。
A. 经济性标准　　B. 控制性标准　　C. 适应性标准　　D. 及时性标准

二、多项选择题

1. 分销渠道包括（　　）。
A. 生产者　　B. 供应商　　C. 代理商　　D. 消费者
2. 铁路运输产品分销渠道的特点有（　　）。
A. 前置性　　B. 稳定性　　C. 多样性　　D. 关联性
3. 铁路运输中间商的功能主要有（　　）。
A. 组织客流、货源　　B. 提供各种运输辅助服务
C. 铁路运输信息咨询服务　　D. 直接提供客货运输
4. 影响分销渠道选择的因素主要有（　　）。
A. 产品因素　　B. 市场因素　　C. 企业自身因素
D. 竞争因素　　E. 环境因素
5. 据生产商在某一区域目标市场选择中间商数目的多少来划分渠道，可以分为（　　）。
A. 长渠道　　B. 短渠道　　C. 宽渠道　　D. 窄渠道
6. 铁路运输中间商的类型主要有（　　）。
A. 经营型场站组织　　B. 经销商　　C. 代理公司
D. 运输经纪人　　E. 运输委托商
7. 分销渠道调整的方式主要有（　　）。
A. 调整某些渠道成员　　B. 调整某些分销渠道
C. 保持原有分销渠道　　D. 调整整个分销渠道系统
8. 公司主要从（　　）方面选择和评估中间商。
A. 组织管理能力　　B. 产品能力　　C. 市场能力　　D. 财务能力

三、判断题

1. 分销渠道是产品从制造商转移到零售商所经过各中间商连接起来形成的通道。（　　）
2. 代理商与经销商的本质区别在于是否拥有产品的所有权。（　　）
3. 宽渠道是指制造商同时选择两个以上的同类中间商销售产品。（　　）
4. 长渠道是指生产者利用一个中间环节来销售产品。（　　）
5. 间接渠道是指产品从生产者流向最终消费者的过程中不经过任何中间商转手的分销渠道。（　　）

6. 代理中间商是指从事商品交易业务，在商品买卖过程中拥有产品所有权的中间商。（　　）

7. 直接渠道和间接渠道的主要区别是在产品销售过程中是否经过了中间商。（　　）

8. 一条分销渠道一般包括生产者、消费者、资源供应者、商人中间商、代理中间商和辅助商等。（　　）

9. 判断一个渠道选择方案好坏的标准是其能否导致较高的销售额和较低的成本。（　　）

10. 流动渠道适于稳定客流、货源的长期集结。（　　）

11. 生产者市场多采用间接渠道，消费者市场多采用直接渠道。（　　）

12. 日用消费品、工业品中的标准件，一般可以采用较长的分销渠道，而高档消费品、工业品中的专用设备或成套机组则应采用较短的渠道结构。（　　）

四、简答题

1. 分销渠道的含义和职能是什么？
2. 铁路运输产品分销渠道的特点是什么？
3. 铁路运输产品分销渠道有哪些类型？
4. 铁路运输市场中间商有哪些功能？
5. 影响分销渠道设计的因素有哪些？
6. 铁路运输企业分销渠道设计包括哪些步骤？
7. 分销渠道的管理应从哪几个方面进行？

五、【技能训练】

铁路运输企业分销渠道较为简单，在当今市场经济条件下，你认为合理吗？你有哪些合理建议？

【案例分析】

成都铁路局：多种渠道可购买 2 月 29 日前的学生票

随着全国各大中专院校寒假的到来，铁路也将迎来学生出行高峰。为让管内 300 多所大中专院校的 100 多万学子能够第一时间买到回家的火车票，成都铁路局采取增加售票窗口、实行 24 小时售票、流动售票车进校园等多项措施方便学生出行。

今年春运期间，成都铁路局预计发送旅客 2 560 万人，日均发送旅客 60 万人，与去年同期相比增加 236 万人，将有 100 多万学生集中于 1 月中下旬放假回家。持续增长的学生流将与春节前探亲返乡的客流高峰重叠。

为优先保障学生购票，成都铁路局采取学生票预留专用票额的方式，预售期一放到底，学生旅客自 2015 年 12 月 11 日起可同时通过互联网（含手机客户端）、电话、车站售票窗口、自动售票设备、火车票代售点等渠道购买 2016 年 2 月 29 日前的学生票。同时，学生票的发售可提前 60 天和普通旅客共同使用“公用”用途票额，满足学生购票需求。按照铁路总公司统一安排，成都铁路局前期还向各高校宣传了互联网集中办理学生往返团体票业务，并组织成都、重庆、贵阳、达州地区多台移动售票车开进校园，方便学生购票。

此外，成都铁路局还在春运前将车站人工售票窗口增加至 1 153 个，在客流量较大的成都站、成都东站、重庆站、重庆北站、贵阳站、贵阳北站开设 21 个学生售票专口；在全局各站售票厅内的 999 台自动售、取票机上加装学生优惠卡识读器，方便学生自助购、取车票；在局管内 12 所高校的校区内安装 13 台自动售、取票机，实现互联网购票学生不出校园，自助取票。

据成都铁路局相关负责人表示，在学校设置自动售、取票机，等于在学校安排了一位“售票员”，可以达到“化整为零”的效果，不仅缓解了车站售票窗口的售票压力，更解决了站内购票旅客与乘车旅客叠加所产生的拥堵问题。

资料来源：成都日报，2016-01-21。

思考：

1. 为了方便学生购票，成都铁路局采取了哪些分销措施？

2. 成都铁路局的多渠道分销策略给了我们什么启发？

第八章　铁路运输企业促销策略

◆【学习目标】

1. 熟悉促销的内容。
2. 掌握促销的方式及促销组合。
3. 掌握人员推销策略、广告策略、营业推广策略、公共关系策略。
4. 能够准确使用各种促销方式，运用营销组合促销。

引 例

北京铁路局首次对火车票促销 直达特快买 20 赠 1

为了吸引更多的旅客乘坐“Z”字头直达特快列车，从即日起，凡 20 人（含 20 人）以上乘坐一站直达列车的团体旅客可有 1 人享受免票，30 人（含 30 人）以上每 10 人便可有 1 人享受免票。这是北京铁路局首次对火车票的价格实行优惠。

据北京铁路局有关人士介绍，由于铁路运输的季节性，目前直达特快列车的车票相对宽裕，旅客基本上可以在车站随到随买。

此外，北京铁路局还在北京、北京西、北京南、北京北站开设了直达特快列车售票专口，天津的旅客也可以通过互联网购买到北京开出的直达特快车车票。凡是机关、团体等集体购买直达特快列车车票，铁路部门还开办了上门订票、送票的一条龙服务。

北京铁路局客运部门负责人表示，铁路旅客运输有十分明显的季节性，每到春秋季节和春节、五一、十一等节假日，直达特快客车的车票就会相对比较紧张。按照直达特快客车车票提前 20 天可取的规定，现在看还比较宽裕，但进入 4 月份后，随着春季旅游和“五一”黄金周出游的客流即将启动，车票就会相对比较紧张。因此，建议广大旅客能提早出行的可以尽早安排。

资料来源：慧聪网。

思考：

1. 本案例中北京铁路局首次对火车票的价格实行了哪些优惠？
2. 本案例对你有何启示？

第一节　铁路运输企业促销与促销组合

促销策略是铁路运输企业营销策略的一个重要组成部分。随着我国运输市场的发展，运输市场结构已经发生了很大的变化，供求关系也由原来的供不应求向供过于求转变，任何一种运输方式、一家运输企业一统天下的局面不复存在。铁路运输企业若要在激烈的市场竞争中成功地进行营销，不仅要以适当的运输价格、通过适当的渠道向市场提供适当的运输产品，还必须采取适当的方式和手段促进铁路运输产品的销售，即把铁路运输企业及产品的信息有效地传递给顾客（用户），这一过程就是市场营销组合的要素之一——促进销售（简称促销）。

知识卡片 促销并不只是商场里的打折、买一赠一、送赠品等活动，它包括广告、人员推销、销售促进和公共关系等内容。

一、铁路运输企业促销的含义及其作用

1. 促销的含义

促销（Promotion）是营销者将有关企业及产品（品牌）的信息，通过各种方式传递给消费者（用户），促进其了解、信赖并购买本企业的产品，以此来扩大销售的一系列说服性沟通活动。它是市场营销组合的四个构成要素之一。

促销的目的是促成和推动销售量的增加，其手段是传播信息，也就是信息的沟通，主要是企业向消费者宣传、介绍产品和服务，激发对方的购买欲望。同时，也要了解消费者的反应，收集反馈的信息，从而改进产品和服务等营销组合因素。

铁路运输企业促销就是铁路运输企业运用各种促销工具，向目标顾客提供有关铁路运输产品的信息，或树立本企业的形象，说服目标顾客做出购买行为或影响目标顾客购买态度而进行的市场营销活动。

2. 促销的作用

促销在企业经营中的重要性日益显现，具体来讲有以下几方面。

（1）传递信息，沟通情报。

这是指企业通过调查研究掌握市场需求的信息，通过促销将企业的信息传达给消费者。通过促销活动，可以使顾客知道企业生产什么、经营什么，产品有什么特点，到哪里去购买等信息，从而引起顾客的注意，产生购买欲望；而顾客的信息反馈则可以使生产者改进产品以适应消费者的需求。

（2）诱导消费，创造需求。

企业通过广告宣传、人员推销、销售促进和公共关系等形式，展示、介绍有关的商品，并以说服和激励的方法诱导需求和激发需求，从而增加产品需求量。

（3）突出产品特点，提高竞争能力。

随着市场竞争的日趋激烈，各企业同类产品的差别越来越少。要想吸引消费者购买自己的产品，必须利用促销先发制人，扩大品牌知名度，增强顾客的购买信心和品牌忠诚度，使自己的产品处于竞争的有利地位。

（4）强化企业形象，巩固市场地位。

由于市场竞争加剧，一些商品的销售会出现不稳定的波动。通过促销活动，可以树立本

企业及产品形象，提高原有消费者的信任感，从而培养和提高对产品的“品牌忠诚度”，还可以改变一些顾客的某些顾虑和观望态度，培养其对产品的兴趣，从而稳定及扩大销售。

二、促销方式

1. 人员推销

人员推销是一种既传统又现代的促销方式。它是指企业派出人员或委托推销人员，亲自向目标客户介绍、推广宣传和销售商品或服务。

2. 广 告

广告是由广告主付费，通过大众传媒所进行的产品、服务或观念的信息传播和宣传活动。

3. 营业推广

营业推广是指企业在比较大的目标市场中，为刺激早期需求而采取的能够迅速产生鼓励作用、促进商品销售的一种措施。

4. 公共关系

企业为建立和维护自身形象，通过种种活动使社会各界公众了解本企业，以取得他们的信赖和好感，从而为企业创造一种良好的舆论环境和社会环境。

三、促销组合

1. 促销组合的概念

促销组合是指企业根据产品的特点和营销目标，综合各种影响因素，对人员推销、营业推广、广告宣传和公共关系四种促销方式进行选择、搭配和综合运用，形成整体促销的策略或技巧。

2. 促销组合的影响因素

（1）产品的类型和特点。

对不同的产品来说，各种促销方式的促销效果并不相同，且其重要性的排列顺序及促销费用的分摊比例也不同。对消费品市场来说，顺序为广告、营业推广、人员推销和公共关系；对工业品市场来说，顺序则是人员推销、营业推广、广告、公共关系。一般来说，广告比较适用于价格较低、技术不太复杂、买主多而分散的消费品促销；人员推销适用于价格较高、技术性较强、买主少而集中的工业品市场和中间商市场的促销。

（2）产品生命周期所处阶段。

对处于生命周期不同阶段的产品，企业的促销目标不同，促销组合侧重点也不同。产品处于投入期，企业要提高产品知名度，采用广告和公共关系效果最佳，营业推广也有作用；

产品处于成长期，企业要着重宣传产品的特色，树立品牌形象，需进一步加强广告和公共关系，营业推广可相对减少；产品处于衰退期，企业要把促销支出降到最低限度，此时，广告仅起提示作用，人员推销减至最少，营业推广可继续开展，公共关系则可完全停止。

（3）促销目标。

企业在既定时间和既定市场环境下进行促销，都有其特定的沟通目标。不同的促销目标使得促销组合存在差异。使产品市场销量迅速增加，扩大市场份额，强调近期效益，这属于短期目标，应较多使用广告和营业推广；而在市场上树立企业形象，为产品今后占领市场取得有利地位，这属于长期目标，应做好宣传报道，建立广泛的公众关系等。

（4）促销策略。

企业的促销策略有“推动”“拉引”之分。“推动”策略是以中间商为主要促销对象，把产品推进分销渠道，进而推向最终市场，这时，人员推销是主导。“拉引”策略是以最终消费者为主要促销对象，先设法引起潜在购买者对产品的要求和兴趣，如果起作用，消费者便会纷纷向中间商寻购这种产品，中间商看到这种产品需求量大，就会向制造商进货。实施“拉引”策略时，广告是主导。大多数情况下，是把这两种策略结合运用。

① “推动”策略：制造商⟶中间商⟶消费者。

② “拉引”策略：制造商⟵中间商⟵消费者 。

第二节 铁路运输企业人员推销策略

随着信息技术的发展，营销者与用户（消费者）的沟通愈加方便，促销的方式和手段愈加多样。然而人员推销这种传统而古老的销售手段，在某些领域（大型设备、专业设备的交易中）仍是主要的推销方式。

人员推销是企业派出营销人员直接与中间商、顾客或潜在顾客进行面对面接触、洽谈，通过双向的信息沟通交流，促进产品或服务的销售，并通过信息的反馈，发现和满足对方的要求。

人员推销大多是一对一、面对面地进行，对象的选择有针对性。人员推销可以更全面地了解对方的需求，可以直接提供售前、售中和售后服务，与客户建立友好关系，这些都是其他促销方式不易做到的。

一、人员推销的形式

人员推销主要包括上门推销、柜台推销和会议推销三种形式。

1. 上门推销

上门推销指由推销人员携带运输产品的有关资料、货物运单和货票等单据走访顾客，推销产品。

2. 柜台推销

柜台推销指由车站的货运员、售票员、客运员等直接与旅客和货主接触的人员，接待旅客或货主，并向其介绍、推荐产品。

3. 会议推销

会议推销指企业利用各种会议的形式，如推销会、订货会等，介绍和宣传产品，进行推销。例如，铁路运输企业每年派专人参加全国煤炭行业的订货会议，对达成销售合同的煤炭企业，及时根据其运量安排运输计划。

二、人员推销的推销对象

1. 消费者

推销人员要掌握消费者的年龄、性别、民族、职业、宗教信仰等基本情况，进而了解消费者的购买欲望、购买能力、购买特点和习惯等，并且要注意消费者的心理反应，对不同的消费者运用不同的推销技巧。

2. 生产用户

推销人员要善于准确而恰当地说明自己产品的优点，并能对生产用户使用该产品后所得到的效益做简要分析，以满足其需要。同时，推销人员还应帮助生产用户解决疑难问题，以取得用户信任。

3. 中间商

在向中间商推销产品时，推销人员首先要了解中间商的类型、业务特点、经营规模、经济实力，以及他们在整个分销渠道中的地位；其次，应向中间商提供有关信息，给中间商提供帮助，建立友谊，扩大销售。

三、人员推销的主要步骤

1. 寻找顾客

寻找可能购买的顾客，这是推销的第一步。可上网查找工商企业名录、电话号码等，也可做广告征询，通过朋友、老客户介绍，以及通过社会团体与推销人员之间的协作间接寻找，并评估他们的信用和财务支付能力。

2. 事前准备

约见顾客之前，必须了解以下三方面的情况。

（1）企业产品的特点、用途及企业概况介绍。

（2）顾客企业的一般情况、准备约见人的大概情况。

（3）竞争对手产品的特点、竞争能力、竞争地位，做到知己知彼，心中有数。

3. 约见访谈

要选择适宜的约见方式与约见时间。约见时，要仪态整洁、谈吐文雅，要尊重对方，给人一个好印象，为成交创造一个良好的开端，为后面转入正题做准备。

4. 介绍和示范

可通过展示产品样品或图片、光盘、录像带、挂图、小册子等进行讲解与示范。在介绍产品时，要着重说明该产品能给顾客带来什么利益，并进行产品的使用示范，以增强顾客对产品的信心。

5. 应付异议

在推销过程中，常常会遇到顾客的不同意见，要善于倾听反对意见，掌握与持有异议的买方洽谈的技巧，要运用适当的措辞和论据，对症下药，消除顾客的疑虑，促成交易。

6. 成　交

成交是推销人员接受买方订货购买的阶段。在洽谈过程中推销人员要随时给予对方以成交的机会。在介绍过程中或排除异议之后，若从顾客的动作、语言中发现可以达成交易的信号，应立即抓住时机签约成交。此外，为促成交易，推销人员可提供一些优惠条件。

7. 跟进服务

交易达成后，推销人员要认真执行订单中所保证的条件，如交货期和安装维修以及后续的回访，帮助顾客解决问题，建立长期互惠合作关系，以吸引新的顾客。

四、人员推销的任务

（1）探寻市场。

推销人员应该寻求机会，发现潜在顾客，创造需求，开拓市场。

（2）传递信息。

推销人员要及时向消费者传递产品和劳务信息，为消费者提供购买决策的参考资料。

（3）收集情报。

推销人员在推销过程中还要收集情报，反馈信息。

（4）销售产品。

推销人员的基本任务就是推销商品。

（5）开展售前、售中、售后服务。

五、人员推销的基本策略

1. “刺激－反应”策略

“刺激－反应”策略又称试探性策略，是在不了解顾客需求的情况下，推销员运用刺激性手段引发顾客产生购买行为的策略。推销人员事先设计好能引起顾客兴趣、刺激顾客欲望的推销语言，通过渗透性交谈进行刺激，在交谈中观察顾客的反应，采取相应的对策，并选用得体的语言，再对顾客进行刺激，进一步观察顾客的反应，以了解顾客的真实需要，诱发其购买动机，引导其产生购买行为。这种策略用于推销日常用品效果较好。

2. “配方－成交”策略

“配方－成交”策略又称针对性策略，即推销员在基本了解顾客某些情况的前提下，有针对性地对顾客进行宣传、介绍，以引导顾客的兴趣和好感，从而达到成交的目的。因推销人员常常在事先已根据顾客的有关情况，设计好推销语言，这与医生对患者诊断后开处方类似，故称“配方－成交”策略。

3. “诱发－满足”策略

“诱发－满足”策略是一种创造性的推销策略，又称诱导性策略，即推销人员在推销时因势利导，有意识地诱发、唤起顾客对某种产品的需求，促使顾客产生满足这种需求的欲望，并不失时机地宣传、介绍和推荐所推销的产品，以满足顾客对产品的需求。当推销人员提供了能够满足顾客需求的产品或服务时，交易就能顺理成章地实现，这种策略对推销人员的要求较高。

第三节　铁路运输企业广告

一、广告的概念和特点

1. 广告的概念

广告作为一种传递信息的活动，是企业应用最广的促销方式。市场营销学中探讨的广告，是一种经济广告，即广告主以促进销售为目的，付出一定的费用，通过特定的媒体传播商品或服务等有关信息的大众传播活动。

2. 广告的特点

（1）传播面广。

由于传播媒体能大量地复制信息并广泛地进行传播，所以广告的信息传播面广。

（2）间接传播。

由于是通过传播媒体进行宣传，广告主和广告的接受者并不直接见面，所以广告的内容和形式对于广告的宣传效果会产生很大影响。

（3）媒体效应。

由于消费者是通过传播媒体来获得产品和服务信息的，所以媒体本身的吸引力及其接触的可能性都会对广告信息的传播效果产生影响。

二、广告的构成要素

一个典型的广告活动由以下五个要素构成。

1. 广告主

广告主是指发布广告的企业、团体或个人，如工厂、商店、公司等生产者或经营者，他们是广告市场中的消费者。

2. 广告媒体

广告媒体是进行广告活动，传播广告信息的技术手段，是传播广告信息的载体，比如报纸、杂志、广播、电视等。

3. 广告费用

广告费用指广告主开展广告活动所必须支付的各种费用，包括广告调研费、设计制作费、广告媒体费、广告机构办公费，以及工作人员的相关支出等。

案例链接

三大乳企广告费都比利润高

2012 年，伊利乳业广告支出金额达到 37.32 亿元，光明乳业为 4.85 亿元，在港上市的蒙牛乳业虽同比减少 5.3 亿元，但仍达到 23.1 亿元。三家乳业巨头一年广告费高达 65 亿元，堪称一掷千金。贝因美从市值、上市时间而言虽为资本市场上的小辈，但在广告支出方面毫不逊色，去年广告支出 8.56 亿元，远超 5.09 亿元的利润。

资料来源：齐雁冰，《谁最舍得花钱做广告》，北青网，2013-05-20。

4. 广告受众

广告受众是广告的对象，即接受广告信息的人，消费者通过广告了解商品信息，并根据自身的需求产生购买行为，使广告宣传活动产生物质效应。

5. 广告信息

广告信息是指广告的具体内容，主要包括商品、服务或观念信息等。

三、广告的目标

1. 告知性目标

广告的目的主要是向市场介绍新产品，使潜在客户了解新产品，提高客户对新产品的认知率。

2. 说服性目标

强调本企业产品的优势，以及和竞争对手的明显差异，以确保消费者对产品有足够的关注和购买欲望，说服消费者购买本企业产品。

3. 提醒性目标

目的是提醒老客户继续购买本企业产品或使之确信自己的选择是十分正确的，不是劝说顾客购买本企业产品，而是要让顾客保持对产品的记忆。三种广告目标对比见表 8-1。

表 8-1　三种广告目标的对比

广告目标	广告的目的	广告达到的效果
告知性目标	推出新产品； 提示产品的新用途； 通知价格的变动； 介绍产品功能	说明所提供的服务； 更正错误的印象； 减少消费者的不安； 建立公司形象
说服性目标	树立品牌偏好； 鼓励消费者改用公司的品牌； 改变顾客对产品特性的感受	说服顾客马上购买； 说服顾客接受推销访问
提醒性目标	提醒消费者以后说不定会用得上该产品； 提醒购买的地点	在产品的淡季仍使顾客记得该产品； 维持极高的知名度

四、广告媒体及组合策略

1. 广告媒体的种类及各自的优缺点

广告媒体的种类很多，不同类型的媒体有不同的特性。目前比较常用的广告媒体及其优缺点见表 8-2。

表 8-2　常用广告媒体及其优缺点

媒体	优　点	缺　点
报纸	传播面广，传播迅速，便于查找，保存，无阅读时间限制，费用低，发布时间选择性强	时效性短，易被忽略，传播方单一
杂志	针对性强，读者群相对稳定，时效长，发行区域广，印刷精美	出版周期长，声势小，影响面窄

续表

媒体	优 点	缺 点
广播	传播迅速，传播范围广，受众广泛，费用低，制作简单，亲切感人	有声无形，转瞬即逝，不易查存
电视	传播面广，影响巨大，声形兼备，威望高，能影响不打算收看广告者	制作费用高，视听者不稳定，播出时间限制较多，不能传递较多信息
网络	受众范围广，交互性强，针对性明确，受众数量统计精确，实时、灵活、成本低，感官性强	信息纷繁复杂，缺少视觉冲击力，可信度差
户外广告	灵活性好，复视率高，费用低，媒体竞争少	观众选择性差，创造性差

此外还有一些广告媒体，如电梯、电影、橱窗、车船、霓虹灯、商品包装等。

2. 媒体组合策略的方式

（1）视觉媒体与听觉媒体的组合。

视觉媒体指借助于视觉要素表现的媒体，如报纸、杂志、户外广告、招贴、公交车身广告等。听觉媒体主要借用听觉要素表现的媒体，如广播、音响广告，电视可以说是视觉听觉完美结合的媒体。视觉媒体更直观，给人以一种真实感，听觉媒体更抽象，可以给人丰富的想象。

（2）瞬间媒体与长效媒体的组合。

瞬间媒体指广告信息瞬时消失的媒体，如广播、电视等电波电子媒体，由于广告一闪而过，信息不易保留，因而要与能长期保留信息、可供反复查阅的长效媒体配合使用，长效媒体一般是指那些可以在较长时间内传播同一广告的印刷品、路牌、霓虹灯、公交车身等媒体。

（3）大众媒体与促销媒体的组合。

大众媒体指报纸、电视、广播、杂志等传播面广、声势大的广告媒体，其传播优势在于“面”。但这些媒体与销售现场相脱离，只能起到间接促销作用。促销媒体主要指邮寄、招贴、展销，户外广告等传播面小、传播范围固定、具有直接促销作用的广告媒体，它的优势在于“点”，在采用大众媒体的同时配合使用促销媒体，能使点面结合，起到直接促销的效果。

第四节　铁路运输企业营业推广

营业推广也称销售促进（Sales Promotion，SP），是一种成熟的促销手段。曾任美国促销协会主席的 A. 罗宾逊曾说：“广告创造了有利的销售环境后，营业推广就可以将商品推进输送管中。”在过去的十年里，国际性的趋势是营业推广的费用在全部促销费用中的比例越来越大，甚至比广告费用还高出许多。以美国 1991 年的促销费用为例，营业推广费用占到了全部促销费用的大约 3/4。铁路运输企业也越来越多地采用营业推广方式进行促销，并在实践中取得了积极的成果。

知识卡片 销售促进的目的是使顾客产生“机会难得，不要错过”的消费心理，进而产生购买欲望。

一、营业推广的概念与特点

1. 营业推广的概念

营业推广又称销售促进，是指企业在短期内刺激消费者或中间商对某一种或几种产品或服务产生大量购买的促销活动。

2. 营业推广的特点

营业推广是能强烈刺激需求、扩大销售的一种促销活动。与人员推销、广告宣传和公共关系相比，营业推广是一种辅助性的、非正规的促销方式，虽能在短期内取得明显的效果，但它不能单独使用，常常需要与其他促销方式配合使用。

二、营业推广的作用

一般而言，营业推广具有以下几个方面的积极影响。

（1）有效地加速产品进入市场的进程。

当旅客或货主对刚投放市场的运输新产品还未能有足够的了解，并未作出积极反应时，通过一些必要的促销措施可以在短期内迅速地为新产品开辟道路。

（2）说服初次使用者再次购买，以建立购买习惯。

如果运输产品交付了承诺的利益，营业推广就能帮助获得再购，这可以建立起旅客和货主的购买习惯。例如，一个持续的营业推广计划会设法要求消费者换取赠品或是换购，以此鼓励重购，最终形成购买习惯。

（3）有效地平衡供求关系。

由于运输产品是不可储存的，营业推广可以帮助运输企业在任何一个给定的时间使需求能力和供给能力尽可能相符。最简单的策略就是：在需求旺季努力减少需求，而在需求低谷时期刺激需求，使之增长。特别是在受运输企业形象、顾客满意度影响而导致旅客或货主光顾频率下降的情况下，营业推广效果更为明显。

（4）有效抵御和击败竞争者的促销活动。

当竞争者大规模地发起促销活动时，如不及时采取针锋相对的促销措施，往往会大面积地损失已享有的市场份额。因此，销售促进又是市场竞争中抵御和反击竞争者的有效武器。如果竞争者发出一个有效的营业推广计划，自己就要发出一个以保持现有顾客为目的的营业推广计划，来抵消对方的广告和营业推广活动的效果。

即使是最高明的营业推广计划，也会在某些方面束手无策。一般情况下，营业推广的局限性表现在以下几个方面。

（1）单靠营业推广不能建立品牌忠诚度。

营业推广能增加知名度和试用度，若运用得当，也有利于维护品牌忠诚度。但这是一项短程的激励，一般难以建立品牌的忠诚，消费者只有对某产品或服务感到满意才会建立起品牌的忠诚度（loyalty）。营业推广的各种方法可能在短程中促使顾客购买某产品，而一旦停止推广，消费者就有可能转向其他运输企业的产品。用推广得来的生意，也往往会被推广所遗弃。如果厂商只注重短期销量的增长，一味采用营业推广活动促销而忽视产品品质形象的建立，最终会失去品牌形象。

（2）营业推广不能挽回已经衰退的销售趋势。

如果产品的销售已大幅度衰退，或在产品生命周期的较后阶段，营业推广只能供给瞬间的收益以延缓最后的死亡。营业推广并不能拯救一个垂死的品牌或产品。

三、营业推广的方式

在现实的促销活动中，营业推广用于短期内刺激和强化市场需求的方式很多，根据营业推广对象的不同可以分为以下四类。

（1）对消费者的营业推广。

如赠送样品、提供各种价格折扣、消费信用、赠券、服务促销、演示促销、印花等。

（2）对中间商的营业推广。

如批量折扣、现金折扣、特许经营、义务会议、代销、试销、联营促销。

（3）对推销人员的营业推广。

如推销竞赛、红利提成、特别推销金等。

（4）对产业用户的营业推广。

如租赁促销、类别顾客折扣促销、订货会、服务促销等。

其中某一种促销工具往往又可以广泛应用于若干方面，其应用范围和时机、有效程度等又同应用环境等各种因素的复杂影响密切相关。

第五节 铁路运输企业公共关系

公共关系是促销组合中的一个重要组成部分。20 世纪 80 年代，营销大师菲利普·科特勒提出大市场营销，把公共关系作为一项重要内容列入。据 1987 年国际设计协会的统计，公共关系每投入 1 美元，可获得 227 美元的收益。在现代营销中，许多企业在公共关系方面倾注了更多的精力和财力。

【知识拓展】

随着博客、微博、社交网站、即时通信工具等媒介迅速兴起，出现了一个新名词：自媒体公关，即维护自媒体关系，建立企业舆论新阵地。通俗一点说，就是拉拢一批比较有影响力的自媒体为企业发声，公信力背书。社会化“自媒体”时代来临，每一个人从传统媒体时代的“旁观者”转变成为现在的“当事人”，每一个人都是信息资讯的传播者，都有属于自己的媒体，如博客、微博等。

“自媒体”的多样化和便捷性，给企业危机公关带来了诸多不确定性因素，企业如果不及时正确地处理，任何微小的危机事件都可能经过自媒体的放大效应造成重大的影响。要正确解决自媒体时代企业的危机公关，必须从源头抓起，把危机控制在萌芽状态。只有采取科学系统的方法和措施，才能使企业在自媒体时代下发展得游刃有余，不惧挑战。

一、公共关系的概念

公共关系又称公众关系（英文缩写为 PR），简称公关。公共关系是社会组织为了塑造良好的自身形象，运用各种传播手段来建立和维持与公众之间的相互理解、相互协调的关系的一系列管理活动。它包括以下三方面的内容。

1. 公共关系的目的

公共关系的目的是塑造良好的组织形象，为组织的生存及发展制造有利的外部环境。从促销的角度讲，公共关系更侧重于通过传递企业形象信息，赢得消费者的认同与信赖。菲利普·科特勒指出，作为一种促销手段的公共关系是指这样一些活动：争取对企业或产品有利的宣传报道，协助企业与有关各界公众建立和保持良好关系，建立和保持良好的品牌形象，消除和处理对企业不利的谣言、传说和事件。

2. 公共关系的基本内容

公共关系的基本内容是妥善处理各种内外关系。内部关系是指组织内部各成员之间的关系，如员工关系、部门关系、领导关系、股东关系等。外部关系是指组织所面对的外部环境中与组织有着相互影响、相互作用的各种联系，如与政府部门的关系、与社区的关系、与顾客的关系等。公共关系活动的具体形式多种多样，但其基本内容都是围绕妥善处理各种关系而展开的。

3. 公共关系的运作方式

公共关系的运作方式是信息的传播。公共关系运作就是社会组织向目标公众系统地传播既与组织相关又与公众相关的信息的过程。

二、公共关系的特征

公共关系是社会关系的一种表现形态，有其独特的性质。了解公共关系的特征有助于我们加深对公共关系概念的理解。

1. 情感性

公共关系是一种创造美好形象的艺术，它强调的是成功的人和环境、和谐的人事气氛、最佳的社会舆论，以赢得社会各界的了解、信任、好感与合作。因此，情感性是公共关系最明显的特征之一。

2. 双向性

公共关系是以真实为基础的双向沟通，而不是单向地传达或对公众舆论进行调查、监控，它是企业与公众之间的双向信息系统。以双向沟通过程为特征的传播活动是公共关系实质性的方面。

3. 广泛性

公共关系的广泛性包含两层意思：一层意思是公共关系存在于企业的任何行为和过程中，即公共关系无处不在、无时不在，贯穿于企业的整个生存和发展过程中；另一层意思指的是其公众的广泛性，这就是说，公共关系对自己的客体有一种无限扩展的趋势和倾向，它要广泛地向所有有关或无关的人施加影响。

4. 整体性

公共关系的宗旨是使公众全面地了解自己，从而建立起自己的声誉和知名度。

5. 长期性

公共关系的实践告诉人们，不能把公共关系人员当作“救火队”，而应把他们当作“常备军”。公共关系的管理职能应该是经常性与计划性的，也就是说公共关系应是一项长期性的工作。

三、公共关系的活动方式

1. 新闻宣传

通过新闻媒介向社会公众介绍企业和产品，可节约广告费，而且由于新闻媒介的权威性和广泛性，其效果比商业广告更好。这包括：撰写各种新闻稿件，如企业介绍、产品介绍、人物专访、事件特写、服务项目介绍等；举办活动，创造机会吸引新闻媒介和公众的注意，如剧院为残疾人举行义演，酒店开展拯救大熊猫的义卖活动；通过召开新闻发布会、记者招待会，将企业产品等方面的动向传达给社会大众。

2. 公共关系广告

公共关系广告有四种类型：一是致意性广告，即向公众表示节日祝贺、感谢或致歉；二是解释性广告，即就某一方面改进情况向公众介绍、宣传或解释；三是企业形象广告，即介绍企业各方面的积极情况；四是倡导性广告，即发起某种社会活动或提倡某种有意义的新观念（如企业对勤俭节约、遵守交通秩序等社会风尚的宣传等），扩大企业的知名度和美誉度。

3. 参加公益活动

通过参加各项公益活动和社会福利活动，协调企业与社会公众的关系。这方面的活动包括：安全生产和保护环境卫生、防止污染和噪声等；赞助社会公益事业，为社会慈善机构募捐；参加社会组织的各种文化、娱乐、体育活动；参与赞助办学（如希望工程）、救灾活动等，体现企业对社会的一片爱心。

4. 参加或举办贸易性展览会和宣传性展览会

用实物、图片、录像等向公众介绍企业的发展历程，展示企业的经营成果，推介新产品，树立企业形象，以此扩大企业的影响。

5. 举办演讲会、报告会及纪念会

举办演讲会、报告会及纪念会，就此提高企业及产品知名度。例如，美国克莱斯勒公司曾经举行过大规模生动的演讲会，促进了该公司的汽车销售，并刺激投资者购买该公司的股票。在举行演讲或报告会之前，必须通过各种渠道搜集问题，以求有更强的针对性。

6. 开展有意义的特别活动

举行有关产品的新闻发布会、产品和技术的展示会和研讨会，利用有利时机开展有意义的活动。

7. 建立由理念行为和视觉标识构成的企业形象识别系统

例如，四川长虹的“以产业报国，以民族昌盛为己任”，雅戈尔的“装点人生，看今朝”，以及李宁、可口可乐、IBM、麦当劳的标识，都在公众心中树立了独特的形象。

8. 增强内部凝聚力

建立健全企业的公共关系制度，关心员工的福利，针对员工家属开展公关活动，内部凝聚力。

9. 危机公关

危机公关是指组织面对危机状态的公关处理过程，也可以理解为处理危机事件过程中的公共关系。其具体内涵是指任何社会组织为了解决组织自身陷入的危机，消除不良事件给公众造成的影响和挽回损失，而采取的一系列具有预防、扭转、挽救作用的策略和措施。

企业一旦发生危机事件，应立即成立应急小组，开展危机公关活动，查清原因，采取措施，脱离危险区，树立企业形象高于成本的思想，制定和实施针对顾客、媒体、政府和一般公众的相应对策，控制危机蔓延，确保企业形象不进一步受到损害。

案例链接

海南航空飞机延误旅客下跪事件

2004年12月，第二届现代企业危机管理国际论坛发布了“2004年度中国十大企业危机事件”，海南航空飞机延误旅客下跪事件是其中之一。2004年9月8日，海南航空公司HU7435次航班海口转深圳飞徐州延误近4个小时。当时海航向深圳乘客做出的解释是由于海口下大雨导致飞机延误，给海口乘客的解释是深圳在下大雨，而事实上当日晚两地均未下雨。飞机到达深圳后，深圳旅客要求道歉未果而拒绝登机，海南乘客在飞机中心等3个小时后被通知下飞机。凌晨3点，机场方面将深圳和海口两地的乘客接到机场酒店入住休息。

次日9时，突然传来消息，HU7435已经飞走了，上面只有几十名乘客。其余的人，有的知道飞机起飞，但拒绝登机；而有的则是在机场候机大厅，根本就没有得到起飞通知。旅客群情激愤，矛盾进一步升级。滞留深圳机场的30多名乘客有三人发病，被送往医院，其中一人因血压升高，晕厥在机场酒店；一怀孕女子因焦躁疲劳，导致先兆流产。在机场候机楼，乘客们还上演了向海航工作人员下跪并将海航补偿给乘客的1 000元现金挥洒空中等匪夷所思的一幕。直至9月20日，海航才以CEO的名义向公众发布以描述整个事件经过为主导的自查和道歉信。

客观来说，国内因误机而造成的旅客与航空公司的纠纷并不少见，而海航事件在众多的误机事件中成为众矢之的，重要原因是所曝光的重点在于海航欺瞒乘客、乘客所经受的精神损失这两方面，尤其是乘客下跪照片，极具冲击力，媒体纷纷报道，成为社会热点，形成很大的社会影响。海航在这次危机处理中，缺乏有效的乘客沟通机制等危机管理制度，当延误发生时，给乘客造成的不便，海航并没有及时处理，导致了乘客群情激愤。在整个事件发生的过程中，海航没有主要负责人到场去协调和解决此事，任由事态自我发展，处于完全失控状态。更错误的是使用瞒骗旅客的方式，才导致矛盾升级到不可收拾的地步。同时海航也欠缺与媒体沟通的经验，在危机公关管理方面比较落后。这说明，对于运输企业，同样需要建立有效的危机预见和危机防御管理机制，建立良好的媒体关系，否则，小的事件都有演化成危机的可能性，不仅对品牌造成伤害，而且一旦有严重的危机来临，更加难以应对。

四、公共关系活动的程序

1. 公关调查

公关调查是公共关系活动的开始，包括形象调查和社会调查。其目的是搜集有关组织形象、社会环境状况及发展趋势的信息，了解社会公众对本组织的认识、态度和意见，了解各类公关情况的变化以及对组织生产的影响，发现组织存在的问题，找出不足之处，为建立信誉、树立良好形象、协调组织与公众关系等方面的工作做好准备。

2. 确定公关目标

根据公关调查的结果和当前营销活动的需要，确定公关目标，如建立和提高知名度，树立和强化企业或产品的可信度，刺激并鼓励推销人员和经销商，降低促销成本。

3. 选择公关活动的内容和方式

确立公关目标后，应按目标的需求选择适当的公关内容和方式。如果可供宣传的事件不多，还可以创造新闻。公关的活动方式有很多，应利用人际关系等方面的现有资源，开展投入适当、效果明显、切实可行的公关活动。

4. 实施公关计划

将企业公关计划付诸实施，可能会遇到各种困难，如报纸、杂志拒绝刊登已撰写好的公关稿件等，因此需要公关人员与有关单位和人员建立良好的关系，以保证公关计划顺利实施。

5. 评估公关效果

评估公关效果，即对公共关系活动的效果进行评估，这是整个企业公共关系活动流程的最后一个阶段。但公关往往同其他促销方式配合使用，因此很难确定公关究竟起了多大作用。

复习思考题

一、单项选择题

1. 促销的目的是引发刺激消费者产生（　　）。

A. 购买行为　　B. 购买兴趣　　C. 购买决定　　D. 购买倾向

2. 人员推销的缺点主要表现为（　　）。

A. 成本低，顾客量大　　B. 成本高，顾客量大

C. 成本低，顾客有限　　D. 成本高，顾客有限

3. 公共关系是一项（　　）的促销方式。

A. 一次性　　B. 偶然　　C. 短期　　D. 长期

4. 在产品市场生命周期的投入期，消费品的促销目标主要是宣传介绍产品，刺激购买欲望的产生，因而主要应采用（　　）促销方式。

A. 广告　　B. 人员推销　　C. 价格折扣　　D. 销售促进

5. 促销工作的核心是（　　）。

A. 出售商品　　B. 人员推销　　C. 价格折扣

D. 销售促进　　E. 沟通信息

6. 公共关系（　　）。

A. 是一种短期促销战略　　B. 直接推销产品

C. 可树立企业形象　　D. 需要大量的费用

7. 营业推广是刺激消费者或中间商迅速或大量购买某一特定产品的促销手段，包含了各种（　　）的促销工具。

A. 长期　　B. 短期　　C. 经常性　　D. 特定

8. 陈列、演出、展览会、示范表演等推销努力属于（　　）。

A. 人员推销　　B. 广告　　C. 宣传　　D. 销售促进

9. 处于衰退期的产品，促销方法应以（　　）为主。

A. 营业推广　　B. 公共关系　　C. 广告　　D. 人员推销

10. 在各种促销手段中，最有利于建立和培养友好关系，且能及时获得买主反应的方式是（　　）。

A. 营业推广　　B. 公共关系　　C. 广告　　D. 人员推销

11. 如果让消费者建立对产品品牌的长期记忆，最适合使用下列哪种营销沟通策略？（　　）。

A. 促销　　B. 公开宣传　　C. 广告　　D. 人员推销

12. 儿童智力玩具一般宜选择（　　）作为广告媒介。

A. 电视　　B. 报纸　　C. 杂志　　D. 广播

二、多项选择题

1. 促销的作用主要有（　　）。

A. 传递信息　　B. 创造需求　　C. 突出特色

D. 稳定销售　　E. 宣传企业

2. 报纸媒体的主要缺点是（　　）。

A. 缺乏针对性　　B. 持续时间短　　C. 形象表达手段欠佳

D. 费用高　　E. 时效性短、不易保存

3. 营业推广的方式主要有（　　）。

A. 提供咨询性服务　B. 公益活动　　C. 展销会

D. 专题会议　　E. 销售竞赛

4. 影响促销组合的因素主要有（　　）。

A. 产品的类型及特点　　B. 产品生命周期

C. 促销目标　　D. 促销总策略　　E. 目标顾客

5. 广告效果测评包括（　　）。

A. 广告形象效果评价　　B. 广告经费效果评价

C. 广告传播效果评价　　D. 广告促销效果评价

6. 营业推广对象包含（　　）。

A. 推销员　　B. 社区公众　　C. 中间商　　D. 消费者

三、判断题

1. 促销的实质是营销者与购买者之间的信息沟通。（　　）

2. 因为促销是有自身统一规律性的，所以不同企业的促销组合和促销策略也应该是相同的。（　　）

3. 对单位价值较低、流通环节较多、流通渠道较长、市场需求较大的产品常采用拉引策略。（　　）

4. 广告的目的是吸引消费者，但广告对产品的报道必须与产品的本来面目相一致。（　　）

5. 促销策略主要以市场为导向，只要能将产品卖出去，就应该不惜一切代价。（　　）

6. 营业推广活动是面向目标市场的每一个人开展的。（　　）

7. 教育程度高的人，接收信息的来源往往偏重电视和广播；老年人则有更多的闲暇时间用于看因特网和印刷媒体。（　　）

8. 促销组合就是广告、营业推广、人员推销、公共关系这四种促销方式的有机组合。（　　）

9. 铁路运输企业在广告决策时首要工作就是编制广告预算。（　　）

10. 社会赞助是企业常用的销售促进的促销方式。（　　）

四、简答题

1. 企业的促销及促销组合的含义各指什么？
2. 影响铁路运输企业促销组合的因素有哪些？
3. 铁路运输企业人员推销的任务有哪些？
4. 铁路运输企业的广告分为哪两类？其作用分别是什么？
5. 简述几种常用广告媒体的优缺点。
6. 营业推广的目的是什么？方式有哪些？
7. 公共关系的含义是什么？其活动方式有哪些？

五、【技能训练】

为你所在的学校进行招生广告策划，确定广告主题，进行广告创意，选择广告表现方式。

【案例分析】

武汉铁路局的营销广告

“火车提速不提价，送您潇洒走天下！”为推销新图列车，武汉铁路局投入200多万元巨资，大搞广告“轰炸”。当地媒体惊叹道：“铁老大”如此凌厉的广告攻势，在武汉百年铁路史上尚属首次。

全国铁路实施新的列车运行图后，武汉铁路局管内旅客列车开行对数较原图增加了11对，其中新增始发列车8对，创历史新高，但这不等于市场占有份额同步增长。新图实施之前，铁路局投资 10 万元，制作了 5.4 万份精美的新运行图《乘车指南路路通》广告画册，路局党政领导带领 600 多名干部职工向社会散发。新图实施后，根据运能的利用情况和市场潜力，路局根据上级领导批示，加大宣传力度，进一步吸引客源。经过研究和策划，一次投入 160 多万元，在 4 家省、市报纸的头版版面和两家电视台的黄金时段刊登广告，集中介绍开行的夕发朝至、朝发夕归及其他列车，介绍各次列车的票额数量和售票网点及电话。各家报纸、电视台打破版面、时段使用常规，连续 10 天刊播武汉铁路局的大幅广告。先后投入 200 多万元进行的广告宣传，在社会上引起强烈反响，全局（尤其是武汉地区）电话订票量明显增加。在汉正街做生意的李××每次回温州，不是坐汽车就是乘飞机，他看到广告后，知道铁路增开了汉口到温州的列车，不仅买了一张车票作为纪念，还把消息转告给在汉口的温州老乡。

铁路每年运输收入接近 1 000 亿元，按世界上大多数企业的惯例，广告费用约占企业营业额的 10% 计算，铁路运输企业每年的广告费应为 100 亿元，相比我们现在的实际广告费用支出，这就像一个天文数字。长期以来，铁路运输部门没有广告意识，尽管眼看着大量的列车虚糜，却不知道广告能为改变这一现象作出贡献。武汉铁路局在这方面带了一个好头，事实也如此，你做了，回报也就来了。当然，我们也应看到，这种广告是在调图后所做出的短暂的促销活动，铁路运输部门如何树立起长远广告意识，有计划、有目标地制定长期的广告规划，值得我们研究。

资料来源：中国物流与采购网，2018-5-11。

【案例讨论】

1. 作为铁路运输企业应如何选择广告媒体？

2. 你就觉得铁路运输企应该怎样规划广告的内容？

第九章　电子商务与网络营销

◆【学习目标】

1. 掌握电子商务的含义、特点与分类。
2. 明确电子商务对企业营销的影响。
3. 掌握网络营销的含义与特点，熟悉网络营销与电子商务的关系。
4. 了解网络营销的手段，掌握网络营销的组合策略。
5. 能正确选择网络营销手段和宣传企业的产品及形象。
6. 能选择恰当的网络营销组合策略，为企业的整体营销服务。

引　例

“互联网+”助铁路基层单位揽来首批货运大单

今年以来，铁路积极推行货运供给侧结构性改革，各单位纷纷采取开设“网店”等方式为货主发货提供便捷服务。8月10日，武汉铁路局汉西车务段与湖北信通通信有限公司签订一笔年运量10万吨通信设备、器材的合作协议，成为该单位首次通过互联网揽得的第一笔运输大单。

今年4月份，汉西车务段为拓展货运营销渠道，在互联网上开设了专门网店，通过互联网揽收货源，安排一批学历高、熟练互联网操作的货运技术人员担任店长，在原有面对面揽货、电话预约等传统揽货方式的基础上进行新的尝试。经过一段时间的运作，随着网店经营人员工作技能不断提升，通过互联网揽到的货运业务量逐步增长。

不久前，汉西车务段网店店长贾××通过网上搜索以及沙里淘金，聚焦到一条湖北信通通信有限公司有意拓展运输方式的信息，他主动与该公司相关负责人取得联系，详细了解该企业具体运输需求。通过深入沟通交流，该公司物流负责人除了介绍了公司的业务情况以及运输需求，还将自己的苦衷和盘托出。原来该公司以前采用的运输方式为公路和水路运输，运输的电缆、铁塔、机柜等通信产品外形不规则、尺寸较大，对运到时限要求不高，但企业最烦恼的是自身仓储面积较小，正在苦苦寻求解决方案。而汉西车务段坐拥舵落口、吴家山两大铁路货场，仓库面积10余万平方米，露天也有面积很大的货位可以利用。双方优势高度互补、合作潜力较大。

为此，汉西车务段专门成立由主管副段长牵头的项目组，重点推进，通过与该公司多次不同层面的洽谈，双方越走越近，很快达成合作意向。

资料来源：www.toutiao.com，2016-08-10。

思考：互联网技术的广泛应用给铁路运输企业带来了哪些新发展？

第一节 电子商务的基本知识

随着信息技术的迅速发展与国际互联网的日益普及，以及以电子商务为核心的网络经济的出现，传统的市场营销发生了很大的变化。在电子商务和网络经济下，时间和空间的概念不存在了，市场的概念和性质、企业的营销环境、营销方式等都发生了深刻的变化；网上购物、网上营销已经走进我们的生活，运用国际互联网借助于电子商务来进行营销和经营商品的企业日益增多。为此，我们必须学习和研究电子商务与网络营销的知识。

一、电子商务的含义与特点

1. 电子商务的含义

电子商务是指交易当事人或参与人利用计算机技术和网络技术（主要是互联网）等现代信息技术所进行的各类商务活动。

狭义的电子商务仅仅指通过互联网（Internet）进行的商业活动，而广义的电子商务则将利用包括互联网（Internet）、内联网（Intranet）、局域网（LAN）等各种不同形式网络在内的一切计算机网络进行的所有商贸活动都归属于电子商务。从发展的观点看，在考虑电子商务的概念时，仅仅局限于利用 Internet 网络进行商业贸易是不够的，将利用各类电子信息网络进行的广告、设计、开发、推销、采购、结算等全部贸易活动都纳入电子商务的范畴则较为妥当。所以，美国学者瑞维・卡拉可塔和安德鲁.B.惠斯顿提出：电子商务是一种现代商业方法，这种方法以满足企业、商人和顾客的需要为目的，通过提高服务传递速度，改善服务质量，降低交易费用。目前的电子商务通过少数计算机网络进行信息、产品和服务的买卖，未来的电子商务则可以通过构成信息高速公路（I - Way）的无数网络中的任一网点进行买卖。

2. 电子商务的特点

（1）电子商务是一种采用最先进信息技术的买卖方式。

交易各方将自己的各类供求意愿按照一定的格式输入电子商务网络，电子商务网络便会根据用户的要求，寻找相关信息并提供给用户多种买卖选择。一旦用户确认，电子商务就会协助完成合同的签订、分类、传递和款项收付等全套业务。电子商务为卖方以较高的价格卖出产品、买方以较低的价格购入商品和原材料提供了一条非常好的途径。

（2）电子商务实质上形成了一个虚拟的市场交换场所。

它能够跨越时空，实时地为用户提供各类商品和服务的供应量、需求量、发展状况及买卖双方的详细情况，从而使买卖双方能够更方便地研究市场，更准确地了解市场和把握市场。

（3）对电子商务的理解，应从“现代信息技术”和“商务”两个方面考虑。

一方面，“电子商务”概念所包括的“现代信息技术”应涵盖各种使用电子技术为基础的通信方式；另一方面，对“商务”一词应作广义解释，使其包括不论是由契约型还是由非契约型的一切商务性质的关系所引起的种种事项。如果把“现代信息技术”看作一个子集，“商务”看作另一子集，电子商务所覆盖的范围应当是这两个子集所形成的交集，即“电子商务”

标题之下广泛涉及的因特网、内部网和电子数据交换在贸易方面的各种用途，如图 9-1 所示。

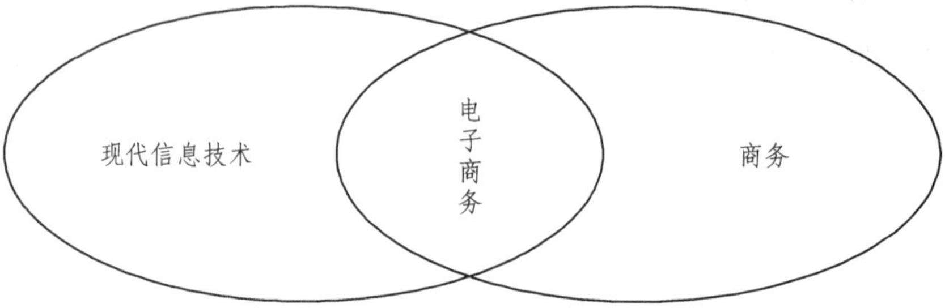

图 9-1 电子商务与现代信息技术、商务的关系

由此可见，电子商务是“现代信息技术”和“商务”两个子集的交集。

（4）电子商务不等于商务电子化。

真正的电子商务绝不仅仅是企业前台的商务电子化，更重要的是包括后台在内的整个运作体系的全面信息化，以及企业整体经营流程的优化和重组。也就是说，建立在企业全面信息化基础上的，通过电子手段对企业的生产、销售、库存、服务以及人力资源等环节实行全方位控制的电子商务，才是真正意义上的电子商务。

二、电子商务的分类

1. 按照交易对象分类

（1）企业与消费者之间的电子商务，即 BtoC（Business to Customer）。

BtoC 类似于联机服务中进行的商品买卖，是利用计算机网络使消费者直接参与经济活动的高级形式。这种形式基本等同于电子化的零售，它随着万维网（WWW）的普及迅速地发展起来。目前，在互联网上遍布各种类型的商业中心，提供从鲜花、书籍到计算机、汽车等各种商品和服务。

（2）企业与企业之间的电子商务，即 BtoB（Business to Business）。

BtoB 包括非特定企业间的电子商务和特定企业间的电子商务。非特定企业间的电子商务是在开放的网络中对每笔交易寻找最佳伙伴，与伙伴进行从订购到结算的全部交易行为。这里虽说是非特定企业，但由于加入该网络的只限于需要这些商品的企业，可以设想是限于某一行业的企业。不过，它不以持续交易为前提，不同于特定企业间的电子商务。特定企业间的电子商务是在过去一直有交易关系或者今后一定要继续进行交易的企业间为了相同的经济利益，共同进行的设计、开发或全面进行市场及库存管理而进行的商务交易。企业可以使用网络向供应商订货、接收发票和付款。BtoB 在这方面已经有了多年运作历史，特别是在通过专用网络或增值网络上运行的电子数据交换（EDI）方面使用得也很好。

（3）企业与政府之间的电子商务，即 BtoG（Business to Government）。

这种商务活动覆盖企业与政府组织间的各项事务。例如，政府采购清单可以通过因特网发布，公司可以以电子化方式回应。同样，在公司税的征收上，政府也可以通过电子交换方式来完成。

（4）消费者与消费者之间的电子商务，即 CtoC（Customer to Customer）。

CtoC 电子商务主要是消费者与消费者之间的交易。这类网站为消费者提供一个平台，例如淘宝网、易趣网，消费者在网上公布要买卖的商品的价格，对方可竞价，如果成功可当面完成交易。

2. 按照商务活动内容分类

（1）间接电子商务，即有形货物的电子订货，它仍然需要利用传统渠道如邮政服务和商业快递车送货。

（2）直接电子商务，即无形货物和服务，如计算机软件、娱乐内容的联机订购、付款和交付，或者是全球规模的信息服务。

直接和间接电子商务均提供特有的机会，同一公司往往二者兼营。间接电子商务要依靠一些外部要素，如运输系统等。直接电子商务能使双方越过地理界线直接进行交易，充分挖掘全球市场的潜力。

3. 按照使用网络类型分类

第一种形式是 EDI（Electronic Data Interchange，电子数据交换）商务；第二种形式是互联网商务；第三种形式是内联网商务。

（1）EDI 商务。

按照国际标准化组织的定义，EDI 商务是“将商务或行政事务按照一个公认的标准，形成结构化的事务处理或文档数据格式，从计算机到计算机的电子传输方法”。简单地说，EDI 就是按照商定的协议，将商业文件标准化和格式化，并通过计算机网络，在贸易伙伴的计算机网络系统之间进行数据交换和自动处理。

（2）互联网商务。

按照美国互联网协会的定义，互联网是一种“组织松散、国际合作的互联网络”。该网络“通过自主遵守计算的协议和过程”，支持主机对主机的通信。具体来说，互联网就是让一大批计算机采用 TCP/IP 协议来即时交换信息。

互联网商务是国际现代商业的最新形式。它以计算机、通信、多媒体、数据库技术为基础，通过互联网络，在网上实现营销、购物服务。它突破了传统商业生产、批发、零售及进、销、存、调的流转程序与营销模式，真正实现了少投入、低成本、零库存、高效率，避免了商品的无效搬运，从而实现了社会资源的高效运转和最大节余。消费者可以不受时间、空间、厂商的限制，广泛浏览，充分比较，模拟使用，力求以最低的价格获得最为满意的商品和服务。

（3）内联网商务。

内联网是在互联网基础上发展起来的企业内部网。它在原有的局域网上附加一些特定的软件，将局域网与互联网连接起来，从而形成企业内部的虚拟网络。内联网与互联网最主要的区别在于内联网内的敏感或享有产权的信息受到企业防火墙安全网点的保护，它只允许有授权者介入内部 Web 网点，外部人员只有在许可条件下才可进入企业的内联网。内联网将大、中型企业分布在各地的分支机构及企业内部有关部门和各种信息通过网络予以连通，使企业各级管理人员能够通过网络读取自己所需的信息，实现无纸化办公，从而有效地降低了交易成本，提高了经营效益。

三、电子商务对企业营销的影响

电子商务的实施和推广将改变传统的生产、经营方式，改变现有的服务和消费模式，实现信息流、资金流与物流三要素齐全的有机组合，从而对企业营销产生深远的影响。

1. 电子商务将改变企业的生产方式

由于电子商务是一种快捷、方便的购物手段，消费者的个性化、特殊化需要可以完全通过网络展示在生产厂商面前。为了取悦顾客，突出产品的设计风格，制造业中的许多企业纷纷发展和普及电子商务，如美国福特汽车公司在 1998 年 3 月份将分布在全世界的 1.5 万个经销商纳入内部网。福特公司的最终目的是实现能够按照用户的不同要求，做到按需供应汽车。

2. 电子商务将改变企业的工作流程

电子商务将传统的商务流程电子化、数字化，一方面以电子流代替了实物流，可以大量减少人力、物力，降低了成本；另一方面电子商务突破了时间和空间的限制，使得交易活动可以在任何时间、任何地点进行，从而大大提高了效率；电子商务重新定义了传统的流通模式，减少了中间环节，使得生产者和消费者的直接交易成为现实；电子商务所具有的开放性和全球性的特点，可以为企业创造更多的贸易机会。

3. 电子商务将降低企业经营的成本

电子商务是在商务活动的全过程中，通过人与电子通信方式的结合，极大地提高商务活动的效率，减少不必要的中间环节。传统的制造业借此进入小批量、多品种的时代，“零库存”成为可能。传统的零售业和批发业开创了“无店铺”“网上营销”的新模式，各种线上服务为传统服务业提供了全新的服务方式。

4. 电子商务将改变人们的消费方式

网上购物的最大特征是消费者的主导性，购物意愿掌握在消费者手中，同时消费者还能以一种轻松自由的自我服务的方式来完成交易，消费者主权可以在网络购物中充分体现出来。在线购物、电子支付、送货上门给 21 世纪的消费者一个美妙的全新选择。

5. 电子商务给传统营销方式带来冲击

随着网络技术迅速向宽带化、智能化、个人化方向发展，用户可以在更广阔的领域内实现声、图、像、文一体化的多维信息共享和人机互动功能。它将导致大众市场的终结，并逐步体现市场的个性化，最终以应对每一个用户的需求来组织生产和销售。另外，电子商务的企业竞争是一种以顾客为焦点的竞争形态，如何与散布在全球各地的顾客群保持紧密地联系并能掌握顾客的特性，再经由顾客与企业形象的塑造，建立顾客对于虚拟企业与网络营销的信任感，是网络营销成功的关键。

6. 电子商务对市场营销战略的影响

一方面，互联网具有的平等、自由等特性，使得电子商务将降低跨国公司所拥有的规模经济的竞争优势，从而使小企业更易于在全球范围内参与竞争。另一方面，由于人人都能掌握竞争对手的产品信息与营销作为，因此胜负的关键在于如何适时获取、分析并运用这些自网络上获得的信息，来研究并采用极具优势的竞争策略。同时，策略联盟将是网络时代的主要竞争形态，如何运用网络来组成合作联盟，并以联盟所形成的资源规模创造竞争优势，将是未来企业经营的重要手段。

知识卡片 网络营销的意义就在于充分利用网络的低成本，充分增加与顾客的互动，让顾客多参与，使得网上经营的整体效益最大化。

第二节 网络营销

网络营销作为适应电子商务时代的网络虚拟市场的新营销理论，是市场营销理论在新时期的发展和应用。以网络营销为中心的商业活动已成为互联网上最主要的内容之一。对于企业来说，如何在电子商务时代有效地开展网络营销活动，寻找新的商机，已成为一个迫切需要解决的问题。网络营销正在改变企业的经营方式，同时也在改变消费者的消费方式，因而我们必须对此进行深入探讨。

一、网络营销的含义

网络营销是一种建立在互联网基础之上的全新的营销方式。网络营销不单纯是网络技术，而是市场营销；网络营销也不单纯是网上销售，而是企业现有营销体系的有力补充。网络营销是 4C（即顾客的欲望和需求 Consumers' Wants and Needs、满足欲望和需求的成本 Cost to Satisfy Wants and Needs、方便购买 Convenience to Buy 以及与消费者的沟通 Communication）营销理论的必然产物。

网络营销是以 Internet 为中介媒体的市场营销形式，其实质是利用 Internet 对产品的售前、售中、售后各环节进行跟踪服务，包括寻找新客户、服务老客户，是企业以现代营销理论为基础，利用 Internet 技术和功能，最大限度地满足客户需求，以达到开拓市场、增加盈利为目标的经营过程。网络营销是直接市场营销的最新形式，是由 Internet 客户、市场调查、客户分析、产品开发、销售策略、反馈信息等环节构成的。

从不同的角度透视网络营销，就会有不同的理解与定义。本章从市场营销的角度出发定义网络营销。网络营销是指在网络经济时代，借助于互联网来更有效地满足顾客的需求和欲望，从而实现企业营销目标的一种手段，是利用互联网络所进行的一切营销活动。它是在传统营销理论指导下，对营销手段和营销策略实行网络化的创新性变革，并在此过程中丰富和发展传统营销理论。网络营销的价值在于可以使商品从生产者到消费者的价值交换更便利、更充分、更有效率。

二、网络营销的特点

随着互联网技术的成熟以及联网成本的降低，互联网将政府、企业以及个人跨时空连接在一起，使得他们之间的信息交换变得更加容易。市场营销中最重要也最本质的是企业和个人之间进行信息传播和交换。如果没有信息交换，交易就成了无源之水。正因如此，互联网也使得网络营销具备了以下特点。

（1）跨时空。

营销的最终目的是占有市场份额。由于互联网具有超越时间约束和空间限制进行交换的功能，因此使得脱离时空限制达成交易成为可能，企业能有更多时间和更大的空间进行营销，24 h 随时随地提供全球性营销服务。

（2）多媒体。

互联网可以传输多种媒体信息，如文字、声音、图像等。这使得为达成交易进行的信息交换可以多种形式存在，营销人员可以充分发挥其创造性和能动性。

（3）交互式。

互联网可以展示商品目录，并为顾客提供有关商品信息的查询；可以和顾客就交易内容进行沟通；可以对产品的售后情况进行跟踪调查等。它是商品信息提供和服务的最佳工具。

（4）人性化。

互联网上的促销是一对一的、理性的、消费者主导的、非强迫性的和循序渐进式的，而且是一种低成本与人性化的促销，它可以避免推销员强势推销的干扰，并通过信息提供与交互式交流和消费者建立长期良好的关系。

（5）成长性。

互联网使用者数量快速增长并遍及全球，使用者多属年轻人、中产阶级、高教育水准人群，由于这部分群体购买力强，而且具有很强的市场影响力，因此是一项极具开发潜力的市场渠道。

（6）整合性。

互联网上的营销可由商品信息发布至收款、售后服务一气呵成，因此也是一种全程的营销。企业可以借助互联网将不同的传播营销活动进行统一规划和协调实施，以统一的传播活动向消费者传达信息，避免传播不一致性产生的消极影响。

（7）超前性。

互联网是一种功能强大的营销工具，它同时兼具渠道、促销、电子交易、互动顾客服务以及市场信息分析与提供的多种功能。它所具备的一对一营销能力，正是企业营销的未来趋势。

（8）高效性。

计算机可储存大量的信息，传送的信息数量与精确度远超其他媒体，并能适应市场需求，及时更新产品或调整价格，因此能及时、有效地了解并满足顾客的需求。

（9）经济性。

通过互联网进行信息交换，代替以前的实物交换，一方面可以减少印刷与邮递成本，可以无店面销售，免交租金，节约水电与人工成本；另一方面可以减少由于迂回多次交换带来的损耗。

（10）技术性。

网络营销是建立在高技术作为支撑的互联网的基础上的，企业实施网络营销必须有一定的技术投入和技术支持，改变传统的组织形态，提升信息管理部门的功能，引进懂营销与电脑技术的复合型人才，未来才能具备市场的竞争优势。

三、网络营销与传统营销方式的比较

1. 网络营销与传统营销的相同点

（1）两者都是一种营销活动。

（2）两者都需要符合企业的既定目标。

（3）两者都把满足消费者需求作为一切活动的出发点。

（4）两者对消费者需求的满足，不仅停留在现实需求上，而且还包括潜在需求。

2. 网络营销与传统营销的不同点

（1）产品方面：在互联网上进行市场营销的产品可以是任何产品或任何服务项目，而在传统营销领域却很难做到。

（2）价格方面：在互联网上营销的价格，可以调整到更有竞争力的位置上。

（3）销售方面：网络营销具有“距离为零”和“时差为零”的优势，改变了传统的迂回模式，可以采用直接的销售模式，实现零库存、无分销商的高效运作。

（4）促销方面：网络营销具有更丰富的内涵和更多的实现方式。

（5）决策方面：网络营销的决策内容更多，响应速度更快。

四、电子商务与网络营销的关系

网络营销和电子商务是一对紧密相关又具有明显区别的概念，许多人的认识还存在一定的误区。

1. 电子商务与网络营销的区别

网络营销是企业整体营销战略的一个组成部分，无论传统企业还是互联网企业都需要网络营销，但网络营销本身并不是一个完整的商业交易过程，而只是促进商业交易的一种手段。电子商务主要是指交易方式的电子化，它是利用互联网进行的各种商务活动的总和。我们可以将电子商务简单地理解为电子交易，电子商务强调的是交易行为和方式。

2. 电子商务与网络营销的联系

网络营销是电子商务的基础，电子商务是网络营销发展的高级阶段。开展电子商务离不开网络营销，但网络营销并不等于电子商务。

第三节 铁路运输企业网络营销

一、铁路运输企业网络营销的含义

网络营销主要是指企业借助于网络技术和信息技术来实现企业营销目标的一种新的营销方式，它有利于企业掌握市场需求、开拓全球市场、参与国际竞争、减少中间环节、降低营销成本。随着中国加入世界贸易组织，全球经济一体化趋势日趋显著，网络化、信息化进程急剧加速，网络营销也日趋成熟。

现代网络营销学以彻底的“以消费者为导向”的营销哲学为指导，以先进的网络技术和信息技术为依托，包括与市场有关的一系列企业网络营销管理活动，如企业的网络营销市场调查、网络消费者行为分析、网络营销策略的制定、网络产品和服务策略、网络定价营销策略、网络渠道选择与直销、网络促销与网络广告、网络营销管理与控制等。网络营销可以连接市场需求和企业生产，企业可以通过它来把消费者需要和市场机会变为有利可图的公司机会，并通过它提高企业的经营效益。

铁路运输企业网络营销属于微观市场网络营销的范畴，是指在网络经济时代借助于互联网来更有效地满足运输市场上顾客的运输需求和欲望，从而实现铁路运输企业营销目标的一种手段，是利用互联网络所进行的一切实现铁路运输产品交换的营销活动。铁路运输企业网络营销始于运输生产之前，贯穿于运输生产活动的全过程：在提供运输产品之前，要充分利用网络和信息技术研究服务对象的需求，科学分析运输市场机会，研究目标市场，从而决定运输产品类型、运输生产组织形式以及运输范围和数量；在组织生产经营过程中，要使运输网络产品策略、网络运价策略、网络渠道策略、网络促销策略和网络服务策略有机地结合起来，通过良好的信息追踪去实现运输生产过程；运输生产结束后，还要做好运输结束后的网络服务和信息反馈工作，这样周而复始，形成良性循环，不断满足社会运输需求，提高运输企业的经济效益，更好地发挥网络营销的作用。

二、铁路运输企业网络营销理论体系

铁路运输业是专门从事旅客和货物位移活动的行业，它能够把社会生产、分配、交换、消费有机地联系起来，是沟通工农业、城乡之间、地区之间、企业之间组织活动的纽带，是国际经济、文化交往的桥梁，也是确保人民生活和巩固国防的重要条件。铁路运输业历来是我国的支柱性产业之一，随着国民经济的持续和快速发展，铁路运输业在国民经济中的重要

作用日益显著。

铁路运输业是现代企业的一种类型，是专门从事旅客或货物运输生产经营活动的经济组织。现代企业网络营销理论的基本原理完全适用于运输企业，其内容包括以下几个相关联的部分。

1. 网络营销环境

同传统营销一样，企业进行网络营销活动也面临着一定的环境，并在特定的环境条件下通过互联网这一特殊平台开展营销活动。网络营销环境是指企业进行网络营销活动时所面临的各种内外部营销因素的总称，包括宏观环境和微观环境两大部分。

宏观环境是指对企业网络营销活动没有直接作用，但又经常对企业营销决策产生潜在影响的一般要素环境，包括政治环境、法律环境、经济环境、科技环境、社会文化环境和自然环境六个方面。

微观环境主要包括企业性质、竞争者状况、供应商、营销中介、顾客和社会公众等。这些因素比宏观环境对企业开展网络营销的影响更为直接，将直接影响企业网络营销的成败。

2. 网络市场调研

（1）网络市场调研具有的优势。

① 信息的广泛性。这是网络调研与受区域制约的传统调研方式相比所特有的优势。

② 调研周期短。网络的即时性便于企业及时了解服务对象的需求并及时做出反应，这有助于企业在迅速变化的市场中获得竞争优势。

③ 调研结果的客观性。因为服务对象返回调查结果的行为是主动的，对产品信息是感兴趣的，能够反映他们的消费心理和市场需求信息。

④ 调研成本低。网络调研只需要在网站上发出电子调查问卷，提供相关信息，然后利用计算机对反馈回来的信息进行整理和分析，大大减少了企业的人力和物力耗费。

（2）网络市场调研的策略。

① 全面掌握市场需求。运输市场的调研对象是一切旅客和货主，也就是说运输市场的调研对象几乎是全部的社会人。尽管网络日益普及，也并不是每一个人都能上网，这就要求网络调研要与实地调研相结合，同时也要对调研对象进行角色划分，充分了解调研对象的个人特性，从个性中找出共性，即使调查相对少数的人也能充分了解市场需求，使调研结果更有针对性、准确性。

② 利用电子邮件或来客登记簿获得市场信息。电子邮件和来客登记簿是互联网上企业与顾客交流的重要工具与手段。通过电子邮件和来客登记簿，不仅所有顾客均可以读到并了解企业的情况，而且市场调研人员也可获得相关的市场信息。

③ 建立情感纽带。用有价值的信息和免费使用软件来吸引访问者，访问者可能会很愿意在需要的时候提供个人信息。铁路运输企业的网站中可以提供大量免费的出行信息，如列车时刻表、旅游线路推荐、货物托运价目表等，并允许访问者下载这些信息，同时尽可能地鼓励业内企业提供包括其所在单位名称、主要产品、联系方式等相关信息。

④ 时刻倾听顾客的声音。在网站上设立长期的征求意见和投诉专栏，虚心听取顾客的意见，及时处理顾客不满意的问题，避免矛盾加重而造成顾客的流失，从而影响企业的信誉度。

⑤ 积极寻找竞争企业和竞争产品信息。不仅同种运输方式的运输企业之间存在着竞争，各种不同运输方式的运输企业之间也存在着竞争，利用各种方式搜集竞争对手信息，仔细察看竞争对手的网址，注意竞争对手的网站有哪些特色值得借鉴，有什么疏漏或者错误需要避免，竞争对手是否做过类似的市场调研等，对于一个企业的成败都至关重要。

3. 目标市场

所谓目标市场，是指在需求异质性市场上，企业根据自身能力所确定的、欲满足的现有和潜在的消费者群体的需求。铁路运输企业根据其企业规模的大小、资金的多少、未来的发展方向等来决定是以整个运输市场为目标市场，还是以旅客运输市场、货物快速运输市场、零担货物运输市场、大件货物运输市场等细分市场为目标市场。市场经过细分以后，使企业面临许多不同细分市场的机会，网络营销规划的最初便要进一步做好两方面的工作：评估细分市场与选择细分市场。

铁路运输网络市场细分是指铁路运输企业在调查研究的基础上，依据网络消费者的需求、购买动机与习惯爱好的差异性，把网络市场划分成不同类型的消费群体，每个消费群体就构成了企业的一个细分子市场，每个细分子市场都是由需求和愿望大体相同的消费者组成。在同一个细分市场内部，消费者需求大致相同，如货物快速运输市场；在不同细分市场之间，则存在着明显的差异，如旅客运输市场和货物运输市场之间。铁路运输企业需根据自身的核心竞争力，评估各细分市场的规模和增长速度，选择适当的细分市场作为目标市场，并以此作为本企业的最佳网络营销方案和策略。

4. 网络营销战略规划

网络营销作为信息技术的产物，具有很强的竞争优势，但并不是每个企业都能进行网络营销。企业实施网络营销必须考虑到企业的业务需求和技术支持两个方面：业务方面，如企业目标、企业规模、顾客数量和购买频率、产品类型、产品周期以及竞争地位等；技术方面，如企业是否支持技术投资、技术发展状况和应用情况等。

网络营销战略的规划要经历以下三个阶段。

（1）确定目标优势。分析网络营销是否可以促使市场增长，是否能通过改进目前营销策略和措施，降低营销成本。

（2）分析计算网络营销的成本和收益。计算收益时要考虑战略性需要和未来收益。

（3）综合评价网络营销战略。首先要考虑成本效益问题，预计的营销成本一定要小于预期收益，否则，该营销战略不可行；其次要考虑市场机会，企业应选择市场机会大、服务对象广的网络营销战略；最后要考虑企业的组织、文化和管理形式能否适应采取网络营销战略后的改变。

现代市场营销的主旨是用户导向，然而迄今为止，大多数企业的市场营销都是单向的，即依赖各种各样的媒体广告来促使顾客接受，再以各种各样的调查研究方式了解顾客的需求，这两种过程在大多数场合下是分离的。而互联网则提供了企业与顾客双向交流的通道，使企业得以发展规模化的交互式的市场营销方式。这种交互式的市场营销方式一方面让企业更直接、更迅速地了解顾客的需求；另一方面，使企业有更多的空间为用户提供更具价值的售前服务和售后服务。互联网的商业应用改变了传统的买卖关系，带来了企业市场营销方式的变革，对市场营销提出了新的要求。随着以互联网为特征的信息技术和市场营销相互结合、相互作用，形成了网络营销组合，其中包括产品策略、价格策略、促销策略、渠道策略、顾客关系管理策略等。

三、铁路运输企业网络营销的特点

铁路运输企业网络营销行为依托于铁路运输市场，是铁路运输企业市场营销的一种，但又是在网络技术和信息技术飞快发展的基础上产生和发展的，因此它既有一般市场营销的共性，又具有自身所独有的特性。

1. 软营销的营销导向

“软营销”的概念是相对于工业化大规模生产时代的“强势营销”而言的。强势营销往往用不断的“广告轰炸”和“死缠硬磨”的人员推销向顾客强行灌输信息。而网络时代下的个性消费者是主动方，消费者不欢迎不请自到的广告，但会在某种个性化需求的驱使下，主动到网上寻找相关的信息、广告。这就决定了铁路运输企业的网络营销必须遵循一定的规则——绝不向顾客进行强制性的信息灌输，绝不在未经顾客允许的情况下让企业的任何信息闯进顾客的私人生活，或将消费者的个人资讯向第三方透露，使企业的网络营销成为真正的软营销。

2. 增加顾客的感性认识

铁路运输产品实际上提供的是一种服务，服务作为无形产品，其主要特点有不可触摸性、不可分离性、可变性、同步性、易逝性等。而运输产品营销的最大局限性在于服务的无形性和不可触摸性，因此在进行网络营销时，需要对服务进行有形化，通过一些有形的方式表现出来，以增强顾客的感性认识。

3. 价格公开

在网络营销的环境下，铁路运输企业的价格是几乎完全公开的。消费者可以得到各竞争对手的价格标准，以进行选择前的比较；各竞争对手间也很容易得到彼此的价格信息，以调整自己的网络营销价格策略。

4. 综合的网络营销模式

企业要引进网络营销，首先要弄清楚网络营销通过何种机制达到何种目的，然后企业可根据自己的特点及目标顾客的需求特性，选择一种合适的网络营销模式。目前，一般企业的网络营销模式有以下几种。

① 顾客服务—增强与顾客的关系—留住顾客—增加销售。

② 实用信息—刺激消费—增加购买。

③ 娱乐—促进顾客的参与—重复购买。

④ 高品牌知名度—获取顾客忠诚—更高的利润。

⑤ 购买方便 + 折扣 + 直接销售 + 减少管理费用。

⑥ 数据库营销。

而铁路运输企业的网络营销一般采用以上几种模式综合运用的方式。网络营销过程中将增强与顾客的关系、提供有用的信息、提供方便而带有折扣的购买方式以及提高品牌的知名度等手段综合运用，作为企业网络营销的总体目标服务。一些在网络营销方面做得较好的运输企业，如联邦快递、UPS，其网络营销模式并不是单一的，而是多种模式的有机结合，充分吸取每种模式优点，发挥 1+1>2 的整体效果。

5. 铁路运输企业的规模要求降低

在传统的营销过程中，消费者在得不到更多信息而做出理性判断的基础上，较倾向于选择规模大的运输企业来保障自身的利益，而一些真正具有实力的小型运输企业却因此失去了很多机会。而在网络营销环境下，消费者可以浏览各个企业的网站，可以得到更多的信息。若一个企业的网站营销做得好，能提供更多的信息和方便给顾客，就可能给顾客留下良好的印象，而使其忽视企业的规模。网络营销为各种规模的运输企业提供了相同的机会，从而降低了运输企业规模对销售的影响。

6. 突破时空不可分离性

铁路运输产品的最大特点是生产和消费的同时进行，因此运输服务受到时间和空间的限制。顾客为寻求服务，往往需要花费大量时间去等待和奔波，而互联网的远程服务则可以突破服务的时空限制。铁路运输企业所提供的远程订票、网上托运等服务，通过互联网都可以实现消费方和供给方的空间分离。

7. 铁路运输企业网络营销的超前性

铁路运输服务是运输对象的“位移”，要求运输企业的销售活动在生产之前，先有货源、客流，再组织运输生产，实现其“位移”。因此，铁路运输企业的市场营销活动是运输生产的前提。互联网是一种功能强大的营销工具，它同时兼具销售渠道、促销、电子交易、顾客互动服务以及市场信息分析与提供的多种功能。拥有如此先进的营销工具的运输企业网络营销也必须具有超前性。

8. 营销中介减少，营销组织虚拟化

因特网的发展带动企业内部网的蓬勃发展，使得企业内外部沟通与经营管理均需要依赖网络作为媒介，从而使企业组织机构层次减少，销售渠道缩短，业务人员减少虚拟经销商、虚拟门市、虚拟部门等企业内外部虚拟组织盛行。

9. 铁路运输企业网络营销还处于成长阶段

一个企业是否有长期发展的前景，首先同它所处的行业本身的性质有关。在当前的后工业化社会中，第三产业中服务业的发展是经济主要的增长点，传统的以制造业为主的经济正向服务型转变，新型的服务业如日中天。这样的行业性质决定了铁路运输企业面临无限广阔的发展空间。铁路运输企业的网络营销还处于成长期，企业对其越来越重视，网络营销的开展范围也越来越广，网络营销人员越来越专业，其未来大有可为。

第四节　铁路运输企业网络营销策略

一、铁路运输企业网络营销服务策略

从信息时代到网络经济时代，信息的生产规模增长远远超过物质的生产规模增长，信息和知识已成为社会发展的决定性因素，市场由大规模市场转变为细分市场、个性化市场。互联网络不仅为企业提供了广阔的市场营销空间，同时也大大地增加了顾客的选择范围。企业不仅要去发现和引导顾客需求，更应该通过向顾客学习，更贴切地理解其需求并创造出良好的需求实现过程，这就需要企业建立从战略决策到营销策略的全面面向顾客的机制。人们通过对成功和不成功营销的研究发现，如果公司将盈利作为首要目标，反而更加难以赚钱；如果把客户的需求放在首位，并努力满足顾客的需要，就能取得成功。国际权威研究机构经过调查研究以后得出："2/3 的客户离开供应商是因为供应商对客户的关怀不够"；"把客户的满意度提高五个百分点，其结果是企业的利润增加一倍"；"一个非常满意的客户其购买意愿比一个满意客户高出六倍"。如此看来，企业能够了解用户的特点并提供符合用户需求的服务，就成为网络营销能否成功的前提。

1. 网络营销服务的内容

铁路运输企业网络营销服务通常分为网上售前服务、网上售中服务和网上售后服务。

（1）网上售前服务。

铁路运输企业在网上提供售前服务的方式主要有两种：一是通过企业自身的网站宣传和介绍产品信息和相关信息，这种方式要求企业的网站要有一定的知名度，否则难以吸引顾客；二是通过网上虚拟市场或网上专业商城提供信息，企业可以在上面免费发布产品信息广告，提供产品的技术特性、收费标准等信息。此外，网上售前服务还可以为顾客提供订货服务，可以根据顾客的特殊需要，按照顾客的设计提供运输产品，使得消费者直接参与营销过程，有助于提高顾客的满意度。

（2）网上售中服务。

网上售中服务主要是指铁路运输产品的买卖关系已确定，在等待产品送到指定地点过程中的服务，如列车运行准点情况、货物运输情况等。网络营销的售中服务要求在设计销售网站时，要做到在提供网上订购运输产品的同时，还能提供订单执行情况查询功能，方便顾客及时了解订单执行情况，满足顾客对售中服务的需求。对以提供位移为产品的运输企业来说，应将旅客或货物在运输的中间环节信息都输送到数据库，客户可以直接通过互联网查看某一车次到达某一站的准确时间、货物到达了哪一站、货物的保险状态如何等顾客关心的信息。客户不用打电话去询问任何人，上述服务信息都可以在网上获得，既让客户免于为查邮件而奔波，同时公司又大大减少了邮件查询方面的开支，实现企业与顾客的共同增值。

（3）网上售后服务。

铁路运输产品是无形产品，因此运输企业的网上售后服务不能像很多提供有形产品的企业一样，对客户提供产品帮助、技术支持、使用维护等服务，铁路运输企业的网上售后服务的主要内容是调查顾客对产品的满意程度，接收顾客提出的改进意见及不满意投诉，解决顾客投诉的问题等。

2. 网络营销服务策略

铁路运输企业的网络营销策略就是要服务于旅客出行计划和货物运达计划的制定，因此要提供全面的信息服务，包括介绍各个时期客运的新产品、到发及途经车站、列车的有关信息、运输车辆的数量和型号以及送达时间等。

旅客出行通常有以下需求：一是希望得到清晰、全面的列车信息咨询；二是旅客希望得到车站中转、换乘列车信息及其他运输方式的换乘信息等；三是希望得到车站周边的旅馆、酒店、商场、旅游景点、商务中心等的信息；四是外国旅客希望能够被提供相关服务的英文信息。

货主托运货物通常有以下需求：一是希望得到准确、全面的车辆信息和送达时间；二是希望得到货物运输追踪信息和货物在途状态；三是希望得到准确的最终到货时间和货物的毁损情况；四是希望了解货物运输相关的索赔政策等。

（1）加快网络基础设施建设。

具体包括：加快国家 Internet 主干网和企业内联网建设；加快企业营销网络资源库建设；充分利用和改造原有的信息和服务系统，进一步实现信息资源的同步共享，为我国的网络营销发展创造良好的条件。例如，铁路运输系统铁路内部有许多运营信息，长期以来只供铁路自身管理使用，如客票信息、行包运输情况、货物在途信息等，通过铁路客户服务中心的建设，使铁路企业的运输服务信息实现网络化作业和发布，具有不同权限的管理者、业务人员、旅客和货主能够方便、及时地在客户端或 Web 浏览器上获取信息。通过接口处理，这些内部管理信息都能为网络营销信息服务。

（2）设计出色的网站主页，做好网址宣传。

网站主页是企业网站形象的缩影，企业发布的各种信息和采用的交流方式都将在这里产生，是网络营销员推广企业产品的一种有效方式。运输企业主页的设计应以产品为核心，目的是把“活”的产品搬上网站，并融于网页之中，通过多媒体工具如三维设计等方式，使其实现艺术性、宣传性、娱乐性的完美组合，使顾客自觉自愿地接受它。然而铁路运输企业网站的最大吸引力莫过于提供有用并免费的信息。提供免费资源，在时间和精力上的代价都是昂贵的，但其增加站点流量的功效可以得到回报。运输企业提供的与运输产品相关的免费信息，吸引来访问者，就可以成为良好的业务对象，给访问者留下良好的企业形象的同时，这些来访者也可能成为企业潜在的服务对象。

（3）利用 E-mail 进行营销服务。

E-mail 是网络发展的产物，在网络时代 E-mail 也可以作为运输企业进行营销的一种有效手段。铁路运输企业通过 E-mail 与顾客保持经常性的沟通，建立良好的顾客关系，以期更大限度地开发顾客价值，并且通过 E-mail 收集和管理顾客历史购买行为和该顾客经营的业务领域等数据库信息，以维持与该顾客的关系。另外，将有关铁路运输企业生产、经营和发展中的具有良性因子的新闻性事件制作成规格统一、合乎本企业 CIS 的邮件，定期发送到与本企业相关的行业站点，也可以起到宣传作用。除此之外，还可将企业有关活动、广告、优惠等最新信息以 E-mail 的形式发给客户，以达到营销的目的。例如，美国航空公司就通过每周向 170 万名客户发送降价机票电子信件，为客户提供了购买打折机票的机会，既增加了飞机的载客率，又降低了公司的成本。

（4）个性化网络营销服务。

个性化服务也叫定制服务，就是按照顾客的要求提供特定服务，满足消费者个性的需求。提供个性化服务可以根据不同客户的不同需求，最大限度地让顾客满意，一般采取页面定制服务、E-mail 定制服务、客户端软件支持的定制服务等形式。在铁路运输企业的网络营销服务中，由于个性化的定制服务在满足客户需求方面可以达到相当深度，所以，只要铁路运输企业对目标群体有准确的细分和定位，对其需求有全面的总结和概括，尽量采用个性化网络营销方式，这样可以有效地吸引广大的消费者。铁路运输企业根据自己掌握的客户信息，为长期或稳定的客户提供客户独特的信息服务，如列车时刻的更改、新增列车的信息、客票价格的涨落等，将客户最关心的信息及时地发送给客户，让其在第一时间了解企业所提供产品的情况。具有较强竞争力和资金技术优势的货运企业更可以根据客户情况为客户提供最优的运输计划，一方面方便客户运输和节省客户运输成本，另一方面因为客户忠诚度的提高而增加企业盈利，达到企业与客户的双赢。

（5）建立自动网络服务系统。

铁路运输企业根据自身的政策、策略、资金等条件，适度建设自动网络服务系统，为旅客或货主提供更高质量的服务。比如建立自动应答的电子邮件（回复）系统，以便能够及时回复顾客通过电子邮件提出的各种要求与疑问，定时跟踪已购买了运输产品的顾客，进行回访和提示注意事项；建立在线咨询系统，随时随地回答顾客提出的运价、运量等相关问题，解决顾客在购买过程中出现的各种问题；在网上建立旅客（货主）论坛，请旅客（货主）自由发表对铁路运输产品的意见和建议，倾听旅客（货主）的声音，了解旅客（货主）的需求，以便能够适时地进行铁路运输产品改造、运输服务改进和新产品的开发；建立 24 小时呼叫中心，利用计算机电话集成技术为旅客（货主）提供及时、准确、贴心的运输信息服务，处理旅客（货主）的投诉，解决旅客（货主）的疑问。

二、铁路运输企业网络营销品牌策略

1. 网络营销品牌的内涵

品牌是代表产品一定质量的标记，是用以区别本企业与别的企业产品的一种标记。互联网的交互性、快捷性、全球性、多媒体特性等优势，为提高企业知名度、树立企业品牌形象、更好地为用户服务等方面提供了有利的条件。网络的这些特性对于每一个企业都是公平的，因此，企业应该根据自身的产品与服务特点，利用网络创建自己的网络品牌。在我国传统的商业界，品牌的概念就类似于“金字招牌”；但在现代西方的营销领域，品牌是一种企业资产，涵盖的意念比表象的文字标记或是注册商标更胜一筹。品牌是一种信誉，由产品品质、商标、企业标志、广告口号、公共关系等混合交织形成。从网络品牌资产角度讲，品牌意味着知名度、信誉度、认同度、忠诚度。网络品牌是极具效率的推广手段，有极大的经济价值，能吸引风险投资者的兴趣。

2. 企业域名品牌的内涵

传统企业的市场营销借助各种媒体树立企业形象，提高品牌知名度，促使消费者购买本企业产品，企业的品牌就是顾客识别和选择的对象。企业上互联网进行商业活动，同样存在被识别和选择的问题。由于域名是企业站点的联系地址，提高域名的知名度，就是提高企业站点知名度，提高企业的被识别和选择概率。域名在互联网上可以说是企业形象的化身，是在虚拟网上市场环境中商业活动的标识。也正因为域名具有商标特性，与商标一样具有“域名效应”，使得某些域名已具有潜在价值。如以 FedEx 作为域名，使用者很自然联想到 FedEx 公司，再联想到该站点提供的服务或产品同样具有 FedEx 公司一贯承诺的品质和价值。因此，域名不但具有商标标识企业的功能，还具有了传递企业提供产品或服务的品质和属性的功能。

3. 网络营销域名品牌策略

目前，许多商业机构纷纷建立自己的网站，虽然大多数企业还未能从中获取商业利润，但作为未来重要商业模式是具有战略意义的。大多数商业机构注册域名与企业商标或名称有关，许多企业也已经意识到域名的商标特性。

互联网域名管理机构没有赋予域名以法律上的意义，域名与任何公司名、商标名没有直接关系。但由于域名具有唯一性，如果某一家公司注册在先，其他公司都无法再注册相同的域名，因此可以说，域名已具有商标、名称类似的意义。由于世界上著名公司大部分直接以著名产品名命名域名，加之大多数使用者对专业知识知之甚少，很容易被一些有名的域名所吸引，使一些显眼的域名很容易博得用户的青睐，如美国著名快递公司域名为 www. Ups. com。

（1）域名的选取。

一般情况下，域名的选取要求为：与企业已有商标或企业名称具有相关性、简单易记易用、多个域名。例如，著名的联邦快递服务公司的域名 www. Fedex. com 选取了与企业商标相同的域名，中国国产运输品牌宅急送的域名 www. zjs. com. cn 则选取了公司名称首字母的缩写，这些都符合域名选取的相关性和简单易记的原则。由于域名命名的限制和申请者广泛，极易出现申请类似的域名，减弱域名的识别和独占性，导致顾客的错误识别，因此企业一般要同时申请多个类似相关的域名以保护自己。

（2）网页的设计。

① 信息服务定位。域名作为商标资源，必须注意与企业整体形象保持一致，提供信息服

务必须和企业发展战略进行整合，避免提供有损企业已建立的形象和定位的信息服务。

② 内容的多样性。丰富的内容才能吸引更多用户，才有更大的潜在市场。企业网页一般可以提供一些与企业相关联的内容或站点地址，使企业页面具有开放性。例如，中国航运网页上有数十个相关航运企业网站链接，并提供中国航运政策和大部分港口情况的简介。

③ 速度问题。由于互联网发展迅猛，使用者的选择机会大大增加，对站点的等待时间是极其有限的几秒钟，因此，企业网页的首页一般可设计简洁些，以便用户可以很快有内容查看，减少等待时间。

④ 时间性。页面内容应该是动态的、经常变动的，固定页面访问一次即可，没有回头访问的必要，因此企业应及时更新页面内容，以吸引更多的访问者。

⑤ 国际性。由于访问者可能来自国外，企业提供的信息必须兼顾国外用户，一般对于非英语国家都提供两个版本，一个是母语，另一个将内容翻译成英语，供查询时选择使用。

⑥ 用户审计。加强对域名访问者的调查分析，针对特定顾客提供一对一的特殊服务，如采取 Cookie 技术对用户进行记录和分析，以提高与顾客交互的质量，提高顾客域名忠诚度。

（3）铁路运输企业网站的建设。

① 网站定位。铁路运输企业在实际市场运作中要突出自己的特点，网站建设上要有自己独特的网站定位。旗帜鲜明的网站定位，不仅可以为网站的建设和日常管理找准方向，同时可以为企业树立良好的网上形象，为企业争取到更多的顾客。如联邦快递网站注重与客户的亲和力，将网站定位在宣传“整体大于部分之和”的营销理念、力求与客户协同动作、共谋最佳效益的目标上。

企业网站是面向实际作业的服务窗口，在网站结构的设计中每层页面都要有业务宣传、实地作业和树立企业形象的功能。一般情况下页面大致分为两类：一类是业务页面，按业务种类平行组织；一类是宣传页面，按企业介绍及业务进程组织。两类页面相互连接，便于切换。所有页面均应界面友好、简洁大方，页面间脉络清楚，链接关系简单。

② 鼓励顾客对话。网络是一种崇尚自由的媒体，对顾客之间的对话，公司的态度应该是积极鼓励，而不是冷漠、忽视甚至强行遏制，反网络文化的企业必将会落入新时代的淘汰之列。顾客对话的主要场所是各种新闻组、网络论坛、邮件等。网络顾客服务部门一定要将网络论坛上的顾客议论监测作为一项重要的任务列入工作日程，发现对公司有不利影响的议论或问题时应及时、态度积极地解决，切勿漠视网络传播的速度和范围。

在企业站点上设立论坛或新闻组，这样做可以集中地获取顾客对公司的反馈意见。在建立这类新闻组时，最好预先设立好议题，顾客在反馈意见和评论时可按不同的议题归类，同时要保证每个议题有足够大的空间让顾客发表演讲。运输企业还可根据自身的情况设立在线问答，及时处理顾客提出的各种问题，增加与顾客的直接交流，从而使企业了解顾客的真正所需，也使顾客增强对企业的亲切感和信任感。

③ 反馈信息的管理。网络双向互动的特性决定了网上企业会收到大量的反馈信息，企业要有专业的人员对这些信息进行管理。反馈信息一般都是通过发给企业的 E-mail 而获得的，这样对于大型运输企业，若只有唯一的 E-mail 地址，则需要设立一个专门负责 E-mail 分类的管理员管理这些信息。

反馈信息中有一部分内容是顾客提出的各类问题，对这些问题公司有关部门应尽可能快速、详细地给予答复，对一些常问的问题可以通过预先设置自动应答器立即给出预备的答复，让顾客查询企业的 FAQs（Frequently Asked Questions，常见问题）。对一些不能及时答复的问题，公司应回复提问者已收到问题，并承诺给出答复的时间限制——通常应该在 24 h 内。

此外，铁路运输企业的特殊服务性决定企业网站应设立专门的咨询栏目，并设专门的管理员负责在线回答各种咨询的问题。对于传统的铁路运输企业来说，运输服务的需求者为了得到可靠的信息，通常需要亲自或打电话到运输企业问询运输服务的相关信息，这么做会浪费顾客的大量时间和财力。在网站上的问询台进行咨询，不但可以得到准确详尽的信息，而且不必浪费时间在去问询的路途中，也降低了咨询的费用，可谓是一举多得。

三、铁路运输企业网络营销促销策略

网络促销是利用因特网来进行的促销活动，也就是利用现代化的网络技术向虚拟市场传递有关产品和服务的信息，以引发需求，引起消费者购买欲望和购买行为的各种活动。与传统促销方式相比，网络促销在时间和空间观念上、在信息传播模式上以及在顾客参与程度上都发生了较大的变化。网络使时空得到了大大的拓展，订货或购买可能在任何时间、任何地点进行。独有的、双向的、快捷的、互不见面的信息传播模式为网络营销提供了更加丰富多彩的表现形式。

1. 铁路运输企业网络营销促销形式

铁路运输企业网络营销是在网上市场开展的促销活动，相应形式有四种，分别是网络广告、站点推广、销售促进和关系营销。其中网络广告和站点促销是网络营销促销的主要形式。

网络广告类型很多，根据形式不同可以分为旗帜广告、电子邮件广告、电子杂志广告、新闻组广告、公告栏广告等。

网络营销站点推广就是利用网络营销策略扩大站点的知名度，吸引网上流量访问网站，起到宣传和推广企业以及企业产品的效果。站点推广主要有两类方法：一类是通过改进网站内容和服务，吸引用户访问，起到推广效果；另一类是通过网络广告宣传推广站点。前一类方法费用较低，而且容易稳定顾客访问，但推广速度比较慢；后一类方法可以在短时间内扩大站点知名度，但费用不菲。

销售促进就是企业利用可以直接销售的网络营销站点，采用一些销售促进方法，如价格折扣、有奖销售、拍卖销售等方式，宣传和推广产品。

关系营销是通过借助互联网的交互功能，吸引用户与企业保持密切关系，培养顾客忠诚度，提高顾客的再购率。

2. 铁路运输企业网络营销促销

商品销售离不开广告，传统的广告媒体包括报纸刊物、广播电视以及信件标语和各种形式的广告牌等。网上商品销售也需要做广告。由于网络营销广告主要在网上进行，是一种吸引网络消费者眼球的方法和艺术，因此，网络广告的特点和类型、应用发布和效果统计均与传统广告有很大的不同。随着经验的增加和技术的发展，网络广告发展很快，被称为新兴的第四类媒体，已经在广告业中占据了较大的份额。重视对网络广告的应用和研究，对开展网络营销的企业十分重要。

（1）常用网络广告发布法。

目前，随着网络广告的功能、作用和效果的日益增强，在网上发布广告的做法已经越来越多地被铁路运输企业所采用。常用的网络广告发布方法有以下几种。

① 主页形式。建立自己的主页，对铁路运输企业来说是大势所趋，这不但是一种对铁路运输企业自身形象的树立，也是一种良好的宣传工具。铁路运输企业的主页本身就是广告，同时也是作为企业标识的一种形式。

② 利用专类销售网。利用专类销售网是指一种专类产品直接在 Internet 上进行销售的方式。将企业的产品广告直接与同类产品的相应销售网络关联，从而无须付出太大的代价就可以将公司的产品及时地呈现给全球的相关用户。

③ 借助网上报纸或杂志。在 Internet 日益发展的今天，新闻界也不落人后，一些世界著名的报纸和杂志纷纷将触角伸向了 Internet，在 Internet 上建立自己的 Web 主页。而更有一些新兴的报纸和杂志，完完全全地成了一种“网上报纸或杂志”。对于注重网络广告宣传的铁路运输企业，在这些网上杂志或报纸上做广告也是一个较好的传播渠道。尤其值得提倡的是，企业并不直接宣传自己的产品，而是参与一些社会公益或娱乐活动，并借此机会宣传企业的理念和发展趋势，并将该新闻发表在 Internet 上，读者在读到该新闻时也能了解到此运输企业的一些情况。

④ 电子邮件发布广告。应用电子邮件发布广告的优点在于：可准确地向目标消费群投放广告，节约广告成本；制作维护简单快捷，成本低；具有快速反应能力，能在短短几个小时内将广告信息传递给数十万目标消费群；对目标市场的覆盖率远高于其他形式的广告。

（2）网络营销站点推广策略。

作为企业在网上市场进行营销活动的阵地，网络营销站点能否吸引大量用户是企业开展网络营销成败的关键，也是网络营销的基础。站点推广就是通过对企业网络营销站点的宣传吸引用户访问，同时树立企业网上品牌形象，为企业的营销目标实现打下坚实基础。站点推广是一项系统性工作，它与企业营销目标是一致的。

网络营销站点推广方法如下。

① 搜索引擎注册。根据调查显示，网络营销网站的推广主要是通过搜索引擎来实现的，因此在著名搜索引擎进行注册是非常必要的，而且在搜索引擎进行注册一般都是免费的。在全球最大的中文搜索引擎——百度上搜索“铁路运输企业”字样，找到相关网页约 1 130 000 篇，用时 0.001 s，而这也正是一般人最常用的寻找有用信息的办法。搜索引擎网站一般情况下对这些信息的排序是按照网页的点击次数从多到少排列，而对于那些本身知名度不高的运输企业，可以通过给搜索引擎网站交纳一定费用的方式，来提高自己网站网址在其搜索结果中的排位，通过提高自己网站点击率，来增加企业自身知名度。

② 建立链接。互联网的一个特点就是通过链接将所有的网页链接在一起。国外学者经过大量统计分析发现，两个不同的网页之间间距为 8.9 次链接，也就是说只需要经过 9 次链接点击后，就可以从一个网页找到另一个网页。因此，与不同站点建立链接，可以缩短网页间

的距离，提高站点的被访问率。铁路运输企业可以通过交纳一定的费用，在比较知名的网站如雅虎、搜狐等，建立自己主页地址的链接，尤其是动态图片形式和弹出框形式效果较好。

③ 发送电子邮件。电子邮件的发送费用非常低，许多网站都利用电子邮件来宣传站点。这和利用电子邮件来发送网络广告的途径和作用都近乎相同。

④ 发布新闻。首先，要及时掌握具有新闻性的事件（如新业务的开通），并定期把这样的新闻发送到企业的行业站点和印刷品媒介上。其次，将站点在公告栏和新闻组上加以推广。互联网络使得具有相同专业兴趣的人们组成成千上万的具备很强针对性的公告栏和新闻组。比较好的做法是加入这些讨论，让邮件末尾的“签名档”发挥推广的作用。几乎所有拥有自己公司网站的企业都在网站上设立了公司新闻栏目，但是该栏目要随时注意更新，紧跟企业发展趋势，否则就会失去新闻的意义，也会给访问者留下不良的印象。

⑤ 提供免费服务。提供免费信息服务是吸引顾客最直接与最有效的手段。提供免费资源，在时间和精力方面付出的代价都是昂贵的，但在增加站点流量上确实效果显著。运输企业可以在站点上提供与所销售的产品密切相关的免费服务（如列车时刻表查询、货物运输相关法律法规等），这样，所吸引来的访问者很可能成为企业未来的业务对象。例如，中国民航信息网络股份有限公司信天游网站为用户提供了国内外各个地区基本情况的介绍，涵盖了吃、住、行、游、娱、购等各方面的内容，既有地区概况、风土人情，又有紧急号码、使馆联系方法，为用户出行提供了最大限度的便利。同时，网站还为用户提供了各类旅游常识，包括国家职能部门出台的政策法规、航空旅行常识、游客出行注意事项等。

（3）网上销售促进策略。

网上销售促进就是在网上市场利用销售促进工具刺激顾客对产品的购买和使用。铁路运输企业最经常使用的促销工具是价格折扣，如铁路运输货运提供的季节性打折、运能富余线路、空车回送、对老客户提供价格折扣优惠等，刺激客户的购买，为企业增加销售额。

（4）网络营销中培养顾客忠诚的策略。

网络时代的到来为企业的市场营销活动提供了一个新的市场环境，在网络营销中必须形成和扩大企业的顾客群体。对于许多企业来说，重要的问题并不是统计意义上的市场占有率，而是拥有多少忠诚的顾客。因此，培育忠诚的顾客也是网络营销成功的关键。

培养顾客长期忠诚度的关键就在于，以顾客个性化的价值观为导向，为顾客创造增值服务，不同顾客的价值取向可能会有很大差别。培养顾客长期忠诚度主要从为顾客创造更多价值、让顾客产生信任感、鼓励顾客参与虚拟社区、塑造顾客的个性化需求和购物体验、立即反应等方面进行。

四、铁路运输企业网络营销渠道策略

营销渠道就是商品和服务从生产者向消费者转移过程的具体通道或路径。营销渠道在商品流通过程中创造了三种效用：时间效用、地点效用、所有权效用。

铁路运输企业所提供的产品是人和货物的空间位移，主要发挥的是第二种功效，也就是解决商品产需在空间上不一致的矛盾。

1. 网络营销渠道的优势

与传统分销渠道相比，无论是网上直接营销渠道，还是网上间接渠道，网络营销渠道都有更具竞争优势的地方。

（1）由于网络具有实时性和交互性的功能，网络营销渠道从过去单向信息沟通变成双向直接信息沟通，对销售商品的数量没有限制，查找非常方便，每周 7 天，每天 24 小时开业，这是传统企业的销售部门所不具备的优势。即使是 24 小时的铁路客运销售，也要消耗大量的人力和物力，而网络销售渠道却完全没有这些麻烦。

（2）网络营销渠道可以提供更加便捷的相关服务。一是铁路运输企业可以通过互联网提供支付服务，顾客可以直接在网上订货和付款，然后等着送票上门或上门收货，这一切大大方便了顾客的需要；二是生产者可以通过网上营销渠道为客户提供售后服务和更多的信息咨询，既方便顾客，同时可以以最小的成本招揽更多的顾客。

（3）网络营销渠道的高效性，可以大大减少过去传统分销渠道中的流通环节，有效降低成本。

2. 网络营销渠道设计的主要方法

网络营销可以使企业在网上直接向消费者展示商品，回答有关产品的信息咨询并接受订单。主要做法有：在网上设立产品展示区，选择合适的销售代理，做好网上支付营销，企业与银行等金融机构联网。

（1）在网上设立产品展示区。

将产品图像进行电脑技术设计，通过声、影、形、色皆备的立体形象，在虚拟橱窗中向用户展示产品，并根据各国文化、季节等差异，每天 24 小时为各种客户提供服务。运输产品是无形产品，产品展示更具难度。在铁路运输企业的产品展示区，可以提供机车、货车、客车等运输工具的外部设计和内部设施的全方位图片，让顾客看到承载服务的硬件设施；也可以提供铁路运输和服务过程中的录像，让顾客感受服务的真实过程；还可以展示能够展现企业文化和精神特征的广告片，让顾客对企业的信誉感到放心。这些都可以增强顾客购买的决心。

（2）运输企业网络营销中的“再代销”。

渠道结构可以被定义为“被分配了一组分销任务的渠道成员的群体”，通常包括零售商、批发商以及其他在营销渠道中的中间商，他们在生产者和最终消费者之间完成为使产品和服务能被便利地转移所需的一些分销任务。

由于互联网具有应用电子化手段，直接沟通生产者和最终消费者，因此存在许多关于在营销渠道中的中间商消失的讨论。一个新的、特定的专业术语已经用来描述这一商品交易过程——无代销。根据无代销的理念，中间商变成多余的了，因为即使是最小的生产商，也能在网上向广大的消费者提供自己的信息。接着，数以百万计的消费者通过接入互联网，上网搜索并与生产者直接联系，进行网上交易。在这样一个环境下，谁还需要中间商？

但是，现实并不完全吻合无代销理念。事实上，一些最普遍的和经常被提到的，认为是减少了中间环节的互联网企业，渠道结构中却有中间商的出现，即再代销现象也是普遍存在的现实。实际上，大多数企业的营销活动都必须通过中间商的协助才能顺利进行，铁路运输企业也同样需要这样的渠道结构，需要向民航企业学习。例如，航空公司的网络营销应该是各种运输企业中做得最卓有成效的,但是航空公司大部分机票并不是在自己的网站上卖出的，而是通过很多的票务公司卖出。这些票务公司在机票购销的过程中就扮演了一个中间商的角色，实际上就是再代销。毕竟航空公司的核心竞争力是运输服务，他们的工作重点更侧重在飞行的安全和舒适上，而不能将大量的人力、物力投入到营销中来。商流、资金流和信息流都可以通过电子数据交换来实现，但是物流也就是实际机票送达顾客手中还不能够数字化，处理起来就需要时间和人工。但是对于一般的票务公司，他们本身并不提供运输服务，他们的日常工作就是代销机票和送票，因此更容易调配人员和精力，有了他们的渠道结构是更完整、更适合企业发展的。同样地，一个专攻于铁路运输服务的货运企业，可能具有完善的运输体系，能够安全、方便、快捷地运送货物，同时拥有一定数量稳定的客户群，但是要建立自己的网络营销体系去开辟更大的市场却并非易事。首先，要招募专门的网络营销人才，建立并维护有特色、有吸引力的网站，要提供个性化的运输服务，要每天处理大量的网络反馈信息，但这几项就足够让一个典型传统运输企业头疼的了。如果这些企业可以找到自己的战略合作伙伴，或者与一些专业的第四方物流企业达成伙伴关系，凭借他们广泛的营销网络、良好的客户关系和信誉、专业的物流配送方案策划，就可以轻易地发挥自己的企业优势，更专注于提高自身的核心竞争力。在这样的营销渠道中，其实那些伙伴关系的企业也起到了中间商的作用，也可以称之为再代销。

当然，以互联网为基础的网络营销渠道出现再代销的例子，并不能说明代销必然取胜，互联网不管出现多么复杂的技术，大多数产品流还是要通过人工搬运来实现的，最终采取什么样的营销渠道还是要根据企业自身的特点来决定。毕竟，趋利避害、达到营销目的、在众多竞争对手中取胜，才是企业选择营销渠道的根本目的。

（3）铁路运输企业与金融机构联网。

铁路运输企业要开发网络结算系统，将网上销售结算与银行转账系统相连，使消费者能在网上轻松地购物和结算。从技术上讲，网络营销发展的核心和关键问题是交易的安全性。由于互联网本身的开放性，使网上交易面临种种危险。消费者最担心的是网上交易的安全问题，害怕自己的信用卡被盗刷，网上营销的发展始终受到安全问题的限制。要突破这种限制，同时防止计算机病毒和黑客对网络的干扰，确保国家以及企业的商业权益和秘密，运输企业要和银行协同合作，银行要在跨行、跨地区的贸易结算和现金划拨等方面有所突破，铁路运输企业要在联网中设置较高的安全等级，集中力量解决好网络营销系统的安全保密、认证以及支付等关键技术问题。

五、铁路运输企业网络营销价格策略

价格是营销组合中最为活跃和敏感的因素。与传统营销企业相比，网络营销企业要承受更大的价格压力，其中的原因有很多，但主要还是由于网络使得顾客能获得更加充分的价格信息，过高的价格会使顾客转向企业的竞争对手。这使得很多企业虽然通过网络节约了一部分成本，但要想通过网络营销来获利仍然困难重重。因而，在网络营销中制定正确的价格策略就显得更加重要。

1. 网络营销的定价特点

（1）全球性。

网络营销市场面对的是开放的、全球化的市场，用户可以在世界各地直接通过网站进行购买，而不用考虑网站是属于哪个国家或者地区的。这种目标市场从过去受地理位置限制的局部市场，一下拓展到范围广泛的全球性市场，这使得网络营销产品定价时必须考虑目标市场全球化给产品定价带来的影响。

（2）低价位定价。

互联网是从科学研究应用发展而来，因此互联网使用者的主导观念是网上的信息产品是免费、开放、自由的。而且互联网的发展能帮助企业降低成本费用，从而使企业有更大的降价空间来满足顾客的需求，因此网上产品定价较传统定价要更低。

（3）弹性化。

网络营销的互动性使用户可以与企业就产品的价格进行协商，实现灵活的弹性价格。同时，企业需要根据竞争对手的价格变化，随时进行价格调整。

（4）智能化。

通过网络，企业不仅可以完全掌握产品对用户的价值，而且可以根据每个用户对产品的不同需求，生产定制产品，数字化的处理机制可以精确地计算出每一件产品的设计制造成本，实现根据每件产品的定制要求制定相应价格。

（5）顾客主导。

顾客主导定价，是指为满足顾客的需求，顾客通过充分了解市场信息来选择购买或者定制生产自己满意的产品或服务，同时以最小代价获得这些产品或服务。

2. 网络营销定价策略

（1）低价渗透定价策略。

借助互联网进行销售，比传统销售渠道的费用低廉，一般来说，网上销售价格也比流行市场价格要低。由于网上的信息是公开和易于搜索比较的，因此网上的价格信息对消费者的购买起着重要作用。例如，购买机票或选择快递企业，消费者可以很容易地找到很多家企业的价格信息，以最优惠的价格达到相同的目的，这正是消费者最想得到的，此时低价是企业取胜的关键。

（2）定制生产定价策略。

定制生产定价策略是在企业能实行定制生产的基础上，利用网络技术和辅助设计软件，帮助消费者选择配置或者自行设计，能满足自己需求的个性化产品，同时承担自己愿意付出的价格成本。对铁路运输企业来讲，尤其是货运企业，灵活运用定制定价策略，满足拥有不同货运需求的货主需要还是十分必要的。

（3）品牌定价策略。

在网络营销发展初期，企业的形象、声誉、产品的品牌对铁路运输企业定价有重要的影响。很多顾客对网上购票或托运存在着疑虑：在网上订购的票能否及时送到，托运的货物能否及时取送，个人的信息是否会被泄漏等。如果从事网络营销的企业拥有较高的声誉，顾客的很多疑虑都会降低甚至消除，即使价格稍贵顾客也愿意购买；而当企业知名度不高时，就只能通过较低的标价来吸引顾客了。

复习思考题

一、单项选择题

1. 下列关于电子商务正确的说法是（　　）。

A. 电子商务的本质是技术　　B. 电子商务就是建立网站

C. 电子商务就是泡沫　　D. 电子商务的本质是商务

2. 实现电子商务的前提是（　　）。

A. 信息　　B. 人才　　C. 物流　　D. 电子信息技术

3. 在电子商务的分类中 BtoB 指(　　)。

A. 消费者与消费者之间的电子商务　　B. 企业与企业之间的电子商务

C. 企业内部的电子商务　　D. 企业与消费者之间的电子商务

4. 在我们当今的网络时代，网络信息的收集绝大部分是通过（　　）。

A. 聊天程序　　B. 新闻组　　C. 搜索引擎　　D. BBS

5. 有些产品虽需要使用之后才能对产品好坏作出评价，但客户已经有这种产品的购买和使用体验，对产品的质量和性能非常熟悉。这个符合网络营销产品的（　　）特点。

A. 标准型　　B. 廉价性　　C. 重购性　　D. 时尚性

6. （　　）指充分利用各种网络传媒技术，宣传产品特色，树立企业形象，唤起公众注意，培养人们对企业及其产品的好感、兴趣和信心，提升知名度和美誉度，为后续营销活动准备良好的感情铺垫。

A. 网络社交关系　　B. 网络虚拟关系　　C. 网络舆论关系　　D. 网络公共关系

7. （　　）是企业站点联系地址，是企业被识别和选择的对象。

A. 域名　　B. 电子邮件　　C. 网络平台　　D. 商务平台

8. 客户可以通过搜索引擎等方式，查询到世界各地同类产品比较准确的价格信息，通过比较做出购买决策这是指（　　）。

A. 价格的低廉性　　B. 价格的相对统一性

C. 价格的协商性　　D. 价格的可比性

9. （　　）就是企业通过收集和积累会员（消费者）信息，经过分析筛选后针对性地使用电子邮件、短信、电话、信件等方式进行客户深度挖掘与关系维护的营销方式。

A. 会员营销　　B. 关系营销　　C. 数据库营销　　D. 病毒性营销

10. 网站提供搜索引擎，收集同一类产品的零售价格信息，对价格进行比较，使客户可以在一家网站“货比三家”。这是网络营销的价格策略中的（　　）。

A. 比价　　B. 捆绑定价　　C. 联合议价　　D. 竞价

二、多项选择题

1. 与传统的商务活动相比，电子商务具有（　　）的特点。
A. 交易虚拟化　B. 交易效率高　C. 交易成本高　D. 交易透明化
2. 电子商务的基本组成包括（　　）。
A. 计算机　B. 网络　C. 用户　D. 网上银行
3. 与传统营销相比，网络营销的特征是（　　）。
A. 针对性　B. 交互性　C. 主动性　D. 个性化
4. 网络营销产生的基础来自（　　）。
A. 互联网的快速发展　B. 消费者价值观念的变革
C. 企业竞争的日趋激烈　D. 传统的营销观念
5. 按照一个企业是否拥有自己的网站，企业的网络营销可以分为（　　）。
A. 无站点网络营销　B. 站点网络营销
C. 基于企业网站的网络营销　D. 自身整合网络营销
6. 网络营销的促销手段主要有（　　）。
A. 网络公共关系　B. 网络信息发布
C. 网络销售促进　D. 网络广告

三、判断题

1. 电子商务不等于商务电子化。（　　）
2. 电子商务不会对企业的市场营销战略产生影响作用。（　　）
3. 网络营销就是网上销售。（　　）
4. 消费者价值观的改变是网络营销产生的现实基础。（　　）
5. 网络营销与传统营销都是企业的营销活动，都是为了实现企业的经营价值。（　　）
6. 没有网站的企业不可能开展网络营销活动。（　　）
7. 解决产品使用中可能出现的问题，如退货、维修、技术支持和电子产品的升级，是网络营销功能中的客户关系管理。（　　）
8. 网络营销中价格的透明性和可比性，使得网络营销中的价格策略在传统营销的价格策略基础上有了新的特点。（　　）

四、简答题

1. 什么是电子商务？它有哪些特点？
2. 电子商务对企业营销产生了哪些深刻的影响？
3. 按照交易对象分类，电子商务可以分为哪些类型？
4. 什么是网络营销？其特点有哪些？
5. 铁路运输企业网络营销的含义是什么？其特点又是什么？
6. 铁路运输企业网络营销策略有哪几种？
7. 铁路运输企业网络营销促销策略的形式有哪几种？最主要使用的是哪几种？

8. 铁路运输企业网络营销域名品牌的内涵是什么？

9. 铁路运输企业网络营销渠道有哪几种主要形式？

五、技能训练

1. 请你谈谈网络营销的发展对传统营销的影响。

2. 请同学们上网搜索“易趣”和“淘宝”电子商务网站，浏览这两个商务网的内容，并总结易趣商务网和淘宝商务网的网络营销特点有何不同，哪个商务网更有吸引力？它们各存在什么问题？如有不完善之处，请你设计一个更加完善的网络营销方案。

【案例分析】

亚马逊公司的网络书店

有这样一家书店，占地好几平方英里，有 310 万种以上图书，顾客达 500 万人以上。你得开着汽车，才能浏览完它所提供的书。也许这个数字让你感到惊讶，现实中竟有这样的书店吗？当然它是无法在现实中存在的，因为成本太过高昂。但在互联网中，它却变成了现实，这就是亚马逊网络书店。

亚马逊（http://www. Amazon. cn）是世界上网上销量最大的书店，提供超过 310 万种目录，比全球任何一家书店的存书都要多 15 倍以上。亚马逊实现这一切，既不需要庞大的建筑设施，又不需要众多的工作人员。亚马逊拥有 1 600 多名员工，人均销售额达 37.5 万美元，比全球最大的拥有 2.7 万员工的巴恩斯与诺布尔（Barnes＆Noble）图书公司人均销售额高出 3 倍以上。所有的这一切都得益于因特网，亚马逊的电子商务发挥了关键的、出色的作用。亚马逊的主要商业活动主要表现为营销活动和服务活动，它的工作主要是围绕着如何吸引顾客购买它的商品，并在网上树立良好的企业形象而开展起来的。

亚马逊采取的基于因特网的电子商务发展战略可以归纳为以下两个方面：

1. 经营销售

亚马逊开展的营销活动，在其网页中都有充分的表现，花在营销方面的投资也格外引人注目。亚马逊书店每收入一美元就要拿出将近 24 美分用于营销，而传统的零售商在营销上的投入简直无法与之相比，仅仅只有 4 美分。亚马逊采取的营销策略主要表现为以下几个方面：

（1）产品策略。

它把产品进行分类，每类产品都设置专门的页面来进行介绍和宣传，针对不同的产品采取不同的营销对策和促销手段。

（2）定价策略。

亚马逊采取了折扣价格策略，它通过扩大销售来弥补折扣费用和增加利润。

（3）促销策略。

在亚马逊的网页里，常见的促销策略，除了人员促销以外，如广告、公共关系和营业推广等都有体现。

2. 售前售后服务

（1）搜索引擎。

在设置搜索引擎和导购方便客户购买方面，亚马逊做得非常到位，它的主页设计得令人非常赏心悦目，使人一目了然，而且提供了多种可供客户自由选择的全方位搜索方法。

（2）技术支持。

为客户提供全方位的技术问题的解答，不仅提供搜索服务，还提供对顾客常见技术问题的解答服务。

（3）用户反馈。

亚马逊提供了电子邮件、各类调查表等，以获取用户对其商务网站的运作情况的意见反馈，一方面可以及时解决用户提出的问题，另一方面也可以获取大量有用的市场信息，为今后制定各项营销策略提供依据。

（4）读者论坛。

亚马逊在其网站上提供了 BBS 论坛，读者在上面可以畅所欲言，对热门问题展开讨论；另外，公司也可以用一些热门或极端话题来挑起公众的兴趣，引导和刺激消费市场。

资料来源：张润琴，《市场营销基础》，2011。

思考：

1. 亚马逊的成功之处在哪里？采取了哪些网上营销策略？

2. 亚马逊网上书店跟传统的书店相比，具有哪些优势？

3. 亚马逊书店的网络营销给我们带来了什么启示？

第十章　铁路运输企业营销策划

◆【学习目标】

1. 了解市场营销策划的含义。
2. 熟悉市场营销策划的特征和内容。
3. 掌握市场营销策划的步骤和方法。
4. 具备营销策划个案分析的能力和营销策划实践的能力。

第一节　铁路运输企业市场营销策划概述

一、市场营销策划的含义

策划是组织或者个人对各类事业或活动决策前的谋划、构思和设计活动，即通常所说的“5W1H”，也就是预先决定做什么、什么时候做、在哪里做、由谁做、为什么做、如何做的问题。策划始于计划，但又不仅仅是计划，还包括计划的执行和控制。从本质上来说，策划是一种运用知识和策略的理性行为，实际上也是一种程序。从策划的对象来看，策划基本上都是针对未来事物的。也就是说，策划师针对未来一定或者可能发生的事物做出当前的决策，分析事物之间的逻辑因果关系，使之成为目前决策的依据。形象地说，策划如桥，它连接着现在和将来所达之地，并清晰指明我们所要经过之地。策划的内容和领域极其丰富，本书仅对市场营销策划进行阐述和分析。

市场营销策划也称市场营销企划，它是指为实现一定的营销目标，在对企业的营销现状予以准确分析，并有效运用企业资源的基础上，对一定时期内企业营销活动的方针、战略以及实施方案与具体策略进行预先设计和控制。

市场营销策划想要成功需要做好以下两点：

第一，确定合适的营销目标，也就是企业的预期目标。

第二，充分研究企业的营销现状，也就是企业目前所处的内、外部环境和营销地位。

市场营销策划实际上就是解决企业目标和营销现状之间的差距问题。如果目前的营销现状可以确保目标的实现，市场营销策划也就失去了意义；如果企业目标与营销现状有比较大的差距，就需要通过市场营销策划对整体营销活动进行创造性的思维活动，实现决策的客观性、科学性和实效性。

二、市场营销策划的特征

1. 预知性

策划是针对未来一定或者可能发生的事情所做出的当前决策，是对未来环境的判断和未来营销活动的安排。从这个角度说，市场营销策划具有预知性。当然，这种预知性是建立在充分的市场调查研究以及对客观情况的准确把握的基础上的。虽然在执行过程中会有意外情况发生，但是经过补充、修改和完善，市场营销策划依然可以体现预知性的特点，对营销活动起到正确的指导作用。

2. 创造性

策划活动本身就是一种创造性的活动。在制定市场营销策划的过程中，策划人员必须运用创造性思维，提出实现营销目标的新思路和新方法，甚至利用变革性的生活方式和消费理念把潜在客户转化为现实购买者。从市场营销的发展阶段来看，目前的营销环境更加复杂，面临的问题层出不穷，营销目标越来越难以实现，公司需要高水平的市场营销策划，因此，对创造性的要求也越来越高。

3. 可行性

可行性是市场营销策划有无实际价值的标准。市场营销策划不是一般意义上的营销理论，需要从理论回归实践，在实际开展的活动中运行，解决公司在实际营销活动中遇到的各种问题。可行性包含两层含义：一方面，市场营销策划要能够操作实施；另一方面，市场营销策划需要实施。

4. 效益性

效益性是市场营销策划最内在、最本质的要求。策划的目的是解决问题，实现营销目标，取得经济效益，市场营销策划必须以最小的成本获得最大的利益。因此，效益的高低也成为检验市场营销策划内容优劣的标准。

5. 权变性

市场营销策划不能完全保证对未来的预知，一些意外情况如价格波动、罢工、政治运动、竞争对手的反击等，都会增加策划的实施风险。因此，在制定市场营销策划时，应当尽可能地对意外情况和风险因素进行预测分析，确保意外情况发生时，管理人员可以按照相关步骤来应对，从而增加策划的全面性、灵活性和应变性。

第二节 铁路运输企业市场营销策划内容

营销策划是企业营销活动系统运作、策略运用以及不断创新的过程，其策划的内容可以从不同角度分为多种类型。本书根据菲利普·科特勒的“4P”理论，以及20世纪80年代以来出现的一系列营销概念和21世纪营销活动呈现出的新发展趋势和特点，把营销策划的内容分成三部分，即市场营销战略策划、市场营销战术策划和市场营销创新策划。

一、铁路运输企业市场营销战略策划

战略一词源于希腊语，意为“将军的艺术”，原指军事作战的谋略，即为了战争的目的而对军事手段加以运用的科学和艺术。将战略的思想运用于企业的经营管理中，便产生了企业战略。市场营销战略（简称营销战略）是企业战略的一个职能战略，是企业战略体系的核心，它依据企业战略的要求与规范制定市场营销的目标、途径与手段，并通过市场营销目标的实现，支持和服务于企业战略。因此，市场营销战略策划的任务就是站在战略经营单位的角度分析形势，制定目标和计划。市场营销战略策划是市场营销策划中至关重要的方向性、全局性和综合性的谋划。

策划人员通过了解现状、预测未来、寻求和评价市场机会，对机会所显现的市场进行细分，并对各个细分市场进行优选以决定目标市场，同时制定市场定位策划、市场竞争策划、企业形象策划和顾客满意策划等。

1. 市场定位策划

市场定位策划是企业在寻求市场营销机会、选定目标市场后，在目标消费者心目中树立某一特定位置及形象的行为方案、措施。

企业根据消费者对产品的不同需求、不同的购买习惯与购买行为，将整体市场划分为若干个消费者群体，即细分市场。之后，应将各个细分市场的发展潜力、吸引力、风险度结合自己的资源、目标进行评估分析，找出理想的细分市场作为自己企业的目标市场。

在选定目标市场后，企业要研究自身的状况和竞争者的优劣、消费者特征等，从而确定自己的产品、品牌和形象在市场上应处于何种位置，这就是市场定位策划。市场定位策划的内容十分广泛，可以是一种产品、一项服务、一家企业、一个机构甚至是一个人，既有初次定位策划与重新定位策划，又有针对式定位策划与创新式定位策划等类型。市场定位策划的核心在于创新，其重要性主要表现在：定位能创造差异，是制定营销战略的前提依据，有利于增强企业的竞争能力，有助于树立企业形象及品牌形象。

2. 市场竞争策划

市场竞争是商品经济的基本特征，只要存在商品生产和商品交换，就必然存在竞争。不同的竞争者所采取的方法和手段不同，其结果也大不相同，因此企业必须重视市场竞争策划。市场竞争策划主要包括企业竞争力分析、竞争对手分析与竞争策略确定。

3. 企业形象策划

企业形象策划的最终结果是要建立一套 CIS（企业形象识别系统），它包括 MI（理念识别）、BI（行为识别）和Ⅵ（视觉识别）。其中，Ⅵ是企业比较看重的，它好比一个人的外表，对于企业来说，Ⅵ就是企业面对公众的直观形象。

例如，一提起可口可乐，人们便能想到那种具有特殊口感的饮料以及对各种大型体育活动的赞助，当然更忘不了它在商品包装上的 Coca Cola 的标志字体、白色水线和红底色图案；

一看见黄色的M形就想到这里出售的是汉堡包，它代表的是麦当劳。为什么这些企业形象如此鲜明？答案在于这些企业的CI（企业识别）做得好。

4. 顾客满意策划

顾客满意策划（简称CS）与CI的区别在于，CI是从企业本身出发，通过塑造良好的企业形象来吸引顾客，这是一种由内向外的思维方式，追求的是企业的外在美；而CS是直接从顾客的需要出发，以提高顾客满意度为目的，这是一种由外向内的思维方式，是追求企业的心灵美（内在美）。企业经营的最高境界应该是CS与CI的完美统一。

CS战略策划的基本指导思想是：企业的整个经营活动要以顾客满意度为指导，要从顾客的角度，用顾客的观点而非企业自身的利益和观点来分析消费者的需求。CS战略策划的内容主要围绕顾客满意指标和顾客满意度。在CS理论中，顾客包括两部分：一是内部员工，二是外部客户。顾客满意包括五个部分，即理念满意、行为满意、视听满意、产品满意和服务满意。例如，为加强与顾客的沟通，美国诺顿百货公司的每位店员都有个人笔记本，记录每个顾客的基本情况，如姓名、地址、尺寸、喜爱颜色、偏好以及家人的生日。美国汽车业调查表明，一个满意的顾客会引发8笔潜在的买卖，其中至少有一笔可以成交；一个不满意的顾客会影响25个人的购买意愿；争取一位新顾客所花的成本是争取一位老顾客所花费的6倍，而失去一位老顾客的损失只有争取10位新顾客才能弥补。调查还表明，每个企业每年留住5%的顾客，在5年内其利润将提高25%甚至更高。因而，顾客满意策划十分重要。

案例链接

百事可乐的企业形象策划

百事可乐的配方、色泽、味道都与可口可乐相似，绝大多数消费者根本喝不出二者的区别，所以百事可乐在质量上根本无法胜出，百事可乐选择的挑战方式是在消费者定位上实施差异化。百事可乐摒弃了不分男女老少“全面覆盖”的策略，而从年轻人入手，对可口可乐实施侧翼攻击。通过广告，百事可乐力图树立其“年轻、活泼、时代”的形象，而暗示可口可乐的“老迈、落伍、过时”。

在市场定位方面，百事可乐抓住了年轻人喜欢酷的心理特征，推出了一系列以年轻人认为最酷的明星为形象代言人的广告。百事可乐作为挑战者，没有模仿可口可乐的广告策略，而是勇于创新，通过广告树立了一个“后来居上”的形象，并把品牌蕴含的那种积极向上、时尚进取、机智幽默和不懈追求美好生活的新一代精神发扬到百事可乐所在的每一个角落。长期以来，百事可乐始终致力于建立以“百事可乐基金”为切入点的良好公共关系体系，热心赞助体育赛事以及其他公益事业。

二、铁路运输企业市场营销战术策划

一般来说，营销策划与战争一样，分为战略策划与战术策划。长期的、广阔的、综合的、连续的营销策划称为战略，短期的、局部的、个别的、具体的营销策划称为战术。市场营销战术策划的主要内容是20世纪60年代杰罗姆·麦卡锡提出的著名的4Ps市场营销组合，包括产品（Product）、价格（Price）、渠道（Place）、促销（Promotion）。战术性市场营销手段有两个重点：一是根据市场定位战略的要求，将各种市场营销手段形成浑然一体的市场营销组合；二是依据市场营销组合的要求，对各种市场营销手段进行分别策划，使它们能够适应目标市场及其需求的特点。

1. 产品策划

企业要靠产品去满足消费者和用户的需要和欲望来占领市场。产品是企业市场营销组合中最重要的一种手段，是企业决定其价格、分销和促销手段的基础。产品策划是指企业从产品开发、上市、销售至报废的全过程的活动及方案，也可称为商品企划。产品策划从类型上说，包括新产品开发、旧产品的改良和新用途的拓展三方面的内容。从现代营销观点来说，其过程和内容应包括产品创意、可行性评价、产品开发设计、产品营销设计、产品目标等方面的策划。

2. 价格策划

价格是市场营销组合中最重要的因素之一，是企业完成其市场营销目标的有效工具。价格策划就是企业产品在进入市场过程中利用价格因素来争取目标市场，进而渗透甚至占领目标市场，以及为达到营销目标而制定相应的价格策略的一系列活动、方案及措施。在产品进入阶段、渗透阶段和占领阶段，应采用不同的价格策略。企业能否正确地运用价格杠杆策划与实施有效的价格策略，关系到企业营销的成败及经济效益。

3. 分销策划

产品要经过一定的方式、方法和路线才能到达消费者和用户手中，分销便是企业使其产品由生产地点向销售地点运动的过程。在这个过程中，企业要进行一系列活动策划。菲利普·科特勒感叹说："营销渠道决策是公司所面临的最复杂和最有挑战性的决策之一。"企业分销策划要根据自身的实力以及所处的环境来决定。产品的进入期、渗透期和占有期有不同特点，企划策略也有所差别。进入阶段的分销渠道策划，企业首先选择某一细分市场，如某一地区市场作为突破口，选择特定的经销商，在地区市场分销渠道的基础上进一步渗透到其他地区市场。随着市场渗透程度的加深，完全依赖中间商就无法控制其销售业务，因此建立自己的营销组织和分销网络就势在必行。

4. 促销策划

促销策划是市场营销战术策划中不可或缺的重要一环，是企业完成其营销目标的必备工具，目的是通过一定的促销手段促进产品销售。促销策划就是把人员促销、广告促销、公共关系和营业推广等形式有机结合，综合运用，最终形成一个整体促销的活动方案。

促销策划一般要经过如下三个阶段。

（1）制定一个具体明确的促销活动纲要。

① 企业促销活动的任务是什么？

② 企业促销活动的目标是什么（如增加销售额，发展新顾客，激励顾客反复、连续地购买，培养和增强顾客的忠诚度，塑造公众的品牌意识，寻求中间商的支持等）？

③ 企业促销活动要针对哪些消费群体？

④ 问题到底出在哪个环节上？

⑤ 哪个环节的问题对促销活动影响最大？

⑥ 各个环节是否协调？

⑦ 企业为促销活动投入多少费用？

（2）确定促销策划的主要内容。

① 选择促销活动的具体形式，如公关促销、人员推销、营业推广和广告。

② 选择奖励形式，如奖品、奖金、奖券和旅游活动等。

③ 确定促销活动的程序和后援支持。

（3）确定促销活动的具体行动计划。

具体工作如下：确定有关活动的各项规定、各项设计工作、需要的广告宣传品和奖品、各项管理与辅助支援工作以及必要的应急措施等。

三、铁路运输企业市场营销创新策划

企业的营销战略与营销战术的策划不是一次性行为的结果，而是一个连续不断的创新过程。创新一词的意思是更新、改变或制造新的东西。市场营销创新策划是指企业利用新观念、新技术、新方法对企业营销活动（如目标市场、定位、产品、价格、分销、促销等）的战略与策略组合进行重新设计、选择、实施与评价，以促进企业市场竞争能力不断提高的方案与措施。

从20世纪80年代开始，随着国际营销理论与实践的深刻变化，出现了大市场营销、关系营销、知识营销、服务营销、绿色营销、网络营销等新概念。这里对知识营销策划、关系营销策划、网络营销策划和整合营销策划进行介绍。

1. 知识营销策划

知识营销策划是适应高科技和企业技术创新的有效竞争手段。它是以创新产品为对象，以知识、技术为媒体的营销理念和方式，以产品的科技创新和创新产品的知识促销、知识服务为突破口，从而培育和创造出一个崭新的市场体系。企业若想在“知识营销”中抢占制高点，其策划必须做到以下四个方面。

（1）营销产品知识化。

对知识型产品的需要是人类价值观随知识经济而发展的具体体现。人们日益崇尚知识，一切以知识为中心。因此，企业在知识营销策划中首要的应该是一个知识型产业的设计、创造。

（2）营销个性化。

企业针对消费者或用户的个性特点和特殊偏好，策划出特殊的产品及服务以满足其需要。

（3）营销网络化。

企业充分利用现代网络所提供的高效便捷手段，建立企业内部管理网络和外部营销网络。企业直接面对消费者，策划“零库存流通”“外订内制”等现代营销活动。

（4）营销行为持续化。

企业用可持续发展眼光，在营销的每个环节输入环保意识，使企业营销活动策划建立在满足需求、社会进步和环境保护有机统一的基础上，实现企业的可持续发展。

2. 关系营销策划

关系营销策划的核心在于发展消费者与产品及服务间的连续性关系，正确处理企业与消费者、竞争者、供应商、经销商、政府机构、社区及其他公众之间的相互关系。关系营销策划的不是物质产品，而是一种科学化的知识研究成果，即策划者的任务就是将产品的个性和价值转化为一种概念，这是关系营销策划最本质的东西。

关系营销策划可以分为战略策划和运作策划。关系营销战略策划是为策划确定一个总体性目标，如提高知名度、建立和改善企业形象、宣传新产品、扩大市场占有率、促进销售、赢得顾客的好感等。关系营销运作策划是把公司的信息传递给大众，与社会各界搞好关系，它涉及多方面的整合，如关系广告、生态环保、危机公关等。关系营销运作可以说是一次营销策略上的“推与拉”，通过关系营销运作，把企业及产品差异化的特点、附加价值、目标群体等进行充分的双向沟通。

在资源的选择及运用上，关系营销将为企业带来巨大的商业利益和更广阔的生存空间。

3. 网络营销策划

Internet 就像一张无形的网，在短短几年内网住了全球不同国家的人们。它在短期内迅速膨胀，已经成为继报纸、杂志、电台、电视之后的第五大媒体，几乎渗入了人们的全部生活。而网络营销也成了全球经济不可回避的一个商业主题，它所带来的不仅仅是一项技术，更多的是对企业经营的深远影响。

网络营销是借助联机服务网络、电脑通信和数字交互式多媒体的威力来实现营销目标的。网络营销的实质是以计算机互联网技术为基础，通过与顾客在网上直接接触的方式，向顾客提供产品及服务的营销活动。

网络营销策划可以从内容与形式两方面来理解。从内容上说，可分为营销战略策划与营销战术策划。营销战略策划建立在营销战术策划的基础上，将整个企业营销组织、营销计划、营销理念等完全融入网络，依靠网络进行制定方针、开展战略部署、实现战略转移、缔结战略同盟等战略决策。

对于营销战术策划，企业主要进行下列工作。

（1）网络营销调研。

利用 Internet 在线调研，可以轻松地完成大量复杂的调研工作，能够充分满足各种统计数据的要求，提高营销调研的质量。由于它使用电子问卷，从而大大减少了数据输入工作，减少了调研时间。

（2）网上销售。

这是目前网络营销最具诱惑力的地方之一，数以万计的企业在网上安营扎寨，销售的产品种类繁多、数量众多。而实际上，这个企业也许只有一台电脑，没有厂房，没有员工，没有办公大楼。网上销售与传统商业销售的实物流程相分离，是一种信息时代的营销手段。

（3）营销战术系统。

营销战术系统主要包括一些用于管理库存的子系统和用于宣传产品、链接网站的子系统及用于答复用户意见、反馈信息的子系统。决策者们利用网上的这一系统分析工具进行着各种各样的决策活动。

4. 整合营销策划

整合营销策划与运作类似于现代战争，它围绕基本促销目标打一场总体战，将空军（广告）、战略导弹（有冲击力的社会公关活动）、地面部队（现场促销与直销）、基本武器（产品与包装）等整合为一体，使企业的价值形象与信息以最快的速度传达给消费者。整合营销策划的过程如下：

（1）准确发现目标消费者的需要。

（2）向独特的消费者做利益承诺。

（3）给产品取个有助于传播的好名字。

（4）推出惊人事实，吸引社会注意。

（5）发现、创造并大胆使用独特的传播媒介，加大吸引力、冲击力。

（6）突出主题，吸引消费者。

（7）运用接触管理，针对不同人群进行独特宣传等。

第三节 铁路运输企业市场营销策划方案

市场营销策划是营销过程中最重要的产出之一。通过营销策划，企业可以确定各个业务单位所从事的活动，每个业务、产品或者品牌都需要通过详细的策划，以实现各自的目标。

一、市场营销策划的步骤

市场营销策划如同酿酒，是一个科学的运作过程。一般来说，市场营销策划包括以下八个步骤。

1. 了解营销现状

营销现状主要是提供关于市场、产品、竞争、分销和宏观环境的背景数据，以准确把握目标市场以及企业在其中的地位。

（1）市场形势。

了解整个市场和各个细分市场的基本情况，包括市场规模、市场成长和客户信息等，进而评价市场中用户的需求情况以及影响用户购买的因素。

（2）产品回顾。

产品回顾是指对原来产品的资料进行了解，找出其不足和有待加强、改进的地方。

（3）竞争回顾。

明确企业目前或者潜在的主要竞争对手，评估它们的规模、目标、市场占有率、产品定位及产品寿命情况。

（4）分销回顾。

评估近期的销售情况和主要销售渠道的贡献、动态和未来趋势，对比分析进行激励所需要的投入、费用和交易条件。

（5）宏观环境诊断。

了解影响企业或产品发展的主要宏观环境因素，包括人口、经济、技术、政治、法律、社会、文化等。

2. 机会和问题分析

以上述营销现状为依据，通过对当前形势的总结，分析企业和产品所面临的内部优势与劣势、外部机会与威胁，以及整个策划期内企业和产品所面临的各种问题。

机会和问题分析的常用工具是 SWOT 分析，它通过机会、威胁、优势、劣势四个技术指标，对企业和产品的内外部环境进行全面的评估。在外部环境分析中，营销人员必须综合分析影响企业获利能力的关键宏观环境因素和微观环境因素，目的是识别给企业和产品带来的营销机会和威胁；在内部环境分析中，则要对企业的营销、生产、财务和组织能力的优势和劣势进行评价，以识别企业资源。

然而，仅仅对优势与劣势、机会与威胁进行罗列是不够的，还必须从罗列情况中发现问题，对问题进行解决才是随后战略选择和方案制定的基础。

3. 制定目标

经过了机会和问题分析之后，便要明确提出策划期内要实现的目标，如市场占有率、销售增长率、利润率和投资收益率等。

需要说明的是，目标不能仅仅停留在概念上，应当尽可能量化，使概念转换为便于沟通和衡量的指标。例如，提高投资报酬率是一种概念式的目标，不如提高投资报酬率到 30% 这样的目标明确。另外，各目标要保持内在的一致性，营销目标要为财务目标服务，但是财务目标的实现不能超越营销能力的范畴。

4. 制定营销战略

营销战略是目标实现的途径，是实现目标所依据的总体思维逻辑。营销战略阐述每个营销组合要素的具体措施，解释每项战略是如何对机会和威胁做出反应的，并且对策划中的关键问题加以说明，其内容主要是针对目标市场、产品定位、产品线、产品价格、分销渠道、销售队伍、服务、广告、促销、研究开发和市场调研等问题做出决策。

营销战略的制定是一项系统工程，涉及多个部门、多种人员，因此，战略制定者应该广泛地与其他职能部门进行充分沟通。例如，应该与采购和生产部门取得联系，掌握最大采购量下的最大生产能力，以满足策划中的销售量需要。另外，还应该和财务主管进行沟通，以争取到可行的、充足的资金支持，这样才能保证策划的顺利实施。

5. 制定行动方案

营销战略给出的是策划期间的策略纲要，其具体落实和实施则要通过行动方案来实现。行动方案清楚地表明了如何将营销战略转化为特定的行动内容，也就是说，行动方案本着解决“做什么、什么时候做、谁来做、花费多少”的思路，将战略具体化，通盘考虑战略实施的各个因素、各个环节以及所有内容。在实践中，可以将具体的行动方案绘制成表，标明日期、责任人、行动内容和费用等，使整个行动方案一目了然，同时也便于执行和过程控制。

6. 预测损益

在制定营销目标、战略和行动方案之后，便可以编制一份辅助预算的预测损益表，用来支持该市场营销策划内容的执行。在预测损益表中，收入栏说明的是预测的销售量、平均净价以及对应的销售额；支出栏则表明生产成本、实体分销成本和营销推广费用，以及再细分下去的细分项目费用，二者之差便是预测利润。

预测的损益表编制完成之后，高层管理人员便会对预算进行审核，包括策划的设计、实施的可行性和企业对费用的承受能力等，最终提出赞成或者修改意见。预测损益表一旦被批准，便成为制定策划和安排原材料采购、生产调度、人员招聘、营销活动的基础。

7. 设计营销控制

营销控制是用来对策划的执行过程、进度和意外情况进行管理、监督和应对的，核心内容是监督策划的销售和利润目标能否顺利完成。通常来说，策划的目标和预算都是按季度、月份甚至更短的时间来制定的，高层管理者每期都会评估、审查这些结果，并且识别没有实现预期目标的活动和部门，查找、分析原因，进而要求相关部门限期作出合理解释并提出整改措施。

另外，有些营销控制部门还进行权变策划，可以确保在意外事件发生时管理人员知道该按照什么步骤来应对（如价格波动或罢工）。权变策划除了保证原有策划在发生意外时可以经过调整重新投入实施外，还可以鼓励管理人员对可能发生的困难进行事先考虑。

8. 撰写市场营销策划书

这是市场营销策划的最后一个步骤，就是将营销策划的最终成果整理成书面材料，即营销策划书，也叫企划案。其主体部分包括现状或背景介绍、分析、目标、战略、战术或行动方案、效益预测、控制和应急措施，各部分的内容可因具体要求不同而详略程度不一。

二、市场营销策划书的设计与撰写

策划书没有一成不变的格式，它依据产品或营销活动的不同要求，在策划的内容与编制格式上有所变化。但是，从营销策划活动一般规律来看，其中有些要素是共同的。

1. 营销策划书的结构

（1）封面。

策划书的封面可提供以下信息：策划书的名称、被策划的客户、策划机构或策划人的名称、策划完成日期及本策划适用的时间段、编号。

（2）前言。

前言或序言是策划书正式内容前的情况说明部分，内容应简明扼要，不要超过500字，应让人一目了然。其内容主要是：接受委托的情况（如××公司接受××公司的委托，就××××年度的广告宣传计划进行具体策划）；本次策划的重要性与必要性；策划的概况，即策划的过程及达到的目的。

（3）目录。

目录的内容也是策划书的重要部分。封面引人注目，前言使人开始感兴趣，那么目录就务必让人读后了解策划的全貌。目录具有与标题相同的作用，同时也应使阅读者能方便地查询营销策划书的内容。

（4）概要提示。

阅读者应能够通过概要提示大致理解策划内容的要点。概要提示的撰写同样要求简明扼要，篇幅不能过长，一般控制在一页纸内。另外，概要提示不是简单地把策划内容予以列举，而是要单独成一个系统，因此其遣词造句等都要仔细斟酌，要起到一滴水见大海的效果。

（5）正文。

正文是营销策划书中最重要的部分，具体包括以下几个方面的内容。

① 营销策划的目的。

营销策划的目的部分主要是对本次营销策划所要实现的目标进行全面描述，它是本次营销策划活动的原因和动力。

② 市场状况分析。

市场状况分析主要包括如下几个方面。

第一，宏观环境分析，着重对与本次营销活动相关的宏观环境进行分析，包括政治、经济、文化、法律、科技等。

第二，产品分析，主要分析本产品的优势、劣势、在同类产品中的竞争力、在消费者心目中的地位、在市场上的销售力等。

第三，竞争者分析，分析本企业主要竞争者的有关情况，包括竞争产品的优势、劣势，竞争产品营销状况，竞争企业整体情况等。

第四，消费者分析，对产品消费对象的年龄、性别、职业、消费习惯、文化层次等进行分析。

以上市场状况的分析是在市场调研取得第一手资料的基础上进行的。

③ 市场机会与问题分析。

营销方案是对市场机会的把握和策略的运用，因此分析市场机会就成了营销策划的关键。只要找准了市场机会，策划就成功了一半。营销现状分析，即对企业产品的现行营销状况进行具体分析，找出营销中存在的具体问题，并深入分析其原因；市场机会分析，即根据前面提出的问题，分析企业及产品在市场中的机会，为营销方案的出台做准备。

④ 确定具体行销方案。

针对营销机会的分析，提出达到营销目标的具体行销方案。行销方案主要由市场定位和4Ps组合两部分组成，具体体现两个主要问题：第一，本产品的市场定位是什么；第二，本产品的 4Ps 组合具体是怎样的，即具体的产品方案、价格方案、分销方案和促销方案是怎样的。

（6）预算。

这一部分记载的是整个营销方案推进过程中的费用投入，包括营销过程中的总费用、阶段费用、项目费用等，其原则是以较少的投入获得最优效果。用列表的方法标出营销费用也是经常被运用的，其优点是醒目易读。

（7）进度表。

把策划活动起止全部过程拟成时间表，具体到何日何时要做什么，以进行过程中的控制与检查。进度表应尽量简化，在一张纸上拟出。

（8）场地及人员分配。

此项内容应说明具体营销策划活动中各个人员负责的具体事项及所需物品和场地的落实情况。

（9）结束语。

结束语在整个策划书中可有可无，它主要起到与前言的呼应作用，使策划书有一个圆满的结束，不致使人感到太突然。

（10）附录。

附录的作用在于提供策划客观性的证明。因此，凡是有助于阅读者对策划内容理解、信任的资料都可以考虑列入附录。但是，可列可不列的资料还是不列为宜，这样可以更加突出重点。

附录的另一种形式是提供原始资料，如消费者问卷的样本、座谈会原始照片等图像资料。附录也要标明顺序，以便阅读者查找。

2. 营销策划书的写作技巧

营销策划书和一般的报告文章有所不同，它对可信性和可操作性以及说服力的要求特别高。因此，运用写作技巧提高可信性和可操作性以及说服力就成为撰写策划书的目标。

（1）寻找一定的理论依据。

要提高策划内容的可信性并使阅读者接受，就必须为策划者的观点寻找理论依据。但是，理论依据要有对应关系，纯粹的理论堆砌不仅不能提高可信性，反而会给人脱离实际的感觉。

（2）适当举例。

这里的举例是指通过正反两方面的例子来证明自己的观点。在策划报告书中加入适当的成功与失败的例子，既能起到调整结构的作用，又能增强说服力，可谓一举两得。需要指出，举例以多举成功的例子为宜，选择一些国外先进的经验与做法以印证自己的观点是非常有效的。

（3）利用数字说明问题。

策划报告书是一份指导企业实践的文件，其可靠程度如何是决策者首先要考虑的。报告书的内容不能留下查无凭据的漏洞，任何一个论点最好都有依据，而数字就是最好的依据。在报告书中，利用各种绝对数和相对数来进行比较对照是绝对不可少的。需要注意的是，各种数字最好都有出处，以证明其可靠性。

（4）运用图表帮助理解。

运用图表能有助于阅读者理解策划的内容，同时图表还能提高页面的美观性。图表的主要优点在于强烈的直观效果，因此，用图表进行比较分析、概括归纳、辅助说明等非常有效。图表能调节阅读者的情绪，有利于阅读者对策划书的深刻理解。

（5）合理利用版面安排。

策划书视觉效果的优劣在一定程度上影响着策划效果的发挥。有效利用版面安排也是撰写策划书的技巧之一。版面安排包括打印的字体、字号大小、字与字的空隙、行与行的间隔、黑体字的采用以及插图和颜色等。如果整篇策划书的字体、字号完全一样，没有层次之分，那么这份策划书就会显得呆板、缺少生气。总之，通过版面安排可以使策划书重点突出、层次分明、严谨而不失活泼。

（6）注意细节，消灭差错。

这一点对于策划书来说十分重要，但往往被人忽视。如果一份策划书中错字、别字连续出现的话，阅读者怎么可能对策划者抱有好的印象呢？因此，对打印好的策划书要反复仔细检查，不允许有任何差错出现，对企业的名称、专业术语等更应仔细检查。

复习思考题

一、单项选择题

1.（　　）策划是企业在寻求市场营销机会、选定目标市场后，在消费者心目中树立某一特定位置及形象的行为方案、措施。

A. 市场细分　　B. 目标市场　　C. 市场定位　　D. 市场竞争

2.（　　）是企业战略的一个职能战略，是企业战略体系的核心。

A. 营销战略　　B. 企业战略　　C. 市场定位　　D. 产品策划

3. 市场营销战略策划的任务就是站在企业（　　）的角度分析形势，制定目标和计划。

A. 发展前景　　B. 产品经营　　C. 市场竞争　　D. 战略经营

4.（　　）就是把人员促销、广告促销、公共关系和营业推广等形式有机结合，综合运用，最终形成一个整体促销的活动方案。

A. 产品策划　　B. 价格策划　　C. 分销策划　　D. 促销策划

5. 4P 组合（即市场营销组合）是著名是市场营销学家（　　）提出的。

A. 菲利普·科特勒　　B. 麦卡锡

C. 温德尔·斯密　　D. 阿尔·赖斯

6. （　　）策划的核心在于发展消费者与产品及服务间的连续性关系，正确处理企业与消费者、竞争者、供应商、经销商、政府机构、社区及其他公众之间的相互关系。

A. 知识营销　　B. 关系营销　　C. 网络营销　　D. 整合营销

7. 企业经营管理过程的第一个步骤是（　　）。

A. 选择目标市场　　B. 分析市场机会

C. 开展营销活动　　D. 设计营销战略

8. 在进行营销策划前，往往需要对企业环境进行 SWTO 分析，SWTO 中的“S”指的是（　　）。

A. 机会　　B. 威胁　　C. 优势　　D. 劣势

9. （　　）是目标实现的途径，是实现目标所依据的总体思维逻辑。

市场形势　　B. 市场机会　　C. 制定目标　　D. 营销战略

10. 下列营销策划中，不属于营销战术策划的是（　　）。

A. 产品策划　　B. 价格策划　　C. 市场定位策划　　D. 促销策划

二、多项选择题

1. 市场营销策划要想成功需要做好以下两点（　　）。

A. 确定合适的营销目标　　B. 策划未来事物的发展方向

C. 充分研究企业的营销现状　　D. 预测未来市场的竞争状况

2. 市场营销策划具有的特征有（　　）。

A. 预知性　　B. 创造性　　C. 可行性　　D. 效益性　　E. 权变性

3. 市场营销策划的主要任务是（　　）。

A. 市场机会的分析和利用　　B. 产品与市场开发的策划

C. 渠道与市场布局的策划　　D. 促销与市场拓展的策划

E. 企业市场竞争的策划

4. 策划的三要素分别是（　　）。

A. 有创意　　B. 有目标　　C. 有欲望　　D. 有可能

5. 营销策划的步骤主要有（　　）。

A. 了解营销现状、分析机会和问题　　B. 制定目标和营销战略

C. 制定行动方案及预测损益　　D. 设计营销控制

E. 撰写营销策划书

6. 企业的市场营销战术策划主要包括（　　）。

A. 产品策划　　B. 顾客需求策划　　C. 价格策划

D. 分销策划　　E. 促销策划

7. 企业的市场营销战略策划主要有（　　）。

A. 市场定位策划　　B. 市场竞争策划　　C. 市场未来发展策划

D. 企业形象策划　　E. 顾客满意策划

8. 企业市场营销创新策划主要包括（　　）。

A. 知识营销策划　　B. 市场竞争策划　　C. 关系营销策划

D. 网络营销策划　　　E. 整合营销策划

9. 知识营销策划必须做到（　　）。

A. 营销产品知识化　　　B. 营销个性化

C. 营销差异化　　　D. 营销个性化　　　E. 营销行为持续化

三、判断题

1. 策划就是计划。（　　）

2. 营销策划就是为了消除营销目标与营销现状之间的差距所做的努力。（　　）

3. 市场营销策划的可行性是指市场营销策划能够操作实施和需要实施（　　）

4. 市场竞争是商品经济的基本特征，只要存在商品生产和商品交换，就必然存在竞争。（　　）

5. 一般来说长期的、广阔的、综合的、连续的营销策划称为战术，短期的、局部的、个别的、具体的营销策划称为战略。（　　）

6. 营销渠道策划是公司所面临的最复杂和最有挑战性的决策之一。（　　）

7. 企业的营销战略与营销战术的策划是一次性行为的结果，不是连续不断的创新过程。（　　）

8. 网络营销战术策划主要是指如何进行网上销售。（　　）

9. SWTO 分析法，是指通过机会、威胁、优势、劣势四个技术指标，对企业和产品的内外部环境进行全面分析。（　　）

10. 营销策划书对可信性、可操作性及说服力的要求特别高，所以在撰写营销策划书时必须掌握一定的写作技巧。（　　）

四、简答题

1. 市场营销策划的含义和特征是什么？

2. 市场营销策划的内容包括哪几部分？

3. 简述市场营销策划的步骤。

4. 简述市场营销策划书的结构。

5. 简述市场营销策划书的写作技巧。

五、技能训练

结合你所学的知识以及对某铁路运输企业的了解，请你为其撰写一份市场营销策划书。

【案例分析】

某铁路运输企业的市场营销策划方案

一、内容提要

本运输企业的营销目标是牢固占领本地区及相关跨区长途客运市场，积极争取地区内部短途市场，努力实现客运收入比上年度增长 10%。通过调整列车到发时间，优化列车开行方案，提供便捷的购票、上车渠道，改善车辆硬件条件，适度调整票价及增加广告宣传活动等力争实现上述收入增长目标，并使短途客运市场的占有率上升8%。所需要的市场营销费用预算为250万元。

二、当前的铁路客运营销现状

1. 运输市场情况

该铁路运输企业的市场吸引范围（或吸引区）有多大，包括哪些细分市场；铁路运输市场及各细分市场近几年的运输收入情况；铁路客运的短途、中长途旅客市场份额占有情况；旅客的需求情况及影响旅客行为的各种环境因素等。

2. 运输产品情况

如目前该企业旅客列车开行数量、运行区段、开行时间，对于短途旅客，列车的到开时刻是否符合其出行规律，旅客实际购票渠道情况和旅客理想的购票渠道，旅客对票价的满意度情况及对旅行舒适度的要求情况，运输服务质量及社会评价，不同列车的客座利用率及盈利情况等。

3. 竞争对手情况

如对该铁路运输企业，由于地区高速公路的快速发展和各大汽车运输公司相继投入运营，使得公路运输企业成为其主要竞争者，特别是在短途客运市场上竞争已达“白热化”程度。通过对公路的调查发现，单就每辆汽车的乘坐率（30%）来说并不高，但公路整体占有市场的份额却在逐年提高。这除了与公路运输采取了许多灵活多样的经营措施有很大关系以外，主要因为他们很好地协调和处理了长远利益与短期利益、整体利益与局部利益的关系。例如，在发车环节上，不论单车载客量多少都准时发车。这样做可为公路运输长期占有短途客运市场奠定基础，使公路运输在旅客心目中建立起良好的信誉，使运输公司和乘客之间达成默契，形成良性循环的条件和发展的基础。

公路竞争实力增强得益于以下几个方面的原因。

（1）国家加大了对公路建设的投资力度，为公路发展创造了良好的外部环境，使其整体综合竞争实力有很大增强。

（2）公路各汽运公司之间形成了良好的内部竞争氛围。

（3）硬件设施配套齐全。候车大厅整洁、舒适、明亮，售票和检票基本实现了微机化，长途大客档次多样，中档以上的汽车均配有空调、彩电甚至厕所等服务设施。

（4）时效性强。发车间隔短（平均为10～15 min），发车班车多，高峰期采取连发或并发等措施，乘客购票方便，基本能够保证旅客随到随走。

（5）竞争中有合作。异地各汽运公司相互达成协议，两地班车每日对开、互返，开车时间由车站统一进行调度安排，并采取轮回方式，使各公司在营运中利益相互平衡，形成了更大的竞争力。

（6）公路宣传力度较大。

4. 铁路客运销售渠道情况

各主要销售渠道的近期销售额及发展趋势。例如，各铁路客运站的客票销售情况，各代售点及电话订票、列车上补票、网上购票等统计分析情况。

三、市场威胁与机会

铁路 500 km 以下短途旅客的发送人数高达 78%，这一客观现实说明长期以来，铁路一直在从事着短途旅客运输，铁路从自身生存的角度考虑，绝不能放弃短途竞争。虽然公路的竞争实力不断增强，给铁路造成一定的威胁，但随着我国城市化进程的不断加快，城际间尤其是大城市之间短途客流具有强度大、密度高、时间集中、节奏快等特点，决定了铁路运输是解决这一问题的最有效途径。同时我们也看到，在人口众多、旅客运输需求旺盛的大城市之间，短途客运市场竞争的焦点主要集中在时间、速度和方便程度上。因此，铁路要想在短途客运市场中争取到应有的份额，就必须依靠高密度、高速度、高素质、高水准参与竞争，着眼于为旅客创造适宜的旅行环境。

本运输企业在短途客运市场中的优势如下。

（1）几个大的铁路车站具有得天独厚的地理位置，这对客流有强大的吸引力。

由于几个大站离市中心较近，市内交通通达便利，先天旅客资源丰富。而各大汽车站主要在市区外围，自会降低吸引客流的能力。

（2）在铁路运输企业辖区旅游资源丰富，每年吸引着成千上万的国内外观光游客。铁路在这一市场上有潜力可挖。

（3）随着高校扩大招生及国民经济的综合发展，在大城市间求学、经商、出差、开会的外地流动人口不断增加，也为铁路带来了机会。

（4）随着铁路营销意识、营销技能和列车速度的不断提高，一些曾被公路挤走或被忽视的客流将逐渐、不断地挖掘出来。

（5）随着本运输企业运能的调整，能力紧张状况将有所缓和，有能力增开短途客运列车。

当然，铁路的优势还表现在安全、价格合理上，而在购票方便程度和快速方面，铁路较公路（短途）处于相对劣势。

四、营销目标

营销目标是营销计划的核心部分。铁路运输企业的营销目标需在分析铁路运输营销现状并预测未来的威胁和机会的基础上制定。如该运输企业的营销目标为：旅客发送 1 000 万人，客运收入 4 亿元，并有各季度的发送量及客运收入目标分配值，和本运输企业下属各企业的旅客发送量及客运收入目标分配值。通过全员努力，力争在稳住中、长途客流基础上使短途客运市场的占有率上升 8%。

五、营销策略

本运输企业的营销策略如下。

（1）根据该地区短途客流“朝出夕归”的出行规律，调整列车到发时刻，优化列车开行方案，开发适销对路的新产品。

按照一天的客流分布规律划分时间区段，制定相应间隔时间，在客流高峰期，可采取“短、频、快”的列车节拍式开行方案；在非高峰期，可利用长途旅客列车为短途少量预留坐席的方式，做好长短途票额合理分配使用。尽量使旅客随到随走，做到“早不过午，晚不摸黑”“朝出夕归”。同时，针对该地区客流特点，在高峰期、旺季可增开列车，在低峰期、淡季可减开列车；在节假日开行特色、精品、度假休闲列车。

（2）提供便捷的购票、上车渠道。通过固定客流量大的城间旅客进站通道，并充分发挥车站绿色通道的作用，保证只要旅客在开车前能赶到火车站就能进站上车；增加市内联网售票点，逐步完善电话订票、网上购票及送票服务的范围以方便旅客。

（3）改善车辆硬件条件。选择适当时间开行高等级、高质量、设施齐全的优质、精品列车。

（4）根据市场供给关系，在适当范围内适度地调整运价。在客流高峰期可适当提高定价，在客流低谷期则降低定价。采取这种浮动运价对引导客流有序流动，有效地利用运输设备以及提高服务质量均有益处。

（5）增强员工营销意识，提高服务质量。重点抓旅客满意度调查中所反映出的突出问题：如列车饮水供应、厕所卫生、车站售票态度、列车餐饮收费、车站候车环境、列车秩序等。

（6）进行密集型广告宣传。突出宣传铁路在安全、舒适、速度、价格等方面的优势；大力宣传铁路开展客运营销新举措；介绍铁路列车所到之处的自然风光、旅游景点、风土人情及列车运行时刻。采取多种形式的广告，使公众重新认识铁路、选择铁路。

该企业的行动方案、预算、控制几方面内容可据具体情况确定，此处从略。

资料来源：马驷，《运输市场营销》，2013。

任务：

根据运输市场的竞争状况，请你为某铁路运输企业设计并撰写一份完整的营销策划方案。

参考文献

[1] [美]菲利普・科特勒. 营销管理[M]. 北京：中国人民大学出版社，2001.
[2] [美]加里，阿姆斯特朗，菲利普・科特勒. 科特勒市场营销教程[M]. 北京：华夏出版社，2004.
[3] 刘作义，赵瑜. 运输市场营销学[M]. 北京：中国铁道出版社，2013.
[4] 勾殿红. 市场营销基础[M]. 北京：中国人民大学出版社，2016.
[5] 潘维琴，贾晓丹. 市场营销基础与训练[M]. 北京：中国人民大学出版社，2014.
[6] 赵岚. 铁路运输市场营销[M]. 北京：中国铁道出版社，2009.
[7] 马清梅. 市场营销学原理[M]. 北京：北京交通大学出版社，2012.
[8] 张润琴. 市场营销基础[M]. 北京：高等教育出版社，2011.
[9] 马建平，郝渊晓. 交通运输市场营销学[M]. 北京：中国商业出版社，1997.
[10] 铁道部科技教育司，铁路运输市场营销[M]. 北京：中国铁道出版社，1999.
[11] 梅汝和. 市场调查与预测[M]. 北京：中国财政经济出版社，1990.
[12] 赵黎明. 场营销学[M]. 上海：湖北科学技术出版社，1992.
[13] 路华. 现代营销策划[M]. 北京：中央民族大学出版社，1998.
[14] 姜旭平. 网络营销[M]. 北京：清华大学出版社，2003.
[15] 周游，赵炎. 网络市场营销学[M]. 北京：中国物资出版社，2002.
[16] 喻建良. 网络营销学[M]. 北京：北京交通大学出版社，2002.
[17] 吴建安. 市场营销学[M]. 北京：高等教育出版社，2007.
[18] 张建华. 市场营销策划[M]. 北京：中国人民大学出版社，2010.
[19] 李冬. 电子商务与网上交易[M]. 北京：机械工业出版社，2003.
[20] 廖晓中. 消费者心理分析[M]. 广州：暨南大学出版社，2009.
[21] 马驷，王琳. 运输市场营销[M]. 成都：西南交通大学出版社，2010.
[22] 卜妙金. 分销渠道管理[M]. 北京：高等教育出版社，2001.
[23] 高凤荣. 市场营销基础与实务[M]. 北京：机械工业出版社，2007.
[24] 范云峰. 市场营销实战[M]. 北京：中国经济出版社，2002.
[25] 王奕俊. 市场营销策划[M]. 北京：中国人民大学出版社，2011.